イントロダクション
日 本 国 憲 法

Introduction to
the Constitution of Japan

編著
小林幸夫・関畑崇之

玉川大学出版部

はじめに

本書は、大学の教養科目として日本国憲法を受講する学生、大学入学前の事前学習をする高校生、資格試験等の学習をする者、そして日本国憲法に興味を持つ一般読者を対象とする日本国憲法の「イントロダクション（導入）」書として企画された。

教養科目としての憲法は、法学部以外において、単独で学修されることが多く、憲法に関する記述のみでは学習者が十分な習熟度の達成ができない可能性も考えられる。そこで、「裁判所の組織」のような法律学を学ぶにあたっての前提知識についても可能な限り記載した。学習のポイントの一つである学説・判例等の多様な見解の考察については、初学者が理解しやすいように「通説・判例」を明確に示し、その他の見解の説明は必要最小限にとどめている。本書は、内容をコンパクトにしつつ、読者が日本国憲法の基本を不足なく学修できることを目指し、執筆されている。

日本国憲法は、1947（昭和22）年の施行から一度の改正もなくこんにちを迎えている。最高規範として戦後日本の骨格を担ってきたこの憲法の体制のもとで、日本は敗戦からの再生を遂げ、発展してきた。

しかし、戦後80年の間に、日本の社会や国際環境が大きく変化し、また、人びとの価値観も多様化した。時代の変革が認識され、戦後という枠の時間軸から新たな枠の時間軸への移行が模索されるようになった。

このような状況のもと、いろいろな分野において改革が求められ、進められてきた。ただ、大きな変化に対応しきれず、現行憲法の思考枠組みでは、効果的な制度改革の達成が難しい場面も生じてきている。憲法の規定や理念を検討し、憲法改正まで視野に入れた改革が必要にもなってきた。

iii

そこで、これからの日本のあり方を考えるためには、まず戦後の日本で日本国憲法が果たした役割と成果、憲法のもとで生じた不都合を明らかにし、加えて日本国憲法を通して現れている近代憲法の理念や原則、そして特徴を学ぶことは、不可欠であり、有意義なことである。

　さらに、第一次大戦以降、憲法を「法的なもの」の体系として扱うだけでは不十分な状況が憲法典の中に現れた。たとえば、「社会権」の規定や「政党（大衆政党）」を無視できなくなったことである。社会権は、政治の作用を期待し、「仕事をする国家」の人権である。それを国家に仕事をさせない、いわば「権力からの自由」という人権理解だけで処理することは難しい。政党は、立法・行政・司法以外の重要な機関の出現であり、政治過程に大きな影響を及ぼすようになっている。

　私たちの社会生活、とりわけ民主的な政治生活における基本的指標を明示するのが憲法であることを考えれば、憲法を「法的なもの」の視点だけでなく、「政治的なもの」とのかかわりにも目を向けることが憲法理解を深めることにもなる。

　日本国憲法の学びを通して、現実の問題が憲法にどのようにかかわっているのかを考え、憲法をより身近な存在として関心をもつ者が増えれば幸いである。

2025 年 2 月

小林幸夫

目次

はじめに　小林幸夫　iii

第1章　憲法の意義・憲法史　1

1　憲法の意義　1
2　憲法の分類　2
3　日本国憲法史　4
4　日本国憲法の基本原則　9
5　憲法前文とその効力　10

第2章　天皇　13

1　天皇の基本的地位　13
2　天皇の権能　18
3　皇位の継承　22
4　皇室経済　25
5　皇室会議　26

第3章　平和主義　29

1　憲法前文の理念と憲法9条　29
2　憲法9条の制定過程　31
3　憲法9条1項の解釈　32
4　憲法9条2項の解釈　33
5　自衛権　36
6　日米安全保障体制と自衛隊　37
7　自衛隊の海外派遣　40
8　集団的自衛権の行使容認と安全保障法制　42

第4章　人権総論　45

1　人権とは何か　45
2　人権享有主体性　51
3　人権の限界　56

第5章　幸福追求権　61

1　幸福追求権の位置付け　61
2　プライバシーの権利　64
3　自己決定権　69

第6章　法の下の平等　77

1　法の下の平等の意味　77
2　差別か合理的区別かの判断基準　81
3　アファーマティブ・アクション（積極的差別是正措置）　81
4　平等に関する事例　82
5　平等に関するその他の規定　85

第7章　精神的自由権　87

1　思想・良心の自由　87
2　信教の自由・政教分離　89
3　表現の自由　97
4　学問の自由　106

第8章　経済的自由権・人身の自由　109

1　職業選択の自由　109
2　居住移転・国籍離脱の自由　112
3　財産権　113
4　適正手続の保障　117
5　被疑者・被告人の権利　118

第9章　社会権　121

1　社会権の登場　121
2　生存権　122
3　教育を受ける権利　126
4　勤労権　130
5　労働基本権　132

第10章　国務請求権・参政権・国民の義務　135

1　国務請求権　135
2　参政権　142
3　国民の義務　147

第11章　国会　151

1　国会の地位　151
2　国会の組織　153
3　国会の権能　156
4　両院協議会と衆議院の優越　158
5　議院の権能　160
6　国会議員の地位と権能　161
7　国会の活動　163

第12章　内閣　167

1　行政権・総説　167
2　議院内閣制　168
3　内閣の組織　170
4　内閣・内閣総理大臣および国務大臣の職権　173
5　内閣不信任決議と衆議院の解散　176
6　議院内閣制の運用の実際　179

第13章　司法　183

1　裁判所の組織と権限　183
2　司法権の独立　187
3　司法権の範囲と限界　191
4　違憲審査制度　196

第14章　財政・地方自治　203

1　財政　203
2　地方自治　211

第15章　憲法改正、最高法規　219

1　憲法改正の手続　219
2　憲法改正の限界　224
3　憲法変遷　228
4　最高法規　229
5　憲法尊重擁護義務　231

資料　日本国憲法　233
参考文献　243
索引　246

第1章

憲法の意義・憲法史

1 憲法の意義

　憲法は、国家の存立を前提とし、国家が統治する限りにおいて、その効力が発揮される**国家の最高法規**である。ここでいう国家とは、一定の領土に継続的に住む人々が政府をつくり、強制力をもった統治権の下で自治が行われる共同体のことである。すなわち、国家とは、領土、国民、主権という「**国家の三要素**」を備えた統治主体であるといえる。

　ここでいう憲法とは、国家の基本法であり、国家の統治の基本的枠組みを定める法である。近代憲法の場合、人間の尊厳に由来する人権に基本的価値を置き、統治機構は人権を十分に保障しうる構造に組織されている。すなわち、近代憲法の意義は、国家権力の行使を制限することで、人権を保障することにある。

　近代憲法は、人権保障のため、国家権力の行使を制限することに力点が置かれた。このため、憲法は、国家に対して権限を授ける最終的な規範である**授権規範**とその組織や作用を制限する規範である**制限規範**という二つの性格をあわせもつ。

　また、憲法には二つの意味がある。「**形式的意味の憲法**」と「**実質的意味の憲法**」である。「**形式的意味の憲法**」とは、憲法という名称など特別の形式をもつ成文法典、すなわち憲法典をいう。これに対し、「実質的意味の憲法」とは、成文、不文を問わず、国家の統治を定めた法のことをいう。たとえば、「日本国憲法」という憲法典は、「形式的意味の憲法」

1

であり、これに加えて、皇室典範、憲法改正国民投票法、国会法、内閣法、裁判所法などの法律や日米安全保障条約、憲法上の慣習などを含めたものが「実質的意味の憲法」である。

2 憲法の分類

(1) 成文憲法と不文憲法

単一の憲法典の存在、不存在によって、**成文憲法**と**不文憲法**に分類することができる。成文憲法とは、憲法という名称である単一の憲法典が存在する場合、その法典のことをいう。「日本国憲法」は単一の憲法典であるので、成文憲法である。

近代立憲主義国家は、国民の社会契約によって成立すると考えられ（社会契約説）、その契約内容を文書化することで、国家の統治機構の基本を定め、人権保障を確実にするために成文憲法がつくられた。この趣旨を明確にするために、こんにち、世界のほとんどの国は成文憲法をもっている。

不文憲法は、「日本国憲法」のような単一の憲法典が存在せず、長い間にわたって人々の行為を規制し、社会秩序の維持に役立ってきた慣習に由来する憲法的規範のことである。たとえば、不文憲法の国として、イギリスをあげることができる。イギリスは、単一の憲法典をもたないが、「実質的な意味の憲法」として、王位継承法、議会法、選挙法等の法律などがあり、慣習などの不文法の占める領域が広くなっている。

(2) 硬性憲法と軟性憲法

憲法改正手続によって、**硬性憲法**と**軟性憲法**に分類することができる。硬性憲法とは、憲法の改正手続が法律の改正手続よりも厳格である憲法である。具体的には、立法機関で議決する際に、定足数や多数決の条件で厳しい要件を課すことや国民投票で国民の同意を得ることがあげられる。硬性憲法とする理由は、憲法の最高法規性を確保することで、憲法がもつ基本的価値を容易に改正できないようにする点にある。

これに対して、軟性憲法とは、法律と同じ手続で改正できる憲法のことをいう。軟性憲法である理由は、歴史的経緯によるところが大きい

が、社会情勢に柔軟に対応できる点を長所としてあげることができる。軟性憲法に分類されるイギリス憲法は、法律や慣習法の形で存在する。

こんにち、ほとんどの国の憲法は硬性憲法であり、軟性憲法の国は、数か国だけである。なお、硬性か軟性かの区別は、改正手続の要件がどの程度厳格なのかによるものであり、憲法改正が行われている頻度とは関係はない。

(3) 民定憲法と欽定憲法

憲法制定の主体によって、**民定憲法**と**欽定憲法**に分類することができる。国民が制定したものが民定憲法であり、君主が制定したものが欽定憲法である。明治憲法は明治天皇が制定したので、欽定憲法である。これに対して、日本国憲法は、意見の対立があるが、民定憲法であるとされる。

このほかに、欽定憲法と民定憲法の折衷である形態として、協約憲法がある。これは、君主と国民の代表者間の合意によって制定された憲法である。また、複数の国家の合意によって制定された憲法は国約（条約）憲法である。アメリカ合衆国憲法がこれにあたる。

(4) 近代憲法と現代憲法

近代憲法は、18世紀末のアメリカ独立革命やフランス革命などの市民革命期に成立した基本原理を継承している。この時期に制定された憲法は、自由主義を基調とし、専制的な国家権力を制限することで、国民の権利を保障することを目的とするものであった。近代憲法で保障される人権は、自由権と平等権が中心であり、社会権はみられなかった。

憲法で、社会権の規定を初めて設けたのが、1919年に制定された**ワイマール憲法**であった。ワイマール憲法は、「経済生活の秩序は、すべての人に人たるに値する生活を保障することを目指す正義の諸原則に適合するものでなければならない。この限度内において個人の経済的自由が確保されなければならない」（151条1項）と定め、「すべての人に人たるに値する生存を保障する」ことが国家の義務となった。これは、国家は必要最低限の任務だけ果たせばよいとする消極国家から積極国家へ転換したとみることができ、国家と国民の関係が変化したことを意味する。す

なわち、国家は、自由権の保障だけでなく、積極的関与によって国民の権利の基盤である「人たるに値する生存」を保障しなければならなくなった。こうして、近代憲法に、**社会権**が組み入れられることにより、近代立憲主義は現代立憲主義へと変容していくこととなった。

(5) 規範的憲法、名目的憲法、意味論的憲法

憲法の規定だけでなく、その国において、憲法が果たしている機能や役割の観点から分類する方法に、**存在論的分類**がある。憲法規範と権力過程の現実に着目したカール・レーヴェンシュタインは、**規範的憲法、名目的憲法、意味論的憲法**に分類した。規範的憲法は、憲法規範と現実が一致している場合の憲法をいう。現実にある権力が憲法の規範に適応している状態がみられる場合がこれにあたる。次に、名目的憲法とは、憲法規範と現実の間に乖離があり、憲法規範と現実が一致しない状態にある場合である。最後に、意味論的憲法とは、憲法規範と現実が一致しているものの、その現実は、国家権力の保持者の排他的利益のために外観を整えただけの憲法である。

3 日本国憲法史

(1) 明治憲法の成立

大日本帝国憲法（明治憲法）は、1889（明治22）年2月11日に公布され、1890（明治23）年11月29日に施行された。明治天皇によって制定されたこの憲法は、日本で最初の近代憲法であり、1947（昭和22）年5月2日まで施行された。明治憲法が制定された背景には、明治維新後の急速な近代化と西洋諸国による外圧があった。政府は近代国家としての体制を整え、西洋諸国と対等に渡り合うために近代憲法を必要としていた。

1876（明治9）年9月6日、明治天皇は憲法草案起草の勅語を発し、憲法制定に向けた動きが始まった。政府は、伊藤博文らを中心とする調査団を欧州に派遣し、ドイツの国法学者であったルドルフ・フォン・グナイストやロレンツ・フォン・シュタインらから指導を受けた。調査団の帰国後、伊藤博文、井上毅、伊東巳代治、金子堅太郎らによって憲法草案が起草され、1888（明治21）年4月27日に明治天皇に奉呈された。そ

の後、枢密院の諮詢と明治天皇の裁可を経て、明治憲法は、1889（明治22）年に公布された。

（2）明治憲法の基本原理

　明治憲法1条は、「大日本帝国ハ万世一系ノ天皇之ヲ統治ス」とし、天照大神の子孫である天皇が日本を統治する地位にあることを定めた。そして、明治憲法4条は、「天皇ハ国ノ元首ニシテ統治権ヲ総攬シ此ノ憲法ノ条規ニ依リ之ヲ行フ」とし、天皇は、国家元首であるとともに**統治権の総攬者**であることを明示した。日本国憲法が採用する国民主権に対して、明治憲法は、「天皇主権」を基本原理とする憲法として位置づけられるが、明治憲法には、「主権」という文言はない。これは、国政のあり方を最終的に決定する力を意味する「主権」は、西欧諸国における君主と国民との対立関係の中から生まれた概念であるので、そのような対立がなかった日本にはあわない概念であると考えられたためであった。そこで、明治憲法の起草者たちは、「主権」の概念を使わず、日本の歴史や伝統を踏まえた独自の憲法理論を構築した。

　天皇は、帝国議会の召集権・衆議院の解散権（7条）、陸海軍の統帥権（11条）などの権能が与えられた一方で、その統治権は無制限ではなく、憲法によって一定の制限を受けた。次に、貴族院と衆議院から構成される帝国議会が設けられ（33条）、法律案の協賛権（37条）が付与された。また、「司法権ハ天皇ノ名ニ於テ法律ニ依リ裁判所之ヲ行フ」と定め、司法権を行政権から独立させた（57条）。そして、人権保障の面では、国民には、法律の範囲内で、居住・移転の自由（22条）や信教の自由（28条）、言論・著作・印行・集会・結社の自由（29条）などが認められた。

　明治憲法は、天皇を国家の最高権力者とする統治体制を確立し、法律の範囲内という条件はつくものの、人権を保障した近代憲法であった。次に、その運用面をみると、国会が設置された一方で、天皇の権限が強大であったとする意見があるが、これは、一面的な見方である。帝国議会の運営をみると、衆議院の多数派が内閣を構成するという政党内閣や、政党間の政権交代が確立したことなど、議会における政党政治が主役となる時期もあった。しかし、政党が政策判断を誤ったことや、政党政治家の腐敗が問題となり、昭和初期に政党政治は自壊し、軍が政治の主導

権を握ることとなった。そして、太平洋戦争へと突入し、沖縄や本土に戦火が及び、広島と長崎へ原爆が投下され、終戦へと至る結果となった。

（3）日本国憲法の成立

日本国憲法の成立過程は、1945（昭和20）年8月14日のポツダム宣言の受諾から1946（昭和21）年2月13日に連合国総司令部（GHQ）から**マッカーサー草案（GHQ草案）**を手渡されるまでの第一段階と、マッカーサー草案を受諾し、憲法草案をGHQと折衝しながら起草していく第二段階に分けることができる。第一段階では、日本政府が主導して草案の作成を進めたが、国体の変更など、日本政府には受け入れがたい変革を柱とするマッカーサー草案が提示される結果となった。第二段階では、マッカーサー草案を受け入れるしかなかった日本政府とGHQとの間での意見交換が進められる中で、条文の具体的な検討が行われ、「憲法改正草案」が完成した。

1945（昭和20）年8月14日に日本政府が受諾した**ポツダム宣言**は、日本の降伏条件を定めたものであった。ポツダム宣言10項は、「日本国政府は日本国民の間における民主主義的傾向の復活強化に対する一切の障害を除去すべし。言論、宗教および思想の自由並びに基本的人権の尊重は確立されるべし」とし、12項は、「前記諸目的が達成され、かつ日本国国民の自由に表明された意思に従い平和的傾向を有し、かつ責任ある政府が樹立されるにおいては、連合国の占領軍は直ちに日本国より撤収されるべし」とし、日本政府に対して、戦争を終結させる具体的条件を提示した。ポツダム宣言受諾にあたり、問題となった点は、国体の護持であった。ポツダム宣言12項は、国民主権の原理を採用することを要求していたが、日本政府は、ポツダム宣言は国民主権主義の採用を必ずしも要求するものではなく、国体は護持できると考えた。そのため、日本政府は、明治憲法を改正する必要は必ずしもなく、その運用の工夫によってポツダム宣言の趣旨に沿う新しい政府をつくることが可能であると考えた。

（4）松本委員会の設置

1945（昭和20）年10月9日、幣原喜重郎内閣が成立した。10月11日に、

幣原首相がGHQを訪問した際、連合国軍最高司令官であったダグラス・マッカーサーから明治憲法を自由主義化する必要があることを示唆された。これを受けて、10月25日、松本烝治国務大臣を長とする**憲法問題調査委員会（松本委員会）**が発足した。松本委員会では、天皇が統治権を総攬するという大原則には変更を加えないこと、議会の議決を要する事項を拡充し、天皇の大権事項を削減すること、国務大臣の責任を国務の全般にわたるものにすること、国務大臣は議会に対して責任を負うものとすること、国民の権利・自由の保障を強化するとともに、その侵害に対する救済方法を完全なものとすることなどを柱とする原則に従って、憲法改正の作業を進めた。この原則に基づいてとりまとめられた松本委員会案は、1946（昭和21）年2月8日に、「憲法改正要綱」としてGHQに提出された。

1946（昭和21）年2月1日、「憲法問題調査委員会試案」なるものが毎日新聞にスクープされた。これは、委員の一人であった宮澤俊義の私案であったとされるが、その概要を知ったGHQは、自分たちの要求とかけ離れた内容に驚き、日本政府の自主性に委ねる方針を転換し、GHQの主導により草案を作成することを決めた。2月3日、マッカーサーは、ホイットニー民政局長に対し、「天皇は、国家の元首の地位にあること」、「国家の主権的権利としての戦争を廃棄すること」、「日本の封建制度は、廃止されること」という、いわゆる**「マッカーサー三原則」**を柱とする草案の作成を指示した。2月4日、ケーディス民政局次長は、民政局員を招集し、マッカーサー三原則を伝え、草案の作成を指示した。こうして作られたのがマッカーサー草案である。

2月13日、GHQは、日本政府に対して、「憲法改正要綱」は全面的に承認できないこと、その代わりにGHQが草案を用意したので、その内容を最大限に考慮して憲法改正に努力してほしいという説明を行った。日本政府は、新しい草案を手渡され、それに沿った憲法改正を強く進言されたのだが、自分たちの考えるものとは全く異なる内容に驚いた。その内容を検討した結果、「憲法改正要綱」が日本の実情に適するとしてGHQに再考を求めたが、一蹴されたので、新しい草案を作成することとなった。

草案要綱は、GHQとの交渉を経て、参議院の緊急集会制など若干の

第1章 憲法の意義・憲法史

修正が加えられるとともに、要綱を成文化する作業が進められ、4月17日、「憲法改正草案」として公表された。そして、枢密院の諮詢を経て、草案は、明治憲法73条の定める手続に従い、6月20日、衆議院に「帝国憲法改正案」として提出された。衆議院は、原案に若干の修正を加えたのち、8月24日にこれを可決し、貴族院に送付した。貴族院の審議では、若干の修正が加えられ、10月6日に可決された。10月7日に、衆議院は貴族院からの回付案を再可決し、帝国議会における審議が終わった。

憲法改正案は、枢密院の諮詢の後、10月29日に昭和天皇の裁可があり、11月3日に日本国憲法として公布され、1947（昭和22）年5月3日から施行された。ただし、この時点で、日本国憲法が最高法規になったわけではない。それは、GHQの占領下では、わが国の主権は制限されており、憲法が完全な効力を有していたわけではないからである。それゆえ、日本国憲法の完全な効力は、1952（昭和27）年4月28日の占領終了と主権回復によって発生したと考えるべきである。

（5）日本国憲法成立過程と憲法改正の限界

特定の原理や制度に関する憲法改正の限界が憲法に明記されている場合を除き、憲法が定める改正手続を用いれば、どのような内容の憲法改正も可能なのかという問題がある。欧州諸国では、どのような内容の改正も可能であるとする**「憲法改正無限界説」**が有力であるが、わが国では、主権の所在など、憲法の基本原理は、憲法改正手続では改正できないとする**「憲法改正限界説」**が多数説となっている。

「憲法改正限界説」に立つ場合、憲法前文と上諭との関係が問題となる。憲法前文にあるように、日本国憲法は、主権が国民に存することを日本国民が宣言し、確定されたものである。ところが、上諭には、「朕は、日本国民の総意に基いて、新日本建設の礎が、定まるに至つたことを、深くよろこび、枢密顧問の諮詢及び帝国憲法第73条による帝国議会の議決を経た帝国憲法の改正を裁可し、ここにこれを公布せしめる」とあり、日本国憲法は、明治憲法73条の改正手続を経て、改正されたことが明示されている。上諭によれば、明治憲法の改正により、明治憲法の基本原理の一つであった天皇大権が国民主権に変更されたということになるが、このように憲法改正手続で憲法の基本原理を変更することは可

能なのだろうか。この疑問に対する回答として、ポツダム宣言の受諾により、主権が天皇から国民へ移行する革命が起きたとみなす「八月革命説」（宮澤俊義教授）があげられる。この学説は、「憲法改正限界説」を前提とし、明治憲法と日本国憲法との法的連続性を否定し、八月革命によって、日本国憲法の法的正当性を国民主権の原理から導き出すことを可能にしたという点で、有力な学説となった。また、憲法改正限界説に立つのであれば、日本国憲法は、憲法改正の限界を超えた改正憲法になるので、無効であるという学説もある。なお、「憲法改正無限界説」に立てば、明治憲法73条の改正手続を経た日本国憲法は、明治憲法を改正した憲法であることを説明できるが、少数説にとどまっている。

4 日本国憲法の基本原則

日本国憲法は、**国民主権**、**基本的人権の尊重**、**平和主義**を基本原理としている。憲法前文では、この基本原理が宣言されている。

（1）国民主権：国民主権の原則と民主主義の徹底

憲法前文の第一段では、「日本国民は、（中略）ここに主権が国民に存することを宣言し、この憲法を確定する」とし、日本国憲法は国民主権に基づく民定憲法であることを明示している。また、「日本国民は、正当に選挙された国会における代表者を通じて行動」するとし、代表民主制を採用することも明示している。これは、すべての国家権力が国民から由来し、国民の意思に基づいて行使されるべきであるという考え方を示したものである。

（2）平和主義：9条における戦争放棄と軍備の不保持

憲法前文の第二段では、「日本国民は、恒久の平和を念願し、人間相互の関係を支配する崇高な理想を深く自覚するのであつて、平和を愛する諸国民の公正と信義に信頼して、われらの安全と生存を保持しようと決意した。われらは、平和を維持し、専制と隷従、圧迫と偏狭を地上から永遠に除去しようと努めてゐる国際社会において、名誉ある地位を占めたいと思ふ。われらは、全世界の国民が、ひとしく恐怖と欠乏から免か

れ、平和のうちに生存する権利を有することを確認する」とし、平和主義の理念を確認している。そして、この平和主義の理念を具体化するものとして、9条の規定が設けられた。

(3) 基本的人権の尊重：基本的人権の保障

憲法前文に具体的な規定はないが、「わが国全土にわたつて自由のもたらす恵沢を確保」するという文言が、基本的人権の尊重にあたると解されている。これを受け、憲法第3章で、国民の権利として確認している。

5 憲法前文とその効力

(1) 憲法前文の基本理念

憲法には、憲法全体の基本的な理念、価値観や、制定の経緯をとりまとめた**憲法前文**がつくのが一般的である。憲法前文には、国家の存在意義や目的、国民の基本的な権利や自由の尊重、そして国際社会との協調など、憲法の根本的な考え方が明示されている。これにより、憲法の解釈や運用にあたっての基礎となる理念が確立され、憲法全体の方向性が示される。たとえば、日本国憲法の前文では、平和主義や基本的人権の尊重、民主主義の原則などが強調されており、これらの価値観が憲法全体の根底にあることを示している。

(2) 法的効力

憲法前文の法的効力に関して、学説では、前文自体が直接的な法的効力を持つかどうかについては意見が分かれている。前文を「憲法の精神を示す宣言」として位置づけ、その理念は具体的な条文の解釈や適用において間接的に影響を与えるが、裁判規範性はもたないとする見解が一般的である。たとえば、日本国憲法前文にある「国民主権」や「平和主義」という理念は、憲法全体の解釈において重要な役割を果たしており、これにより具体的な条文の適用や政策決定が導かれる。また、裁判所が憲法の解釈を行う際に、前文に示された基本的な価値観や理念を参考にすることで、より一貫性のある解釈が可能となり、憲法全体の精神を踏

まえた判断が行われる。

（3）判例

　憲法前文は、各条項の解釈の基準にはなるが、裁判規範性はもたないとする学説が一般的であるが、憲法前文では「**平和的生存権**」が定められており、これを本文にある人権と同じく、具体的な裁判規範性を有するものであるとする学説もみられる。

　「平和的生存権」が関係する判例としては、農林大臣が航空自衛隊の基地建設のため、国有林の指定を解除したことに対して、地域住民が処分取消を求めた長沼ナイキ事件がある。第一審では、平和的生存権を訴えの利益の根拠として認めたが（札幌地判昭和48・9・7）、控訴審では、「前文中に定める「平和のうちに生存する権利」」は「裁判規範として、なんら現実的、個別的内容をもつものとして具体化されているものではない」とした（札幌高判昭和51・8・5）。なお、上告審は、原告適格の観点から、行政処分に関して、住民に訴えの利益はないとして、上告を棄却したが、控訴審で言及された自衛隊の違憲審査の問題は回避した（最判昭和57・9・9）。

練習課題
- 「形式的意味の憲法」と「実質的意味の憲法」の違いを説明しなさい。
- 近代憲法の特徴とその意義について説明しなさい。
- 硬性憲法と軟性憲法の違いについて、具体例をあげて説明しなさい。
- 近代憲法と現代憲法の違いを国家の役割の観点から説明しなさい。
- 日本国憲法の基本原理を前文と関連させながら説明しなさい。

第**2**章

天皇

1 天皇の基本的地位

（1）象徴の意味

　日本国憲法1条は、「天皇は、日本国の象徴であり日本国民統合の象徴」であると規定する。象徴とは、割符・符号などの原意をもち、抽象的なものを具体的に表現する場合に用いられる。象徴の用語例としては、「鳩は平和の象徴」や「十字架はキリスト教の象徴」などが一般的である。ここで問題とするのは、抽象的存在である国家を具体的に象徴する存在、すなわち**国家的象徴**についてである。

　およそ君主は、国家を象徴し、国民の統合を象徴する存在である。君主を国家の象徴とする規定は英国のウエストミンスター法（1931年）やスペイン憲法（1978年）にもみられる。ただ、たとえ明文の規定がなくても、一般的に君主の即位や死亡、あるいは後継者の出生・婚姻などが国家的な行事として扱われるのは、君主が国家的象徴性を有することを示す事象であろう。したがって、天皇が「日本国」及び「日本国民統合」の象徴であると規定されるのは、人々が天皇（皇位）を通じて「日本国」と「日本国民統合」を具体的に感得することができることを憲法が確認したものと解される。

　ここにいう「日本国」と「日本国民統合」の文言については、共に日本という国を意味することから特に区別する必要がないとするのが一般的な理解である。ただ、あえて厳密にいえば、「日本国」（the State）の象

徴とは、政治組織体としての国を天皇（皇位）が象徴することを意味し、
「日本国民統合」（the unity of the people）の象徴とは、過去から未来へと続
く国民の総体を天皇（皇位）が象徴することを意味する。つまり、本条
は、政治組織体としての日本の全体性を天皇が具現することを意味し、
歴史的な国民共同体としての日本が天皇を通じて表現されることを憲法
が確認したものであると解される。

　したがって、本条は、天皇が日本という国を象徴する機能を果たすこ
とを求めるものであり、社会心理上においても天皇と日本という国の象
徴関係を国家の根本として醸成し、維持することを期待するものであ
る。そして、象徴関係を法的に規定する意味は、天皇に対して象徴的役
割にふさわしい行動をとることを要請し、また象徴としてふさわしい処
遇がなされなければならないことを法的に要求する点に求められる。

　この点、皇室典範では、特別の敬称（23条）、即位・大喪の礼（24条・
25条）などの規定がある。また、刑事免責に関しては、天皇（皇位）は国
家権威の象徴であることから、およそ刑事責任と相容れず、また、摂政
及び国事行為代行者が刑事訴追を受けないとの規定（皇室典範21条、国事
行為の臨時代行に関する法律6条）からも天皇の刑事免責を類推することが
できる。なお、民事免責に関しては、学説上の争いがあるが、天皇が法
廷で被告や証人となる義務を負うことは君主としての地位（皇位の本質）
と相容れないと解される。この点、最高裁は、天皇が象徴であることを
理由に民事裁判権が及ばないとしている（最判平成元・11・20）。

(2) 天皇は君主である

　憲法規定からみて、天皇は**君主**と考えることができるのか。この点、
一般的には未だ定説はなく、君主の定義如何によるとされる。一部の学
説によれば、わが国の国家形態は君主制ではなく共和制であるとする。
この立場は、君主の定義に根拠を求めるものと主権の所在に根拠を求め
るものに分けられる。

　前者の見解によれば、君主の定義は、①世襲の独任機関、②統治権の
掌握、③対外的代表権、④国家的象徴性とする。この定義に基づいた見
解は、日本国憲法下の天皇は統治権を掌握しておらず（上記②）、対外的
代表権（上記③）が不明確であることから、君主ではないという結論を導

く。また、後者の見解は、国家形態の分類基準を主権の所在に求めるため、主権が国民に帰属する国は共和制であり、主権が君主に帰属する国は君主制であるとする。その結果、国民主権を明記しているわが国は、共和制であるとの結論となり、それ故に、天皇は君主ではないと結論づける。

しかし、これらの立論は、もはやその前提を欠いているのではなかろうか。

まず、今日、国民主権と君主制が矛盾しないことは、国民主権を規定しつつ君主制である旨を明記しているいくつかの憲法（ベルギー、スペインなど）によって実証されている。国民主権とは「国家意思の最高決定権が国民に帰属する」という意味であり、国民の意思に基づいて国政が運営されるという統治形態（民主政体）を示す。そうであれば、主権の所在は、民主政体か独裁政体かに関する政体の問題であり、その国の国家形態が君主制か共和制かという問題とは関係がないというべきである。

また、民主政体を採用する現代君主制においては、君主の有する権能が権力的なものから、国家の尊厳的・権威的・栄誉的な側面へと移行している。さらに、各国の君主が有する権能は全て共通ではなく、例えば裁可権を有する君主もいれば、それを持たない君主もいる。つまり、君主の定義とされている上記②③は、時代的要請や国によって変化し得るものであるといえる。そうすると、これらの実態からみれば、君主は、上記の権能部分（②③）にこだわるべきではなく、地位の特殊性に注目すべきということになる。

では何を基準として国家形態を分類するか。今日においては、君主制は、地位の特殊性に注目し、世襲の独任制の尊厳的存在の有無で決まるとすべきであろう。そうすると、皇位は世襲であり、対内的にも対外的にも国家的象徴性を具備していることからみれば、天皇は君主であるといえる。

（3）天皇は元首である

天皇が**国家元首**かについては、憲法解釈上の対立がある。この点、一般的には未だ定説がなく、元首の定義如何によるとされる。もともと元首の概念は、国家有機体説に発し、人間の身体にたとえれば「国家の頭

脳」にあたる存在とされた。そこでは、「国家全体を対内的にも対外的にも表現する存在」としての意味があり、対内的にみれば尊厳性、象徴的機能、統合機能などを具備し、客観的にみれば国家全体を表現する存在を意味した。それが時代の影響によって国家・君主・元首・権力の表面的一体性が強調されたこともあり、次第に元首の概念は、国政に関する権能に重点を置いて捉えられるようになった。そのため、元首の概念については、①少なくとも行政権を有し、②対外的代表権を有することを要件とする主張がなされた。その後さらに、国家元首の権限が時代的要請や国の歴史的事情によって変化をしたことから、国家元首とは対外的代表権を有する機関のことを指すとの見解や対外的な国家代表性で足りるとの見解を生ずることになった。その結果、元首の概念は定義次第とされ、日本国憲法下では、天皇元首説、内閣元首説、内閣総理大臣元首説、議長元首説、元首不在などの学説上の混乱がみられる。

　この点については、先に述べた現代君主制における君主の権能の変化（権力的なものから権威的なものへの移行）や名目的大統領の存在にも注目すべきであろう。もっとも、仮に元首を対外的な国家代表性を有する権威的存在と捉える見解に基づいたとしても、天皇は、全権委任状・大使公使の信任状の認証、批准書その他の外交文書の認証、外国の大使・公使の接受などの外交に関する重要事項を担う存在であり、天皇は元首であるといえよう。もちろん、外交慣例上も天皇は元首として処遇されている。

(4) 国民主権と天皇（皇位）

　ヨーロッパにおける国民主権の概念は、君主主権との対抗関係の下で形成された。一般的には、ヨーロッパの歴史をみれば、君主主権を否定するものとして国民主権が主張されたため、これを君主制と国民主権の対立と捉える傾向にある。しかし、政治体制を意味する国民主権（民主政体）と対立軸にあったのは君主主権（独裁政体）であり、国家形態（君主制か共和制か）の問題と政体の問題とは次元が異なる。したがって、君主制（国家形態）と国民主権（政治体制）は原理的に対立するものではないといえよう。

　憲法1条後半は、「その地位は、主権の存する日本国民の総意に基く」

と規定する。「その地位」が天皇の位（皇位）を指すことに異論はない。また、本条にいう「主権」とは、国家の最高意思の決定権を意味し、「日本国民の総意に基づく」とは、国民の意思に立脚することをさす。

　ここでいう「国民」とは何を指すのだろうか。通説的見解に従えば、国民主権の原理には、権力的契機の側面と正当性の契機の側面がある。国民主権の権力的契機の側面とは、国家意思の最高決定権とその権力作用を国民自身が行使することを意味する（治者と被治者の自同性）。この場合の「国民」とは、政治的意思表示を行うことのできる有権者団（選挙人団）を指し、国家意思を体現する公務遂行者を意味する。一方、国民主権の正当性の契機の側面とは、国家権力の究極的権威（正当性の根拠）は「国民」に由来することを意味する（前文）。この場合の「国民」は、国家構成員全体のことであり、民主政治の正当性の視点から言えば、時間的拡がりを持つ「全国民」を意味する。

　これを念頭におけば、憲法1条後半は、天皇の地位が過去現在未来へとわたる時間的広がりを持つ日本国民の総意（連続性を基礎とする国民共同体としての国家意思）に基づくことを確認したものである。したがって、憲法1条は、わが国の伝統・歴史の中で、天皇が国家の象徴として最も相応しい存在であることを確認し、国家権力の究極的権威としての国民共同体の意思と天皇の地位が一体であることを端的に確認したものと解される。

　以上述べたことを総合すると、国家形態は、元首の成り立ち方によって定まると考えることができる。つまり、元首が世襲またはそれに準ずる方法によってその地位に就く尊厳的存在の場合は君主制であり、元首が国民の中から代表者として選挙等によって指名される場合は共和制である。

　そうすると、現代の世界の諸国は、大別して四つの類型に分けられる。それは、①君主制民主政体、②君主制独裁政体、③共和制民主政体、④共和制独裁政体である。この分類で言えば、現行憲法下のわが国は、①君主制民主政体であるといえる。

2 天皇の権能

(1) 国事行為と国政に関する権能

憲法4条1項は、「天皇は、この憲法の定める国事に関する行為のみを行ひ、国政に関する権能を有しない」と規定している。国事行為には、三権を超越した統治作用や政治的に影響を与える行為（例えば衆議院の解散）も含まれるため、「国事行為」と「国政に関する権能」の関係性が問題となる。

一般的に「国事行為」は形式的、儀礼的行為とされ、「国政に関する権能」は、政治的な実質的決定権を意味する行為とされる。しかし、国事行為とは憲法が天皇の権能として定めた行為を総称するものであり、統治作用と無関係とは言い難いものもある。また、国事行為は内閣の助言と承認に基づくとの規定はあるが、本来的に形式的・儀礼的であるとする根拠はない。それにもかかわらず、国事行為を形式的な行為と断定することは疑問である。やはり、憲法4条は、天皇の統治組織上の権限は憲法で定める国事行為に限定されることを意味し、それ以外の国政上の権能は有さないことを示した規定であり、立憲主義の要請であるとみるのが妥当であろう。

憲法3条、4条、6条、7条を併せて解釈すれば、天皇の統治組織上の権限は国事行為に限定されており、その実質的決定権は憲法所定の各国家機関が行使することを要請している。これは、立憲君主制下の統治における**権威と権力の分離**を意味する。この視点から言えば、天皇の国事行為は、国家機能の権威的部分の発露である。したがって、天皇は、憲法に列挙された国事行為を行うが、それは権力的決定に対して正当性を付与する権威的行為である。しかも、国事行為を行う際には「内閣の助言と承認」が必要となる（3条）。なお、国事行為に対する内閣の助言と承認の規定は、天皇が政治責任を負わないこと（政治的無答責）を意味する。内閣の責任は、天皇に代わって責任を負うのではなく、助言と承認に対する自己責任である。

(2) 国事行為の種類

　天皇の国事行為は、憲法6条と7条に列挙されている。

　①内閣総理大臣および最高裁判所長官の任命（6条）

　天皇は、国会の指名に基づいて内閣総理大臣を任命し（同条1項）、内閣の指名に基づいて最高裁判所の長たる裁判官を任命する（同2項）。

　②憲法改正、法律、政令および条約の公布（7条1号）

　公布とは、所定の手続により決定した意思を知らしめる行為であり、官報に掲載することによって行われる。公布行為は、効力の発生要件である。

　③国会の召集（7条2号）

　国会の召集は、国会議員に対して期日と場所を示して集合すべきことを命ずる行為であり、国会を活動できる状態におく行為である。これは、詔書の形式で行われ、天皇が署名・捺印し、内閣総理大臣が副署する。

　④衆議院の解散（7条3号）

　解散とは、任期満了前に衆議院議員全員の資格を喪失させる行為である。

　⑤総選挙の施行の公示（7条4号）

　本来、国会議員の総選挙とは議員全員を選挙することを意味する。しかし、日本国憲法では、衆議院議員の任期満了および解散による総選挙、参議院議員の半数改選の通常選挙のことを含むと解される。総選挙の施行の公示とは、総選挙を行うことおよびその期日について国民に知らしめることであり、詔書の形式によって行われる。

　⑥国務大臣任免などの認証（7条5号）

　天皇は、国務大臣の任免・その他の官吏の任免・全権委任状・大使および公使の信任状を「認証」する。認証とは、ある行為が権限ある機関

第2章　天皇　　19

によって適正になされたことを公に確認し、証明する行為をいう。国務大臣の任免は内閣総理大臣の行為に対して天皇が認証する。「法律の定めるその他の官吏」とは認証官を指す。「全権委任状」とは、特定の外交交渉のために派遣される使節に対して全権を委任することを表示する文書のことであり、「大使及び公使の信任状」とは、特定相手国に派遣する大使や公使に対する信任を表示する文書である。これらは、内閣が発し（73条2号）、天皇が認証する。

⑦恩赦の認証（7条6号）
　恩赦とは、「大赦、特赦、減刑、刑の執行の免除及び復権」の総称であり、司法手続を経ずに公訴権を消滅させ、あるいは裁判所の言い渡した刑の効果の全部または一部を消滅させることをいう。恩赦は、内閣が決定し（73条7号）、天皇が認証する。

⑧栄典の授与（7条7号）
　栄典とは、国家や社会の功労者の栄誉を表彰する位階や勲章をいう。

⑨批准書などの外交文書の認証（7条8号）
　批准書とは、署名された外交文書に同意を与えた国家の最終意思表示文書をいう。批准書は、国会の承認を得るために内閣が作成する（73条3号）。「その他の外交文書」は、大使や公使の解任状などを意味する。

⑩外国の大使・公使の接受（7条9号）
　接受とは、外国の大使や公使からの信任状の奉呈を受け、接見する儀礼的な行為をいう。

⑪儀式の挙行（7条10号）
　儀式とは、天皇が国家元首として自ら主宰して行う儀式を指す。儀式への参列は含まないと解される。

(3) 国事行為以外の公的な行為
　天皇は、国事行為ではないが、公的性格を有する行為を行っている。

例えば、国会開会式での「おことば」、園遊会、全国植樹祭、外国への親善訪問、外国元首との親電親書の交換などである。これらは、国事行為ではないことが明らかであるが、全くの私的行為とも言い難い。これを学説上、「公的性格を有する行為」（公的行為）と呼んでいる。

　天皇の国事行為以外の公的行為が憲法上許されるのかについて、学説は三行為説と二行為説に分かれる。通説である三行為説は、国事行為と私的行為以外の公的性格を有する行為があり、その行為が象徴たる地位（憲法1条）に付随する行為であることを理由に憲法上許されるとする（象徴行為説）。一方、二行為説は、国事行為と私的行為のみが憲法上許されるとし、それ以外の公的行為はすべて憲法違反であるとする。ただし、二行為説の中には、一定の公的行為を認める学説（国事行為説、準国事行為説、憲法的習律説など）もある。

　もっとも、皇位が公的性格を有することは明らかであり、国政に関する権能とはいえない公的行為を憲法が禁止する趣旨は見いだせないというべきであろう。なお、これらの行為分類論は学説によるものであることに留意する必要がある。

（4）天皇の権能の代行

　天皇が心身の故障などの理由により国事行為を行うことができない場合には、他の者に代行させる必要が生ずる。憲法は、天皇の権能の代行について、摂政（5条）と国事行為の委任制度（4条2項）を定める。

　摂政が置かれるのは、天皇が成年（満18歳）に達しないときと、天皇が精神もしくは身体の重患または重大な事故により、国事行為を自ら行うことができないときに限定している（皇室典範16条）。「重患または重大な事故」の判定を担うのは、皇室会議（後述）である。摂政は、天皇の国事代行機関であり、天皇の名で憲法の定める国事行為を行う。そのため、摂政が国事行為を行う場合には内閣の助言と承認を必要とする。また、摂政の代行行為は、天皇の国事行為全般に及ぶが、国の象徴ではない（天皇ではない）。したがって、皇室典範では、国事行為の代行者という点で「摂政は、その在任中、訴追されない。但し、これがため、訴追の権利は、害されない」（同21条）と規定している。摂政の順位は、①皇太子または皇太孫、②親王および王、③皇后、④皇太后、⑤太皇太后、⑥内親

王及び女王である。

　国事行為の委任は、内閣の助言と承認に基づいた天皇の委任行為を必要とする。委任が認められるのは、国事行為のうち必ずしも天皇が自ら行う必要がないものを個別に委任する場合（例えば下級の勲章の授与など）と、包括的に国事行為を臨時代行させる場合である。国事行為の臨時代行に関する法律2条では、天皇に「精神若しくは身体の疾患又は事故」があり、しかも摂政を置くには至らない時（一時的とみられる時）に、摂政となるべき順位にあたる皇族に対して包括的に委任することができるとしている。

3　皇位の継承

（1）皇位継承の意義

　憲法2条は、「皇位は、世襲のものであつて、国会の議決した皇室典範の定めるところにより、これを継承する」と規定し、皇位の継承が世襲によってなされることを定め、継承の詳細について国会の議決による皇室典範に委ねることを規定する。

　皇位継承は、一定の事実の発生により、当然に特定の人が皇位につくことをいう。「皇位」とは、連綿と続く天皇の地位を意味する。「世襲」とは、ある地位につく資格が一定の血統に属していることをいうが、皇位継承の本質である伝統的精神をも含むものとして解するべきであろう。

　なお、皇位継承資格を特定の血統に属していることに限定することは憲法14条1項に抵触するとの意見もあるが、天皇及び皇位継承については、日本国憲法が天皇及びそれを支える皇室の存在を前提にしていることから、平等原則の例外として確認されていると解される。

（2）皇位継承の原則と皇位継承の順序

　皇室典範は、明治憲法下では憲法と並ぶ国家の基本法とされていたが、現行憲法下では、国会の議決に委ねている。

　皇室典範によれば、「皇位は、皇統に属する男系の男子が、これを継承する」（1条）とされており、皇位継承資格を男系男子に限定している。こ

の規定については、「女性天皇」「女系天皇」を認めていないために憲法14条1項に違反するとの見解もあるが、例外規定である憲法2条の「世襲」の意味内容が「男系男子」であるとする見解もある。

皇位継承の原因は、「天皇が崩じたときは、皇嗣が、直ちに即位する」（皇室典範4条）とあるように、生前退位（伝統に基づけば「譲位」）は認められておらず、天皇崩御の瞬間に皇嗣の即位が完成して皇位継承が生じる（天皇の退位等に関する皇室典範特例法については後述）。

皇位継承の順位は、①皇長子、②皇長孫、③その他の皇長子の子孫、④皇次子およびその子孫、⑤その他の皇子孫、⑥皇兄弟およびその子孫、⑦皇伯叔父およびその子孫、である。これらの皇族がいない場合は、最近親の系統の皇族に継承される（皇室典範2条）。なお、皇嗣に精神や身体の不治の重患または重大な事故があるときは、皇室会議の議により、上記の順序に従って皇位継承の順序を変えることができる（皇室典範3条）。

（3）天皇の退位等に関する皇室典範特例法

皇室典範は、皇位継承の原因を崩御に限っており、生前退位（譲位）を認めていない。しかし、ご高齢やご病気による体力の低下によって、公務遂行が困難になるとの理由から、当時の天皇陛下（現上皇陛下）は、御譲位を希望されておられた。

2016（平成28）年8月8日の「象徴としてのお務めについての天皇陛下のおことば」を一つの契機とし、内閣総理大臣の私的諮問機関である「天皇の公務の負担軽減に関する有識者会議」が設置され、2017（平成29）年6月8日には皇室典範4条の特例として「天皇の退位等に関する皇室典範特例法」が国会で成立し、同月16日に公布、2019（平成31）年4月30日に施行された。

この特例法1条では、①天皇は高齢のために国事行為や象徴としての公的行為を自ら続けることが困難であると案じていること、②国民は天皇陛下を深く敬愛し、お気持ちを理解し、共感していること、③皇太子が国事行為の臨時代行等の公務に長期にわたり精勤していることが述べられている。ここには、天皇のお気持ちに対する国民の共感が示されている。

特例法2条の「天皇は、この法律の施行の日限り、退位し、皇嗣が、直

ちに即位する」との規定により、2019（平成31）年4月30日に退位、翌5月1日に浩宮徳仁皇太子が即位（第126代）し、令和に改元された。

　これに伴い天皇・皇后は、それぞれ上皇、上皇后と称されている。また、特例法5条の「第2条の規定による皇位の継承に伴い皇嗣となった皇族に関しては、皇室典範に定める事項については、皇太子の例による」との規定に基づき、秋篠宮文仁親王が皇嗣となった。

（4）安定的な皇位継承をめぐる議論

　皇位継承をめぐる問題の一つは、皇室典範の改正で女性皇族やその子孫（女系）が皇位を継承することができるかという点である。

　これを容認する見解は、憲法2条の世襲は「血統」のみを要件としているとし、皇位継承については法律である皇室典範に全て委ねられていることを根拠とする。この見解が反映されたのが、2005（平成17）年11月の「皇室典範に関する有識者会議報告書」である。ここでは、①皇位継承順位は男女を問わず第1子を優先とすること、②女性天皇及び女系天皇（母系天皇）を認めること、③女性天皇及び女性皇族の配偶者になる男性も皇族とする（女性宮家の設立を認める）こと、④永世皇族制を維持することなどが柱とされていた。

　一方で、皇位継承は男系男子を維持すべきとする見解は、憲法2条の世襲は血統だけでなく、皇位継承の伝統的精神（「皇統」）をも含むものと解する。2021（令和3）年12月に出された「天皇の退位等に関する皇室典範特例法案に対する附帯決議に関する有識者会議報告書」では、男系による皇位継承の伝統を護持することが確認され、現皇室典範の男系男子による継承を原則と位置づけており、2005（平成17）年の有識者会議報告書を全面的に否定した。また、皇族数の確保に関する具体案として、女性皇族が結婚後も皇室に残る案や旧皇族の男系男子を養子にする案が提示されている。さらに、これらが不十分な場合は、旧皇族の男系男子を直接皇族として迎え入れる案も検討する余地があることを示している。

4 皇室経済

(1) 皇室財産

　皇室とは、天皇と皇族を一体として表す言葉である。皇族の範囲は、皇后、太皇太后、皇太后、親王、親王妃、内親王、王、王妃及び女王とされる（皇室典範5条）。

　明治憲法の時代においては、議会の関与できないものとして皇室財政自律主義であったが、占領政策の一環として皇室財産のほとんどが国有財産に移管された。憲法88条前段は、「すべて皇室財産は、国に属する」と定める。皇室財産とは、天皇および皇族の所有する公産を指し、生活必需品や日用品などの私的財産は含まれない。また、「三種の神器」などの皇位とともに継承されるべきものも国有財産には含まれない。なお、憲法88条前段の規定は、国有財産を皇室が使用することを妨げるものではない（例えば、皇居、赤坂御用地など）。

(2) 皇室の費用

　憲法88条後段は、「すべて皇室の費用は、予算に計上して国会の議決を経なければならない」とし、皇室費用も一般の国費の支出と同様に、国会の承認事項であるとする。皇室の費用とは、天皇・皇族の生活費と宮廷事務に要する費用であり、皇室経済法3条では、内廷費、宮廷費、皇族費に区別している。

　内廷費は、天皇、皇后、太皇太后、皇太后、皇太子、皇太子妃、皇太孫、皇太孫妃及び内廷にあるその他の皇族の日常の費用その他内廷諸費に充てるもので、毎年支出される。これは御手元金として、宮内庁の経理に属する公金とされない（皇室経済法4条）。

　宮廷費は、内廷諸費以外の宮廷諸費（例えば、儀典関係経費、宮殿等管理費などの公的活動の経費）に充てるもので、宮内庁の経理に属する公金である（同法5条）。

　皇族費は、「皇族としての品位保持の資に充てるため」のもの、「皇族が初めて独立の生計を営む際に一時金額により支出するもの」、「皇族であつた者としての品位保持の資に充てるために、皇族が皇室典範の定め

第2章　天皇　　25

るところによりその身分を離れる際に一時金額により支出するもの」に分けられ、宮内庁の経理に属する公金とされない（同法6条）。

(3) 皇室の財産授受

憲法8条は、「皇室に財産を譲り渡し、又は皇室が、財産を譲り受け、若しくは賜与することは、国会の議決に基かなければならない」とする。「財産」とは、物権、債権、無体財産権を問わず、あらゆる種類の財産を指す。また、有償無償にかかわらず、皇室の財産授受は、すべて国会の議決を必要とする。

これは、皇室と特定人との不健全な関係が生ずることを防止し、外部との関係を明らかにすることによって皇室の尊厳を維持しようとする趣旨であると解される。そうであれば、皇室の日常活動にかかわる通常の財産授受には個別的な議決は不要であると考えることができる。実際、通常の私的経済行為や儀礼上の贈答、さらに少額の財産授受の場合などは、その度ごとの国会の議決は不要である（皇室経済法2条）。

なお、「国会の議決」の実例としては、1993（平成5）年皇太子御成婚に際してのお祝いや2019（令和元）年天皇即位祝賀のための贈与物品についての議案などを挙げることができる。

5 　皇室会議

(1) 構成

先に述べたように、現憲法下では、皇室全体のあり方について皇室自律主義を否定し、皇室典範で定めるとしている。そのため、皇室会議は、日本の皇室に関する重要な事項を審議するために設けられているが、明治憲法下の皇族会議とは根本的に性格を異にしている。明治憲法下の皇族会議は、天皇、成年以上の皇族男子で構成され、内大臣、枢密院議長、宮内大臣、司法大臣、大審院長が参列していたが、現皇室典範の皇室会議は、皇族2人（成年皇族の互選）のほか、内閣総理大臣（議長）、衆議院議長及び副議長、参議院議長及び副議長、宮内庁長官、最高裁判所の長官と互選された判事の10名で構成されている（28条）。

（2）審議内容

　皇室会議は、議長である内閣総理大臣によって招集され、①皇位継承順位の変更、②天皇及び皇族男子の婚姻、③皇太子・皇太孫以外の皇族が皇族の身分を離脱する場合、④摂政を設置・廃止と摂政順位の変更の場合には皇室会議の議によるべきことが明記されている。

　なお、皇室会議の議事・議決の定足数は6人である。議事の表決数は、重要案件である上記①、④については、出席者の3分の2の特別多数により、その他の場合は、出席者の過半数による。

練習課題
- 天皇の公的行為について説明せよ。
- 皇位の継承について整理せよ。
- 天皇が国家元首であるか否かについて、諸外国の君主制と比較して考えてみよう。

第3章

平和主義

1 憲法前文の理念と憲法9条

(1) 平和主義の世界的潮流

戦争放棄の規定は、フランス1791年憲法第6篇1項「フランス国民は、征服を行うことを目的とするいかなる戦争も企てることを放棄し、かつ、その武力をいかなる人民の自由に対しても行使しない」という規定にさかのぼることができる。その後、フランス1848年憲法、ブラジル1891年憲法が侵略戦争の放棄を規定した。そして、第一次世界大戦後の1928年には、**ケロッグ・ブリアン条約**（**パリ不戦条約**）が成立し、「締約國ハ國際紛争解決ノ爲戦争ニ訴フルコトヲ非トシ且其ノ相互關係ニ於テ國家ノ政策ノ手段トシテノ戦争ヲ抛棄スルコトヲ其ノ各自ノ人民ノ名ニ於テ厳肅ニ宣言ス」とした。

しかし、違法とされる戦争概念の限定化、自衛概念の不明確性、国際連盟が抱える組織上の欠点などが影響し、国際社会は、第二次世界大戦を防ぐことができなかった。これを踏まえ、1945年10月に発足した**国際連合**は、戦争の違法化を維持しつつ、加盟国に紛争の平和的解決を義務づけ（国連憲章2条3項）、国際関係において「武力による威嚇又は武力の行使」を禁止し（同条4項）、自衛権の発動期間の限定をした（国連憲章51条）。ここには、安全保障理事会を中心とする集団安全保障体制による平和構築を目指す意図がある。その後、国際連合は、侵略行為の明確化を図るため、1974年12月14日に「侵略の定義に関する決議」（決議

3314）を採択するに至った。

このような流れの中で、第二次世界大戦後に制定された憲法には、日本国憲法を含め侵略戦争の放棄を明記するものが多くみられる。

（2）日本国憲法前文と憲法9条

日本国憲法は、連合国による占領下において制定された。ほとんどの憲法が目的をもって制定されるが、日本国憲法の場合は、日本が再びアメリカの脅威にならないようにすることを目的とした占領政策の一環として制定された側面が否定できない。このことは、1945（昭和20）年10月に発足した国際連合の目的に賛同することを宣言し、集団安全保障体制に期待する憲法前文の中にも見いだすことができる。

憲法前文は、「政府の行為によつて再び戦争の惨禍が起ることのないやうにすることを決意」すると共に、「日本国民は、恒久の平和を念願し、人間相互の関係を支配する崇高な理想を深く自覚するのであつて、平和を愛する諸国民の公正と信義に信頼して、われらの安全と生存を保持しようと決意した」と謳っている。また、前文は「平和を維持し、専制と隷従、圧迫と偏狭を地上から永遠に除去しようと努めてゐる国際社会において、名誉ある地位を占めたい」と述べ、「全世界の国民が、ひとしく恐怖と欠乏から免かれ、平和のうちに生存する権利を有することを確認する」としている。そして、憲法9条は、この理念・国家目標を具体化したものである。

なお、上記の前文第2段にいう**「平和的生存権」**については、前文の法的性質の問題とも関連し、特に裁判規範性の有無、法的権利性の有無が争われた。この点、一部の学説や判例（下級審）では、平和的生存権の法的権利性を肯定するものがある（札幌地判昭和48・9・7、名古屋高判平成20・4・17）。たしかに、憲法前文は、憲法典の一部であり、具体的な条規を解釈する際の指導原理となり得るという意味で法的性質を有するといえる。しかし、前文は抽象的な理念や国家目標を示したものにすぎず、特に平和的生存権の権利内容が不明確であることから、裁判所が直接的にある国家行為の合憲性を判断する際の根拠としうる裁判規範と考えることは難しい。

2 憲法9条の制定過程

（1）GHQ草案にみる戦争放棄条項

　憲法9条の原型は、**マッカーサー三原則**にある。そこでは、「紛争解決のための手段としての戦争」のみならず、「自己の安全を保持するための手段としての戦争」（自衛戦争）も放棄する内容であった。しかし、この原則に基づくマッカーサー草案8条では、「国民ノ一主権トシテノ戦争ハ之ヲ廃止ス他ノ国民トノ紛争解決ノ手段トシテノ武力ノ威嚇又ハ使用ハ永久ニ之ヲ廃棄ス陸軍、海軍、空軍又ハ其ノ他ノ戦力ハ決シテ許諾セラルルコト無カルヘク又交戦状態ノ権利ハ決シテ国家ニ授与セラルルコト無カルヘシ」とされ、自衛戦争の放棄の文言は削除された。また、同草案の特徴は、「戦争」と「武力の威嚇又は使用」が区別されており、「紛争解決の手段としての」という文言は後者のみにかかるような条文構造になっている点である。

（2）日本側の修正と憲法9条

　GHQとの協議を経て修正した政府の「憲法改正草案」では、「国の主権の発動たる戦争と、武力による威嚇又は武力の行使は、他国との間の紛争の解決の手段としては、永久にこれを抛棄する。陸海空軍その他の戦力の保持は、許されない。国の交戦権は、認められない」とされた。この特徴は、マッカーサー草案と異なり、「紛争の解決の手段としては」という条件が「戦争」と「武力による威嚇又は武力の行使」の両方にかかるようになった点である。

　帝国議会の審議では、「他国との間の紛争」が「国際紛争」の文言に置き換えられたほか、衆議院憲法改正小委員会（通称：芦田小委員会）では、いくつかの重要な変更が加えられた。そこでは、前文にあった「正義と秩序を基調とする国際平和を誠実に希求し」との文言が1項に移され、2項の冒頭に「前項の目的を達するため」との文言が挿入された（**芦田修正**）。この「前項の目的を達するため」という文言については、その後、極東委員会の強い要望で憲法66条2項に「文民条項」が付け加えられたことや芦田氏が後に自衛のための軍隊を保持できるようにするために挿

第3章　平和主義　　31

入したと述べたことから、解釈上で重要な意味を持つ文言となった。

　しかし、この点については、極東委員会が「芦田修正」の後に文民条項の挿入を強く要望したことは事実だが、それ以前から同様の要求をしていたこと（1953（昭和21）年7月2日決定「日本の新憲法についての基本原則」3.b）、芦田小委員会の議事録では芦田氏が非武装化を徹底するために1項と2項を入れ替える提案を積極的に行っていたこと、などが指摘されている。結局のところ、占領下の複雑な状況における憲法審議であり、立法者の真意を見極めることは難しい部分もある。

3　憲法9条1項の解釈

　憲法9条1項は、「日本国民は、正義と秩序を基調とする国際平和を誠実に希求し、国権の発動たる戦争と、武力による威嚇又は武力の行使は、国際紛争を解決する手段としては、永久にこれを放棄する」と規定する。

　まず、「国権の発動たる戦争」とは、宣戦布告や最後通牒などによって開戦の意思を示す国家間の武力衝突であり、戦時国際法上の適用を受ける国際法上の「戦争」（**形式的意味の戦争**）を意味する。「武力による威嚇」とは、実力行使の可能性を背景に、自国の要求を強要したり、相手国から先制攻撃を仕掛けさせる状況に追い込んだりすることをいう。「武力の行使」とは、国際法上の「戦争」ではない国家間の武力衝突をいう（**実質的意味の戦争**。帝国憲法下では開戦の詔勅と宣戦布告のないものは「**事変**」と称した）。

　これらの「戦争」・「武力の行使」・「武力による威嚇」は、「国際紛争を解決する手段として」という条件の下に放棄している。この文言解釈をめぐっては学説が二つに分かれる。①**全面放棄説**は、あらゆる戦争は国際紛争を前提とすること、侵略戦争と自衛戦争の区別は困難であること（侵略戦争は自衛戦争の名の下に行われたこと）などを根拠に、一切の戦争を放棄したとする。②**限定放棄説**は、侵略戦争を禁じた不戦条約や国連憲章の用語と同義であることや憲法9条成立の経緯などから、侵略戦争の放棄のみを意味し、自衛戦争は放棄していないとする。

　この点については、独立国家固有の自衛権の存在や国際法上の用法からみて限定放棄説が妥当であるといえよう。「国際紛争を解決する手段」の文言は、「パリ不戦条約」の「國際紛争解決ノ爲」という文言との類似

性からみても、また、集団安全保障体制が全ての国に対する先制攻撃の禁止を前提にしている点からみても、侵略戦争のみを放棄する意味であると解される。さらに、しばしば「侵略戦争」と「自衛戦争」の区別ができないことが指摘されるが、国際紛争の平和的手段による解決を求める国連憲章では、武力攻撃が発生した時点から安全保障理事会が措置をとるまでの間のみに自衛権発動（自衛戦争）を限定し（51条）、一方の侵略行為については、上述の「国連決議3314」において定義・類型化を試みている。いずれも細かい点が不十分であるが、少なくとも国際紛争を解決する手段として先制攻撃をすることは、侵略行為を意味するといえよう。

なお、政府解釈は、限定放棄説の立場を採っており、憲法9条1項は侵略戦争を禁止する趣旨であり、自衛のための実力行使まで禁止する趣旨ではないとしている。

4 憲法9条2項の解釈

（1）「戦力」の意味

憲法9条2項は、「前項の目的を達するため、陸海空軍その他の戦力は、これを保持しない」と規定する。この規定をめぐっては、学説が分かれる。

潜在的能力説は、「戦力」の意味を最も広く解釈するもので、戦争遂行に役立つ可能性のある一切の人的・物的な潜在能力（軍需産業、航空機、港湾施設、軍事研究、科学技術など）であるとする。その根拠は、「戦力」の英訳文の「other war potential」である。しかし、戦争遂行に役立つ潜在能力（軍事転用が可能なもの）の全てが「戦力」になると、あらゆる生産活動、技術などが含まれることになり、解釈としては広すぎると言わざるを得ない。

警察力を超える実力説は、「戦力」を国内治安の維持と確保を目的とする警察力を超える人的・物的な組織体のことであるとする。これは、通常、軍事力（軍隊）といわれる。警察は国内治安維持を目的とする組織であるのに対して、軍隊は外敵からの国防を目的とする組織である。また、その組織体の目的に応じて、人員、編成方法、訓練、装備、予算な

どが異なることから、外敵からの国防目的にふさわしい物的装備（例え
ば、戦車、軍艦、戦闘機、ミサイルなど）をもつ実力組織（軍隊）が「戦力」の
意味であるとする。

この警察力を超える実力説の中でも学説は、**全面不保持説**（自衛隊違憲
論）と**自衛戦力合憲説**（自衛隊合憲論）に分かれる。

まず、**全面不保持説**は、「前項の目的を達するため」という文言を憲法
9条1項全体の趣旨と考える。その上で、①憲法9条1項全面放棄説に立
つ場合は、全ての戦争遂行が否定されることから、2項はこの趣旨を繰
り返し確認したに過ぎないとして全面的な戦力不保持を帰結する。ま
た、②憲法9条1項限定放棄説に立った場合においては、侵略戦争の放
棄を徹底するために、たとえ自衛目的であろうとも戦力の不保持を謳っ
ているとする。つまり、憲法9条1項は侵略戦争を放棄するに止まるが、
2項の一切の戦力不保持の結果として自衛戦争を行うことができないと
する（**遂行不能説**とも呼ばれる）。その根拠は、およそ従来の戦争は自衛の
名の下に侵略戦争を繰り返してきたこと、素直に文理解釈すれば戦力不
保持が帰結されること、戦力不保持の規定は諸外国にみられない徹底的
な平和主義の規定であること、宣戦布告・統帥権・軍法会議などの軍に
関する規定が憲法上にないことを挙げる。これらの学説によれば、現状
の自衛隊は、組織の目的、編成等からみて違憲であるとする（長沼ナイキ
訴訟第1審判決、札幌地判昭和48・9・7）。

この全面不保持説（上記②）の問題点は、自衛権との関係で「自衛戦争
ではない形での自衛権行使」（例えば群民蜂起、自主的な抵抗、警察力での排除
など）だけが憲法上許されるという結論（「**武力なき自衛権論**」）になる点で
ある。しかし、自衛権（国連憲章51条）が「武力攻撃が発生」した場合に
発動されることからみれば、自衛権は武力による反撃を前提にする概念
である。そうすると、「武力なき自衛権」は、形容矛盾であると言わざる
を得ない。

次に**自衛戦力合憲説**は、憲法9条1項限定放棄説に立った上で、「前項
の目的を達するため」という文言を侵略目的のための戦力を保持するこ
とを禁止する趣旨である（自衛目的のための戦力であれば保持することができ
る）とする。この立場は、国家固有の自衛権を根拠としており、国民の
生命・自由・財産を守るために外敵からの攻撃に対処する自衛戦力の保

持が認められるとするものである。この学説に対しては、侵略目的の戦力と自衛目的の戦力の区別がつかないこと、比較憲法的にも珍しい戦力不保持の規定の意味を無視していること、自衛戦力を保持することになると結果的に憲法9条1項の趣旨（侵略戦争の放棄）が無に帰す可能性があることなどの批判がある。

（2）政府見解にみる自衛力合憲論

政府は、「前項の目的を達するため」という文言を根拠に、自衛のための「戦力」の保持が許されるとの論理を採っていない。政府は、保安隊発足時は、憲法で禁止される「戦力」を近代戦争遂行に役立つ程度の装備、編成を備えるものとする近代戦争遂行能力説（1952（昭和27）年11月25日第4次吉田内閣閣議決定）を採っていたが、自衛隊発足後、「戦力」は自衛のための必要最小限度を超える実力であるとする立場を採るに至った（1954（昭和29）年12月23日第一次鳩山一郎内閣統一見解）。このように政府見解は、一貫していかなる目的であっても「戦力の保持は認められない」との立場を堅持している。その上で政府は、国家固有の自衛権を根拠に、外国からの急迫不正の侵害に対する**自衛のための必要最小限度の実力**（自衛力＝自衛隊）のみが憲法上許されるとする（後述するが、当初、自衛隊は「専守防衛の組織」であるとしてきた）。

しかし、政府見解に対しては、「必要最小限度」は相対的概念であること、技術の進歩によってもはや兵器の性能では侵略のためか自衛のためかの判断ができないことが指摘されている。特に、政府見解の問題点は、自衛隊が外敵からの国防（自衛隊法1条）を目的とした組織であり、その目的にふさわしい組織体・物的装備を備えているにもかかわらず、「戦力」ではないとする点である。先に述べたように、国内治安維持を目的（主たる任務）とする組織が「警察」であり、外敵からの国防を目的（主たる任務）とする組織が「軍隊」（戦力）であることからみれば、自衛隊は「軍隊」のカテゴリーに包含される。それにもかかわらず、政府見解は、自衛隊を自衛のための必要最小限度の実力組織であって軍隊（戦力）ではないとしており、もはや軍隊と自衛隊の違いを明解に説明することができず、論理が混乱した状態となっていると言わざるを得ない。

第3章　平和主義　　35

(3) 交戦権の否認

　憲法9条2項後段は、「国の交戦権は、これを認めない」と規定する。この「**交戦権**」をめぐっては、戦争をする権利と解する説があるが、国際法上の用法に従えば、交戦国（交戦団体）に認められる諸権利と解するのが妥当であろう。国際法上で交戦国に認められる諸権利とは、通商禁止、敵国居留民や外交官の行動制限、自国内の敵国民の財産の凍結・没収、軍事目標の攻撃・破壊、敵兵力の殺傷・破壊、敵船舶の拿捕、中立国船舶の臨検、敵国領土の占領などである。自衛戦力合憲説によれば、交戦権の行使については、上記の内容のうち、自衛戦争遂行のために必要なものに限定されるとする。

　この点、政府見解は、交戦権の概念について学説と同様に解釈するが、「自衛権の行使として相手国兵力の殺傷と破壊を行う場合、外見上は同じ殺傷と破壊であっても、それは交戦権の行使とは別の観念」であるとして、独自の見解を採っている。

5　自衛権

　自衛権は、かつては自然法上の国家の自己保存権の一側面として位置づけられており、正戦論の一つの根拠にもなっていた。しかし、現在の国連憲章では、「すべての加盟国は、その国際関係において、武力による威嚇又は武力の行使を、いかなる国の領土保全又は政治的独立に対するものも、また、国際連合の目的と両立しない他のいかなる方法によるものも慎まなければならない」（2条4項）とし、「武力の行使」を一般的に禁止している。一方で、自衛権については、「この憲章のいかなる規定も、国際連合加盟国に対して武力攻撃が発生した場合には、安全保障理事会が国際の平和及び安全の維持に必要な措置をとるまでの間、個別的又は集団的自衛の固有の権利を害するものではない」（51条）とし、自衛権発動の条件を明示している。つまり、自衛権は、武力攻撃が発生した時点から安保理の措置が発動するまでの間の一時的な実力行使については違法性が阻却される行為として位置づけられるものである。したがって、自衛権の行使が正当な行為（違法性阻却事由）とされるためには、緊急性、必要性、相対性（必要最小限度）といった要件があるとみてよいで

あろう。

　ところで、学説の中には、憲法9条は自衛権を放棄した規定であると主張するものもある。しかし、国家固有の自衛権を放棄することは独立国家ではないことを意味するため、学説の多くは憲法9条の下でも自衛権を認める立場を採る。

　ただ、先にも述べたように、学説の多くは「**武力なき自衛権論**」を展開する。それによれば、自衛権行使は、外交交渉や群民蜂起などを内容とする。しかし、これらはいずれも、先にみた国際法上の国家固有の自衛権の発動と言うことはできず、群民蜂起に至っては、国家行為として行うのか疑問がある。

　国際法上の自衛権は、外国からの急迫不正の侵害に対して、自国を防衛するための必要な実力行使をする国家の権利である。この点、砂川事件（最大判昭和34・12・16）で最高裁は、「わが国が主権国として持つ固有の自衛権は何ら否定されたものではなく、わが憲法の平和主義は決して無防備、無抵抗を定めたものではない」とし、「わが国が、自国の平和と安全を維持しその存立を全うするために必要な自衛のための措置をとりうることは、国家固有の権能の行使として当然のこと」としている。

　なお、自衛権の憲法上の根拠については、憲法13条が注目される。憲法13条は、①国家権力の濫用から国民の生命・財産が守られなければならないこと（権力濫用防止）、②国内の暴力から国民を守ることが国家の責務であること（警察権の根拠）、③外国による暴力から国民を守ることが国家の責務であること（自衛権の根拠）を要求していると解される。わが国が外国から攻撃を受けた場合、国を守るため、国民を守るために政府が全力を挙げて対処しなければならないことは言うまでもない。

6　日米安全保障体制と自衛隊

(1) 自衛隊の任務

　自衛隊の任務、組織、指揮命令、活動及び権限は、自衛隊法の定めるところによる。現在の自衛隊の任務は、「我が国の平和と独立を守り、国の安全を保つため、我が国を防衛することを主たる任務とし、必要に応じ、公共の秩序の維持に当たるものとする」（自衛隊法3条1項）とされて

いる。

自衛隊の「主たる任務」は国防であり、「**武力攻撃事態**」（我が国に対する外部からの武力攻撃が発生した事態又は我が国に対する外部からの武力攻撃が発生する明白な危険が切迫していると認められるに至つた事態）と「**存立危機事態**」（我が国と密接な関係にある他国に対する武力攻撃が発生し、これにより我が国の存立が脅かされ、国民の生命、自由及び幸福追求の権利が根底から覆される明白な危険がある事態）の場合には防衛出動（同法76条）が発動される。自衛隊の「従たる任務」は必要に応じた公共の秩序維持であり、具体的には治安出動、海上警備行動を挙げることができる。また、同法3条2項では、「**重要影響事態**」における後方支援活動、「**国際平和共同対処事態**」における協力支援活動などを任務としている。なお、自衛隊の本来任務とは、この「主たる任務」と「従たる任務」を併せたものを指す。

(2) 日米安全保障体制

1952（昭和27）年4月28日にサンフランシスコ平和条約が発効し、日本は占領から解放され、主権を回復した。同条約の発効により、連合国軍は、日本から撤退しなければならないはずだった。しかし、同日、日本はアメリカ軍の駐留を認める旧日米安全保障条約（日本国とアメリカ合衆国との間の安全保障条約）を締結した。その後、1954（昭和29）年には、MSA協定を締結し、自衛隊が発足することになる。1960（昭和35）年には、対等な双務的軍事同盟を内容とする日米安全保障条約（日本国とアメリカ合衆国との間の相互協力及び安全保障条約）が発効する（60年安保）。

同条約6条では、米軍の駐留を引き続き認めたが、在日米軍の目的を「日本国の安全」と「極東における国際の平和及び安全に寄与する」ものとした。国内では、日本がアメリカの世界戦略に巻き込まれる可能性があると批判された。そのため、アメリカが日本国内の基地から戦闘作戦を行う場合には、日本政府との事前協議の対象となるとされた（条約6条の実施に関する交換公文。ただし、この点についてはベトナム戦争から今日に至るまで一度も事前協議が行われていないとの指摘もある）。

同条約5条では、日本国内の米軍基地が攻撃された場合、日本は共同防衛行動をとることを定める。この点については、在日米軍に対してのみ攻撃がなされた場合でも、日本はアメリカ軍と共同で軍事行動を行う

ことになるとの指摘や、アメリカ軍の軍事行動が日本の自衛権行使の要件と合致するとは限らない、あるいは現実にはアメリカ軍の決定に従って日本が共同行動をしなければならないのではないか、との指摘がある。もっとも、いずれも日本領域内にある在日米軍基地が攻撃された場合の想定であるので、日本は自衛権の行使が可能である。ただし、外国の軍隊が領域内に駐留しているが故の複雑な法的問題を含んでいることは間違いないだろう。

（3）安保条約の合憲性

　旧日米安全保障条約の下で、在日米軍の駐留が憲法9条2項で禁止する「戦力」に該当するかが問題となったのは、砂川事件である。第1審判決（伊達判決・東京地判昭和34・3・30）は、憲法9条は自衛権を否定するものではないが、自衛のための戦力の保持も許さないとした上で、米軍の駐留は日本政府による要請、米軍への施設提供、費用分担等の協力があって始めて可能となる以上、日本の指揮権の有無に関係なく、2項の禁止する「戦力」に該当すると判示した。

　これに対して最高裁（前掲最大判昭和34・12・16）は、自衛権を肯定した上で、「わが国がその平和と安全を維持するために他国に安全保障を求めることを、何ら禁ずるものではない」とし、「保持を禁止した戦力とは、わが国がその主体となつてこれに指揮権、管理権を行使し得る戦力をいうものであり、結局わが国自体の戦力を指し、外国の軍隊は、たとえそれがわが国に駐留するとしても、ここにいう戦力には該当しない」とした。そして、裁判所の日米安全保障条約に対する審査権については、「主権国としてのわが国の存立の基礎に極めて重大な関係をもつ高度の政治性を有する」問題であり、「純司法的機能をその使命とする司法裁判所の審査には、原則としてなじまない」とし、「一見極めて明白に違憲無効であると認められない限りは、裁判所の司法審査権の範囲外」であるとした（**統治行為論**の一形態）。その上で、米軍の駐留については、「違憲無効であることが一見極めて明白であるとは、到底認められない」と判示した。なお、その後も最高裁は、沖縄代理署名訴訟判決（最大判平成8・8・28）においても砂川事件最高裁判決を参照し、合憲としている。

第3章　平和主義　　39

(4) 安保再定義と有事法制

　米ソ冷戦終結後、日米関係は新たな段階に入った。日米両国は、アジア・太平洋地域の経済的・戦略的重要性の確認と日米同盟の再構築のために、1996（平成8）年に「日米安全保障共同宣言」を発表し、日米安保体制の対象を拡大することを確認した。それを受けて、1997（平成9）年には「防衛協力のための指針」（1997年ガイドライン）が合意された。このガイドラインの特徴は、日本への武力攻撃に対する共同対処について具体化した上で、日本周辺地域における日本の平和と安全に重要な影響を与える場合（周辺事態）についての協力体制を明記し、アメリカの軍事行動に対する日本の後方支援活動を強化することである。

　その具体化として、1999（平成11）年には、周辺事態法が成立した。同法では、「そのまま放置すれば我が国に対する直接の武力攻撃に至るおそれのある事態等我が国周辺の地域における我が国の平和及び安全に重要な影響を与える事態」（周辺事態）において、アメリカ軍に対する後方地域支援活動を可能とした。その後、2000（平成12）年には、同法2条1項の「船舶検査活動」を具体化するために船舶検査法が制定され「臨検」を可能とした。さらには、武力攻撃事態対処法（2003（平成15）年）をはじめ、国民保護法、米軍行動関連措置法、外国軍用品等海上輸送規制法などの**有事法制**が整備された。

7　自衛隊の海外派遣

(1) PKO協力法

　湾岸戦争（1991年）を契機にして、国内外からは、日本の国際貢献を求める声が高まった。1992（平成4）年に政府は、自衛隊が国連平和維持活動や人道的国際救援活動、国際的選挙監視活動に参加することを可能とするPKO協力法（国際連合平和維持活動等に対する協力に関する法律）を制定した。同法では、①当事国の停戦合意、②受け入れ国の同意、③活動の中立性、④上記①〜③の条件が満たされない場合の撤収、⑤武器使用は必要最小限度とするという条件（**PKO参加5原則**）の下であれば自衛隊が参加可能であるとした（なお、停戦・武装解除の監視、緩衝地帯での駐留・巡回などは凍結されていたが、2001（平成13）年改正により解除）。

その後、PKO協力法は、武器使用が上官命令とされ（1998（平成10）年改正）、防衛対象の拡大（2001（平成13）年改正）などの変更が加えられ、2015（平成27）年に「駆けつけ警護」などの改正が行われた。

（2）自衛隊の海外派遣の拡大

　世界は、2001年の同時多発テロ事件をきっかけに「テロとの戦い」という新しい局面に対処することとなった。アフガニスタン戦争は、日米安保条約や周辺事態法などの範囲外であったが、日本は、「テロの防止及び根絶」のためにアメリカ軍への協力を行うと表明した。2001（平成13）年に制定したテロ対策特別措置法は、多国籍軍の後方支援を行うことを認めた。後方支援活動は、軍事作戦に参加する艦船への補給（兵站活動）であり、集団的自衛権の行使に該当するとの批判があった。なお、同法は、2年間の時限立法であったが、延長を繰り返して2009（平成19）年に失効した。その後、補給支援特別措置法を制定して同様の活動を継続したが、2010（平成22）年に失効したため自衛隊はインド洋から撤収した。

　2003（平成15）年、アメリカを中心とする多国籍軍は、大量破壊兵器保有の疑いを理由にイラクへの軍事攻撃をした。日本は、アメリカのイラク攻撃を支持するとともに、イラク特別措置法を制定し、戦闘終了後にイラクへ自衛隊を派遣した。ここでは人道復興支援活動（給水、医療、道路の補修等）に加え、安全確保支援活動（多国籍軍の兵士、武器、弾薬の輸送等の兵站活動）を行っていたが、安全確保支援活動については、兵站活動そのものであり、集団的自衛権の行使に該当するのではないかとの疑問があった。なお、イラク特別措置法は、4年間の時限立法であったが2年間延長された後、2009（平成21）年に失効し自衛隊は撤収した。

　2009（平成21）年、ソマリア沖での海賊活動によって日本の民間船舶が危険な状況にあるとして、日本は、海賊対処法を制定した。同法に基づき、自衛隊が派遣されたが、他国の軍艦との共同行動によっては、集団的自衛権の行使に至る可能性も指摘された。

8 集団的自衛権の行使容認と安全保障法制

(1) 集団的自衛権

　従来、政府は、集団的自衛権を保有しているが、行使はできないとしてきた。そもそも「保有しているが行使ができない権利」というのは論理的に理解しがたいが、政府は、他国への攻撃を阻止することを目的とした集団的自衛権は、憲法の容認する自衛の限界を超えるものであって許されないという立場を採っていた。しかし、今まで概観したように、日米安保体制の強化（基地提供、後方支援活動など）や自衛隊の海外派遣にみる活動（後方支援活動）は、実態として集団的自衛権の行使といえるものも含まれるものであった。その中で、自衛隊の位置づけや集団的自衛権の行使を明確化しようとする立場からは、憲法改正や政府見解の見直しを求める機運が高まった。

　政府は、「国の存立を全うし、国民を守るための切れ目のない安全保障法制の整備」を目指すため、2014（平成26）年に閣議決定により、「我が国に対する武力攻撃が発生した場合のみならず、我が国と密接な関係にある他国に対する武力攻撃が発生し、これにより我が国の存立が脅かされ、国民の生命、自由及び幸福追求の権利が根底から覆される明白な危険がある場合において、これを排除し、我が国の存立を全うし、国民を守るために他に適当な手段がないときに、必要最小限度の実力を行使することは、従来の政府見解の基本的な論理に基づく自衛のための措置として、憲法上許容されると考えるべきであると判断するに至った」として、**集団的自衛権の行使**を認める解釈変更を行った。

　この閣議決定に対しては、従来の武力攻撃事態に存立危機事態を加えただけであり、集団的自衛権の行使とはいうものの限定的な行使の容認（個別的自衛権に近いもの）であるとの見方がある。一方で、従来の政府解釈を変更する必要性が曖昧であり、集団的自衛権行使容認の根拠とされた昭和47年政府見解との整合性もとれないため、この解釈変更は、平和主義・立憲主義の危機であるとする見方もある。

　その後、2015（平成27）年には、集団的自衛権行使容認を具体化するために「日米防衛協力のための指針」を改訂した。このガイドラインの

特徴は、第一に日米の軍事的協働体制を平時にまで拡大すると共に、自衛隊による米軍支援の対象を拡大するものである。具体的には、平時の哨戒活動や訓練、武力攻撃に至らない事態における日米の協力関係、水陸両用部隊の設置、島嶼部の役割分担を明確にした。第二に、第三国への武力攻撃があった場合、装備品の防護、捜索・救難、ミサイル迎撃、機雷掃海、後方支援についてアメリカに協力することを明確にした。

（2）安全保障法制

　日本は、集団的自衛権の行使を具体化するための国内法整備を行った。2015（平成27）年、平和安全法制整備法と国際平和支援法が成立した。平和安全法制整備法は、集団的自衛権の行使を可能にするために自衛隊法をはじめとした法律を改正するためのものである。

　例えば、現行の自衛隊法は前述の通りであるが、周辺事態法は**重要影響事態法**に改正され、これまでの「周辺事態」の概念から「我が国周辺の地域」という地理的制限に該当する文言を削除した「**重要影響事態**」を定義し、米軍の後方支援及び臨検を行うことを可能とした。また、一部の有事法制は「**存立危機事態**」においても適用されることになった。さらに、国際平和支援法の制定によって恒常的に外国軍に対する後方支援活動や捜索救助活動などが可能となった。その他、PKO協力法の改正では駆けつけ警護や安全確保業務における武器使用も認められることになった。

　このように、先の閣議決定にある「切れ目のない安全保障法制の整備」とは、平時と有事を接合することを意味し、武力攻撃予測事態、武力攻撃事態、存立危機事態、重要影響事態、国際平和共同対処事態といった各段階の法整備を意味するものである。さらに、2022（令和4）年には、国家安全保障戦略など安保3文書を改定し、反撃能力（敵基地攻撃能力）の保有や防衛費の増額を明記したことも、この延長線上に位置づけることができる。

　これらの一連の流れはもはや自衛隊が専守防衛の組織ではなくなったことを意味することから、憲法9条は「棚上げ状態」（機能していない）との見方もある。一方で、日本政府の自衛力の定義、集団的自衛権の定義、存立危機事態の定義などの「独自性」をみると、今もなお、憲法9条は、

政府に対する一定の歯止めになっているとの見方もある。

練習課題

- 憲法9条1項の戦争の放棄の意味について説明せよ。
- 憲法9条2項の戦力の意味について学説・政府解釈を整理せよ。
- 憲法9条1項2項をそのままにして、自衛隊を3項に追加する憲法改正案があるが、それで根本的に解決するのかについて考えてみよう。

第**4**章

人権総論

1 人権とは何か

憲法11条は、「国民は、すべての**基本的人権**の享有を妨げられない」と規定している。「基本的人権」とは、信教の自由（憲法20条）、表現の自由（憲法21条）、職業選択の自由（憲法22条1項）といった、個別の自由と権利を総称する言葉であり、単に「**人権**」とも呼ばれる。

そもそも、人権とはいったい何だろうか。憲法学では、人権を「およそ人たる者に保障される権利」と定義してきた。しかし実のところ、人権という言葉が具体的に指し示す意味内容は、歴史とともに変化している。本節では、現代の日本国憲法が保障する基本的人権の意味を理解するために、人権思想の歴史的展開や人権保障の在り方の変化を確認する。

（1）人権宣言の歴史

人権という言葉の由来となる考え方は、イギリスにおいて登場した。イギリスでは、絶対君主に対抗するために、議会と法律家が当時からみて400年以上昔の文書である**マグナカルタ**（1215年）を持ち出し、そこでの約束が守られていないことを訴えた（**権利請願**）（1628年）。

その後、ピューリタン革命やクロムウェルによる独裁（1649–1658年）、王政復古後のジェームズ2世による再びの圧政（1660–1688年）を経て、イギリスでは**名誉革命**（1689年）が起こる。名誉革命では、国民の宗教の自由を認めなかったジェームズ2世が追放され、新たにメアリ2世とウィ

45

リアム3世が招かれ、国王として即位した（1688年）。

　そして名誉革命の翌年、**権利章典**（1689年）が成立した。権利章典では、イギリス国民が古来より有する自由と権利が確認され、これらの自由と権利は、国王の一存で奪うことができないことが明確にされた。権利章典によって保障される自由と権利の内容には、宗教の自由や選挙の保障、国家による不当な身体拘束に対抗する権利、議会による課税同意権などが含まれている。これは、現代の各国の憲法が人権として保障する自由と権利の内容とよく似ており、国家による人権保障の先駆けであると言われている。

　しかしながら、これらは「イギリス人」が「古来より有している自由と権利」とされ、「およそ人たる者に保障される権利」ではなかった。

　普遍的かつ理論的に名誉革命を正当化するために、ジョン・ロックは**社会契約論**を唱えた（1689年）。社会契約論では、「国家」というものを国王の所有物ではなく、人間が生まれながらに有する自然権を保全するための組織であると考えた。さらに、国民の自然権を保全できない国家に対して、国民は抵抗権を行使して革命を起こしても良いとされた。しかし、ロックの社会契約論は、イギリスにおいて国家として正式に採用されたわけではない。

　国籍を問わず、自然権としての人権が人類に普遍的に保障され、国家を人権の保全のための組織であるとする考え方は、名誉革命からおよそ100年後に、18世紀末のアメリカやフランスにおける**近代市民革命**を経て、はじめて明確かつ正式に採用された。例えば、1798年の**フランス人権宣言**では、「人は、自由かつ権利において平等な者として出生し、かつ生存する。社会的差別は、共同の利益の上にのみ設けることができる」（1条）と定められ、人間が生まれながらにして自由かつ平等であることが高らかに宣言された。フランス人権宣言を経て、人権思想はヨーロッパ全体に広がっていった。

　しかし、実は19世紀から20世紀前半にかけて、自然権としての人類普遍の人権という考え方は、いったん衰退してしまう。原因は様々であるが、科学の発達によって「神から与えられた人権」といった考え方が人々に受け入れづらくなったこと、富裕層の経済活動の自由を人権として保障した結果、労働者の労働環境が悪化し、格差が広がったことなど

が挙げられる。

　人間が生まれながらに有する人権という考え方が改めて見直されたのは、第二次世界大戦以降、**ナチズム・ファシズム**に対する反省を踏まえてのことである。戦前は、国民の代表からなる議会の制定する法律を守っていれば、圧政が回避され、国民の人権が十分に保障されると考えられていた。しかし実際には、戦前のドイツに代表されるように、選挙においてファシズム政党が支持され、合法的に特定の民族や社会的少数派を弾圧・抹殺しようとする法制度が成立してしまった。

　こうした悲劇が繰り返されてはならないという反省から、戦後、世界中で「およそ人たる者に保障される権利」としての人権という考え方が改めて強調されるようになった。1945年に結成された国際連合のもと、1948年には世界人権宣言が成立し、1966年には加盟国を拘束する条約として、国際人権規約（社会権規約及び自由権規約）が成立している（**人権の国際化**）。国際人権規約では、人権はもはや特定の思想や宗教に由来するものではなく、「人間の固有の**尊厳**に由来する」（前文）と考えられるようになった。

　加えて、一つの国の憲法が採用する仕組みとしても、ただ議会の制定する法律に従っていれば人権が十分に保障されるという考え方ではなく、もし議会の制定した法律がそれ自体、人権を侵害しているのであれば、人権を侵害している法律は、裁判所の審査を経て無効とされるべきとする考え方が採用されるようになった（**違憲審査制**の採用）。

　さらに、19世紀から20世紀前半にかけては、人権の一つとしての財産権や経済活動の自由を重視しすぎたことで、裕福な雇用主の権利ばかりが保障され、労働者の労働環境が、人類全体の平均寿命が低下するまでに悪化してしまっていた。世界経済の停滞や高い失業率は、ファシズムを招いた要因の一つとも考えられる。そこで第二次世界大戦後は、資本主義国家の憲法においても、個人の財産権を絶対視するのではなく、経済政策の実施や社会的格差の解消を目的とする**社会権**（生存権、教育を受ける権利、勤労の権利、労働基本権など）規定が一般的に取り入れられている。現代国家は、人々の経済活動の自由を保障するだけでなく、社会的・経済的弱者を保護し、国民の福祉の向上に努める義務を負っている（**社会国家・福祉国家化**）。

(2) 人権の観念

　人権という言葉の指し示す意味内容は、以上のように、世界史的な流れのなかで展開してきた。したがって、戦後に制定された日本国憲法に登場する「人権」の観念も、こうした流れを踏まえて捉える必要がある。

　一般に、日本国憲法が保障する人権には、①固有性、②不可侵性、③普遍性といった三つの性格が認められるとされる。

　まず、**①人権の固有性**とは、人権が、人間であることによって当然に保障される権利であるということである。日本国憲法の保障する人権は、天皇から与えられたものでもなければ、何らかの義務を果たしたことによって見返りとして認められるものでもない。人間が尊厳を有するという想定から、人権は、あらゆる人に無条件に認められる。

　また、人権の固有性を出発点とすれば、人権は国家以前から存在する前国家的な権利であることになる。社会契約論は、こうした前国家的な自然権をベースに、国家という組織の正当化を考える理論である。社会契約論に基づいて、国家を人権保障のための組織として理解するのであれば、国家が人権を侵害することは、その根本的な目的に反することになろう。ここから、人権は原則として国家権力によって侵害されないという、**②人権の不可侵性**が導かれる。ただ、これは原則であり、実際には人権は、公共の福祉の原理のもとで調整としての制約を受ける。

　最後に、**③人権の普遍性**とは、人権が人種、性別、身分などの区別に関係なく認められることを意味する。近代市民革命を経て人権概念が成立してからも、実のところ、長らく女性や黒人には人権が認められていなかった。黒人の権利は19世紀半ばの奴隷制廃止を経て、女性の参政権は20世紀前半になって、ようやく認められたものである。

　20世紀半ばに成立した日本国憲法では、11条が「**国民は、すべての基本的人権の享有を妨げられない**」と規定し、14条1項は「**すべて国民は、法の下に平等であつて、人種、信条、性別、社会的身分又は門地により、政治的、経済的又は社会的関係において、差別されない**」と規定する。歴史的経緯からも条文からも、日本国憲法の保障する人権は、人種や性別などの区別を許さず、あらゆる人々に普遍的に享有されるべきことがわかる。

（3）人権の分類

　日本国憲法の保障する人権規定は、歴史的経緯やその機能の面から、①**幸福追求権**、②**平等原則**、③**自由権**（消極的権利）、④**社会権**（積極的権利）、⑤**参政権**（能動的権利）、⑥**受益権**に分けることができる。このうち、はじめの二つの①**幸福追求権**（13条）と②**平等原則**（14条1項）は、人権規定全体にその趣旨が及ぶ一般的な規定である。

　③**自由権**は、国家からの介入の排除を求める権利であり、「国家からの自由」とも言われる。ここに分類される権利は、近代市民革命直後の段階から認められてきた古典的自由であり、国家による不当な思想統制や経済規制を排することで、諸個人が自由に話し合ったり契約を交わしあったりするための市民社会を創出する。自由権は、保障内容に応じて、精神的自由権、経済的自由権、人身の自由の3種類に分かれる。**精神的自由権**には、思想・良心の自由（19条）、信教の自由（20条1項前段及び2項）、表現の自由（21条）などが含まれ、**経済的自由権**には、財産権（29条）、職業選択の自由（22条1項）などが含まれる。**人身の自由**には、刑罰の**適正手続の保障**（31条）、**不当な逮捕・抑留からの自由**（33・34条）などが含まれる。

　④**社会権**は、国家に対して一定の介入を求める権利であり、「国家による自由」とも言われる。自由権と対置される権利であり、近代市民革命直後の段階では認められておらず、自由な経済活動に伴う弊害が大きくなった20世紀以降に認められた現代的な権利である。日本国憲法の定める社会権としては、**生存権**（25条）、**教育を受ける権利**（26条）、**勤労の権利**（27条）、**労働基本権**（28条）などが挙げられる。国家が国民全員に人間らしい生活や義務教育を保障することで、社会的格差を一定程度抑制し、実質的平等の実現を図ろうとする権利である。

　⑤**参政権**は、国家の決定に参加する権利であり、「国家への権利」とも言われる。参政権は近代市民革命直後の段階から認められてはいたものの、当初は政治に参加できる人間の範囲は相当に限定されていた。人種や資産、教育、性別の区別のない平等な参政権は、現代までに段階的に実現されてきた。日本国憲法の定める参政権としては、**選挙権**（15条）や**立候補の権利**（被選挙権）、**公務就任権**などを挙げることができる。

　最後に、⑥**受益権**とは、**国務請求権**とも呼ばれ、人権保障を確かにす

るための人権であると言われる（基本権のための基本権）。**裁判を受ける権利**（32条）、**国家賠償請求権**（17条）などがここに含まれる。国家に対して、裁判による紛争解決や損害賠償など、何らかの活動を求めるという点では社会権と似ているが、受益権は近代市民革命直後の段階から認められており、自由権の保障を現実化するために必要なシステムにアクセスする権利（例えば、財産権保障は、民事裁判へのアクセスが可能となり、はじめて現実に保障される）として捉えられてきた点に違いがある。

　なお、これら個人が有する権利規定のほか、人権規定のなかには、人権保障をより確かなものとするために、一定の制度を保障しようとする規定がある。こうした規定を**制度的保障**と呼ぶ。例えば、財産権保障を確かなものとするための**私有財産制の保障**（29条）や、学問の自由を確かなものとするために解釈上導かれる**大学の自治**（23条）などがこれにあたるとされる。

(4)「人権」と「憲法上の権利」（基本権）

　日本国憲法の人権規定とは、人間の尊厳に由来する前国家的・自然的な権利を保全するための組織である国家が、国民に必ず保障しなければならない権利のリストである。ところで、このように考えるとき、人類が普遍的に前国家的・自然的に有する権利と、日本国憲法という具体的な法規範が実定的に保障している権利の内容は、完全に一致するだろうか。

　実は、憲法学では両者には若干のずれがあると考えられている。もちろんほとんどの権利において（精神的自由権や経済的自由権など）両者は重なり合っている。しかし、例えば、裁判を受ける権利（32条）や国家賠償請求権（17条）のような受益権は、国家の存在を前提としている権利であり、前国家的・自然的な権利であるとは考えられていない（もちろんそれでも、受益権は日本国憲法の保障する重要な人権の一つである）。他方、豊かな自然環境を享受する権利や先住民族の権利は、国際的には人間の尊厳の確保にとって重要であると認識されつつあるが、日本国憲法の保障する人権としては、未だ条文上も判例上も、十分に認識されていない。

　そして、憲法学が考察の対象とする「人権」とは、主に「日本国憲法が実定的に保障している人権」である。このような、特に日本国憲法と

いう法規範が保障している人権を、前国家的・自然的に人々が有する権利と区別して、「**憲法上の権利**」あるいは「**基本権**」と呼ぶことがある。「人権」は、前国家的・自然的な権利と「憲法上の権利」の両方の意味を含む言葉だが、議論の文脈に応じて、「憲法上の権利」と同じ意味でも使われる。

2 人権享有主体性

　人権が普遍性を有し、「およそ人たる者に保障されるべき権利」であることは既に確認した。しかし、日本国憲法の個別の人権規定を見ると、「すべて国民は」「国民は」といった文言で、人間ではなく、「国民」という言葉が使われていることがわかる。これを文字通りに受け止めれば、外国人には、人間の尊厳に由来するはずの憲法上の権利の保障がかなりの範囲で適用されないことになりそうであるが、この結論は妥当だろうか。また、個人でなく、会社や学校などの一定の団体・法人に、人権は保障されるだろうか。さらに、日本国憲法の14条では、すべての人間が平等であり、貴族制を撤廃するとしながらも、憲法1条から8条までの規定では、天皇という特殊な身分が憲法上存在しているが、これはどのように理解すればよいだろうか。

　以上のように、特定の存在（主体）がそもそも「人権」を有しているかどうか（享有しているかどうか）という問題を、憲法学では「**人権享有主体性**」の問題と呼んで、議論を深めてきた。以下では、天皇・皇族、法人、外国人の人権享有主体性に関する議論について概観する。

（1）天皇・皇族

　日本国憲法は、象徴天皇制を採用しており、2条では、天皇の地位（皇位）を「世襲のもの」とする。また、皇室典範によれば、皇族男子の婚姻では、皇室会議の議を経ることが必要とされる（皇室典範10条）。さらに天皇は、憲法4条が「国政に関する権能を有しない」とすることから、選挙権（15条）も有しないとされる。

　一見すると、これらのルールは、職業選択の自由や婚姻の自由、選挙権といった基本的人権を侵害するように見える。上に挙げたいずれのル

ールも、一般国民に対して課されれば、当然に人権侵害と認められるだろう。天皇の場合にはこれらの自由を制限しても違憲とならないとすれば、それはなぜだろうか。天皇は、そもそも憲法上の権利を有していないのだろうか。

天皇の人権享有主体性につき、学説ではこれを肯定する見解と、否定する見解の両方が存在する。天皇の人権享有主体性を肯定する見解は、天皇も、一般国民と同様、日々を生きる尊厳ある人間の一人であることに変わりないから、当然に人権を享有していると考える。一般国民と比べ、天皇の人権が大きく制約されていることについては、憲法が象徴天皇制を採用したことに伴う必要最小限度の制約といえる範囲にとどまる限り、合憲であるとする。

他方、天皇の人権享有主体性を否定する見解によれば、日本国憲法による世襲の象徴天皇制の導入は、前近代的な身分制秩序を部分的に温存する決断であるとされる。つまり、日本国憲法は一般国民のあいだでの身分制秩序を否定し、すべての国民が平等に人権を享有すると宣言したが、象徴天皇制の採用は、天皇だけがこの平等な社会に加わらず、それ以前の前近代的身分制の「飛び地」のなかに取り残されることを意味する。否定説はこうした観点から、天皇に人類普遍の人権という近代的権利の享有は認められず、代わりに身分に応じた特権と義務のみが認められると論じる。

(2) 団体・法人

人権は、個人の尊厳に由来するから、一人ひとりの個人が有するものである。それでは、個人が集まってつくる団体・法人（例えば、会社や学校など）は、人権の享有主体となることができるだろうか。

最高裁判所は、日本国憲法の定める人権規定は、「**性質上可能な限り内国の法人にも適用されるものと解すべき**」（**八幡製鉄事件**：最大判昭和45・6・24）とする。この立場は、**権利性質説**と呼ばれ、判例・学説において基本的に支持されている。権利性質説によれば、人権の性質に応じて、一部の人権は法人にも享有されるが、一部の人権は法人によっては享有されないことになる。

それでは、法人が享有できる権利と、享有できない権利は、どのよう

に分かれるだろうか。

　会社を思い浮かべればわかるように、個人が集まって作る団体・法人の多くは、集団が行う経済的活動を円滑にすることを目的として設立されている。したがって、経済的自由権や裁判を受ける権利といった取引に関連する人権は、全般的に、法人にも保障される。

　一方、世界を自ら経験し、解釈していく自然人たる個人とは異なり、法人は一種の概念であり、それ自体生きてはいない。このことを念頭に置くと、生きる権利そのものと言えるような生存権や、自分の経験を直接政治に届ける権利である選挙権は、団体・法人には保障されない。

　その他、信教の自由や表現の自由、学問の自由といった精神的自由権については、その団体・法人が何のために存在しているかに応じて判断できる。例えば、宗教法人には信教の自由が保障される（**オウム真理教解散命令事件**：最判平成8・1・30）ということができるし、報道機関には表現の自由（**博多駅事件**：最大決昭和44・11・26）、大学法人には学問の自由が認められていると言えよう。

　このように団体・法人の人権を認めることは、団体・法人とその構成員の考え方や立場が一致している場合には、個人の人権保障をより高めるものと考えることができる。しかし反対に、団体・法人と、その構成員の考え方や立場が一致していない場合——団体・法人とその内部の構成員が対立している場合——は、団体・法人の権利を認めることが、個人の権利の抑圧に繋がりかねないことに注意しなければならない。

　最高裁判所は、株式会社の代表取締役と株主のあいだで会社の政治献金に関する考え方が対立した八幡製鉄事件において、株主がこれと異なる政治的信条を抱いていたとしても、会社は「憲法上、公共の福祉に反しないかぎり、政治資金の寄付の自由を有する」と述べている（**八幡製鉄事件**）。

　一方、税理士法のもと、税理士であれば全員が必ず加入しなければならないとされる**強制加入団体**である税理士会において、税理士会とその構成員たる税理士のあいだで政治団体への寄付についての意見の対立が生じた**南九州税理士会事件**（最判平成8・3・19）では、構成員に実質的に脱退の自由が保障されていない税理士会の場合、構成員に政治団体への寄付に関する協力を義務付けることはできないと判断されている。

第**4**章　人権総論　　53

(3) 外国人

日本国憲法の人権規定では、いくつかの箇所で、「国民は」「すべて国民は」という書き方がなされている（11条、13条、14条など）。「何人も」という書き方がなされる箇所もあることから（18条、22条など）、条文において「国民」が主語となっている権利は外国人に保障されず、「何人」が主語の権利のみ外国人にも保障されるとする見解がかつて存在していた（**文言説**）。しかし、現在ではこうした理解はなされていない。

そもそも、日本国憲法の保障する人権規定は人間が前国家的・自然的に有する人権を現実に保障する仕組みであること、人権の国際化の流れが顕著であること、日本国憲法が**国際協調主義**の立場に立つこと（98条）などを考慮すれば、基本的に、条文上「国民」が主語となっている人権も（14条の平等原則など）、外国人に対して保障されるべきと考えられる。

そこで判例及び通説は、文言から機械的に判断するのではなく、日本国憲法のもとでの「**基本的人権の保障は、権利の性質上日本国民のみをその対象としていると解されるものを除き、わが国に在留する外国人に対しても等しく及ぶ**」（マクリーン事件：最大判昭和53・10・4）と述べて、外国人の人権享有主体性の問題につき、**権利性質説**を採ることを明らかにしている。

この権利性質説は、一見すると、団体・法人の場合とほぼ同じ定式に見える。しかし、団体・法人が尊厳をもたず、その構成員たる個人とのあいだで対立すら生じ得ることとは異なり、外国人は、尊厳を有する人間であり、一般国民と同一の根拠から、前国家的・自然的な人権を有する存在である。

また、一口に外国人と言っても、一時的な日本への旅行者だけではなく、日本に数年から数十年間滞在して働く**外国人労働者**、仕事や家族の関係から海外から日本に生活の本拠を移している**定住外国人**（永住権者など）など、その実情は様々である。とりわけ、戦前は日本国籍を有していたものの、戦後の国際関係の変化により、本人の希望とは無関係に自動的に日本国籍を失ってしまった経緯を有するいわゆる**特別永住権者**や、戦争や差別が原因で自国に戻ることが困難な**難民**に対しては、可能な限り日本国民と同等の人権保障がなされるべきではないかとの指摘も広くなされている。

以上の点を踏まえて、権利性質説のもと、権利の性質上日本国民のみをその対象としている権利（≒外国人には保障されない権利）とは何かが検討されてきた。外国人に保障されない権利として主に議論されてきたのは、**①出入国・在留の自由**、**②社会権**、**③参政権**の三つである。

　①外国人の入国・在留の自由については、権利性質説を打ち出したマクリーン事件において、最高裁判所は「憲法上、外国人は、わが国に入国する自由を保障されているものでないことはもちろん、……在留の権利ないし引き続き在留することを要求しうる権利を保障されているものでもない」と述べて、これを否定している。国際慣習法上も、一般に外国人の入国や在留については各国が自由に決定できるとされる。

　他方、日本から**出国する自由**については、判例上、これが外国人にも保障される（最大判昭和32・12・25）。ただし、日本人の夫と結婚し、生活の拠点を日本に有する定住外国人が、出国した後に**再入国する権利**を求めた森川キャサリーン事件では、定住外国人であっても、出国後の再入国の自由は認められないとされた（最判平成4・11・16）。

　社会保障制度の利用などを求める**②社会権**は、伝統的には各国が自国民に対して保障すべき権利であるとする理解が有力であった。最高裁判所も「社会保障上の施策において在留外国人をどのように処遇するかについては」、国家が「政治的判断によりこれを決定することができる」とし、「その限られた財源の下で福祉的給付を行うに当たり、自国民を在留外国人より優先的に扱うことも、許される」と判示している（**塩見訴訟**：最判平成元・3・2）。

　ただし、日本も批准する国際人権規約や難民条約では、社会権保障について**内外人平等の原則**が掲げられている。これらの条約への批准をきっかけとして、現在ではほとんどの社会保障制度が、日本で生活する社会の構成員であれば、国籍を問わず利用可能となっている。

　外国人に性質上保障されない権利の代表格は、**③参政権**である。参政権は「国民が自己の属する国の政治に参加する権利」として定義され、その性質上、当然に国民に対してのみ認められる権利であると考えられてきた。判例・通説も、**国政選挙**の選挙権を外国人に認めることはできないとする。

　一方、外交や国防、通貨制度といった問題を扱わず、「住民の日常生活

に密接な関連を有する公共的事務」を担う地方自治体の長や議員を選ぶ**地方参政権**については、判例上、「我が国に在留する外国人のうちでも永住者等であってその居住する区域の地方公共団体と特段に緊密な関係を持つに至ったと認められるもの」に対して法律でこれを認めることが許容されている（**在日外国人地方参政権訴訟**：最判平成7・2・28）。

3　人権の限界

人権の不可侵性として、人権が原則として国家権力によって侵害されないことは既に確認した。しかし、人権は絶対無制約ではなく、「**公共の福祉**」（12条、13条、22条、29条）のもとで制約される。また、公務員や刑事施設被収容者などは、それぞれを取り巻く法制度上の目的との関係から、一般国民とは異なる人権制約に服することがある。さらに、憲法は国家権力との関係で個人の人権を保障することに主眼を置くが、個人間や、個人と大企業のあいだでの人権侵害など、国家が関係しないところでの問題については、どう対処することができるだろうか。

（1）人権と公共の福祉

憲法12条は、国民が人権を濫用してはならず、常に「公共の福祉」のために用いなければならないと規定し、憲法13条は「生命、自由及び幸福追求に対する国民の権利については、公共の福祉に反しない限り、……最大の尊重を必要とする」と規定している。さらに、憲法22条1項と29条2項では、居住、移転及び職業選択の自由や財産権といった経済的自由権が、公共の福祉によって制約される旨が規定されている。

このように、条文上、基本的人権は「公共の福祉」によって制約されるとあるが、「公共の福祉」とはいったい何を意味しているだろうか。

実のところ、日本国憲法施行後20年あまりのあいだ、判例は「公共の福祉」を、ほとんど定義せず、あらゆる人権の外側からの制約を正当化する一般原理として用いていた（**一元的外在制約説・法規定説**）。これに対して、学説は公共の福祉という言葉が広く具体化されずに使われてしまえば、どのような人権侵害も合憲となってしまうという批判を行った。そのうえで、12条・13条における「公共の福祉」は訓示規定で、22条・

29条における「公共の福祉」だけが意味のある規定であり、公共の福祉という外側からの制約を受けるのは、後者の経済的自由権だけである（**内在・外在二元的制約説・訓示規定説**）とする見解や、公共の福祉は人権制約の一般原理ではあるが、**人権相互の矛盾衝突を調整するための実質的公平の原理**である（**一元的内在制約説**）とする見解を提唱してきた。

これらの議論の要点は、ある国家活動が人権を制約している可能性がある場合に、これが公共の福祉に適った合憲な活動かどうかを判断するうえでは、**単に「公共の福祉」という言葉を持ち出すだけでは不十分であり、より実質的かつ具体的な理由付けが必要ではないか**ということである。

1960年代に入ると、こうした議論の成果を受けて、判例においても、人権侵害の主張がなされた際に、個別事案ごとの**比較衡量**——「人権を制限することでもたらされる利益と、人権を制限しない場合に維持される利益を比較し、制限することでもたらされる利益の方が大きいと判断される場合のみ、人権の制限は合憲となる」——がなされるようになる。しかし、個人の人権を制約して実現される公益と、個人が人権を行使して得られる私益とを単純比較すれば、多くの場合、公益が私益に勝る判断となってしまう。

学説は、このような比較衡量論の問題点への処方箋として、いわゆる**二重の基準論**を提唱してきた。二重の基準論とは、精神的自由は民主的政治過程に不可欠の権利であるから、経済的自由に比べて優越的地位を占めるとしたうえで、人権を規制する法律の違憲審査にあたっては、経済的自由の規制立法に関して適用される判断基準よりも、精神的自由の規制立法に関して適用される判断基準の方が厳格でなければならないとする理論である。個別具体的な利益衡量を行う前に、人権の種類に応じて公益の側に課すハードルを上下させ、違憲審査を客観化しようとするアプローチと言える。

審査基準には概ね、**緩やかな審査**（**合理性の基準**）、**中間段階の審査**（**厳格な合理性の審査**）、**厳格な審査**の三つの厳格度のレベルがあり、それぞれ、人権を規制する国家活動の目的の重要さと、その目的と規制方法のあいだの合理的関連性の程度を厳格度に応じて審査する。二重の基準論のもとでは、経済的自由の規制立法には緩やかな審査がなされ、精神的

自由の規制立法には厳格な審査がなされることになる（**違憲審査基準論**）。

とはいえ、現在の判例においても、構造化された違憲審査基準論は未だ導入されていない。判例では、現在もなお**利益衡量論**が基底的判断枠組として用いられていると言われる。ただ、現在の最高裁判所の利益衡量論は、判例の積み重ねを経て再定式化されており（「**目的のために制限が必要とされる程度と、制限される自由の内容及び性質、これに加えられる具体的制限の態様及び程度等を較量して決せられるべき**」）（よど号ハイジャック記事抹消事件：最大判昭和58・6・22）、二重の基準論など学説の研究成果が、一定程度加味されるようになっている。

(2) 特別な法律関係における人権の限界

伝統的に、国家権力と特殊な関係にある者の人権は、一般国民とは異なる人権制約に服さなければならない場合があると考えられてきた。ここでは**公務員の人権**の問題と、**刑事施設被収容者の人権**の問題を扱う。

まず、公務員に対する人権の制約について検討する。公務員は、国家や地方自治体が、公務を達成するために採用した存在である。**政治的中立性**を実質的に損なわずに適切に公務を実施する必要があるとされ、二重の基準論のもと重要な権利とされる**政治活動の自由**や、**労働基本権**が制限される。とりわけ、**ストライキの権利**（28条）は判例上、全面的に否定されている（**全農林警職法事件**：最大判昭和48・4・25）。

政治活動の自由（21条）については、国家公務員の場合、法令上、刑罰規定が設けられている。ただ、最高裁判所は、精神的自由が政治過程に不可欠な人権であることに鑑みると、公務員の政治活動が犯罪となるのは、「公務員の職務の遂行の政治的中立性を損なうおそれが実質的に認められる」場合に限定されるとする。そして、公務員の職務の遂行の政治的中立性を損なうおそれが認められるかどうかは、「当該公務員の地位、その職務の内容や権限等、当該公務員がした行為の性質、態様、目的、内容等の諸般の事情を総合して判断」される（**堀越事件**：最判平成24・12・7）と考えられている。

次に、刑事施設被収容者について検討する。刑事施設被収容者といっても、収容目的や収容に至る経緯はさまざまである。刑の執行のため、矯正・教化のために収容されている禁固刑などの受刑者もいれば、単に

逃亡防止や証拠隠滅防止のために収容されている未決拘禁者や留置者も存在する。収容目的を問わずに、刑事施設内での治安維持といった漠然とした理由付けによって広範な権利制限を行うことは許されず、収容目的達成のために必要最小限度の制約であることが求められる。

判例においても、東京拘置所に留置されていた未決拘留者が私費で購読していた新聞が黒く塗りつぶされた状態で配布され、知る権利（21条）の侵害ではないかが争われた事例において、「被拘禁者の新聞紙、図書等の閲読の自由」の制限は「〔逃亡又は証拠隠滅の防止という〕**右の目的を達するために真に必要と認められる限度にとどめられるべき**」という基準が示されている（**よど号ハイジャック記事抹消事件**：前出）。

（3）人権の私人間効力

歴史的にも理論的にも、憲法が保障する人権規定とは、伝統的に、国家がやってはいけないこと及びやるべきことのリストであり、憲法とは、国家を名宛人とした規範であると考えられてきた。したがって、国家権力を行使しない一般国民たる私人による権利侵害行為に対して、基本的に人権規定は効力をもたない。憲法上、私人間の関係は、市民社会における対等な関係であり、紛争が生じた場合には、当事者間の合意の有無などをベースに、裁判所が民法をはじめとする私法の解釈を通じて紛争解決を図る。

しかしながら、現代社会では、資本主義の高度化や情報化が進展し、国家の枠を超えた巨大な多国籍企業が存在する。こうした状況においても、大企業と個人の関係を市民社会における対等な関係と考えて良いだろうか。労働者や消費者を保護するための法制度の整備が不十分な場合に、裁判所が大企業などの社会的権力との関係で不利な立場に立つ個人の憲法上の権利を考慮する必要は本当にないのだろうか。

こうした問題関心のもと、憲法学において従来議論されてきたのが、**人権の私人間効力**に関する問題である。当事者間の関係がもはや対等とはいえず、片方が国家に類するような事実上の支配力を有する社会的権力である場合には、人権が私人間にも直接に適用されるべきとする**直接効力説**（**直接適用説**）もかつて主張されたが、現在は支持されていない。

判例・通説は、私人間での紛争において人権を考慮する必要がある場

合には、直接に憲法上の権利を持ち出すのではなく、「私的自治に対する一般的制限規定である民法一条、九〇条や不法行為に関する諸規定等」の適切な解釈運用によって、憲法上の権利の趣旨を私人間に反映させるべきとする（**三菱樹脂事件**：最大判昭和48・12・12）。私人間では、私法解釈を通じて人権規定が間接的に適用され得るとするこうした考え方は、**間接効力説**（**間接適用説**）と呼ばれている。

練習課題
- 人権の固有性とはどういうことか、説明せよ。
- 日本国憲法の保障する人権は、外国人にも保障されるのかを検討せよ。
- 公務員の政治活動はどのような場合に許され、どのような場合に許されないだろうか。判例や学説に照らして検討せよ。

第**5**章

幸福追求権

1 幸福追求権の位置付け

憲法13条は、「すべて国民は、個人として尊重される。生命、自由及び幸福追求に対する国民の権利については、公共の福祉に反しない限り、立法その他の国政の上で、最大の尊重を必要とする」と規定している。この生命、自由及び幸福追求の権利を、**幸福追求権**と呼ぶ。

（1）憲法13条の法的性格

幸福追求権は、日本国憲法の第3章に規定される他の個別的人権規定（例えば、20条の信教の自由、21条の表現の自由、29条の財産権など）の基礎にある一般的・包括的な権利である。このことから、幸福追求権は、**包括的基本権**あるいは**包括的人権規定**と呼ばれることもある。かつて憲法13条は人権全体の理念について述べた訓示規定で、裁判上主張できる権利ではないと考えられていたが、現在では、幸福追求権は、裁判上の救済を受けることができる具体的権利とされている（判例・通説）。

幸福追求権が、他の個別的人権規定の基礎にある一般的・包括的な権利であるということは、他の個別的人権規定の侵害があった場合には（例えば、表現の自由が侵害された場合には）、当然に幸福追求権も同時に侵害されているという関係が成り立つことを意味する。ただ、法適用の通常の考え方では、一般的な規定（**一般法**）と、このうちの一部について特に詳しく定めている規定（**特別法**）が同時に適用可能な場合、詳しく定めら

れている特別法の規定が優先して適用される。したがって、表現の自由と幸福追求権が同時に侵害されているような場合には、幸福追求権を問題とする必要はなく、表現の自由についてのみ検討すればよい。

(2) 幸福追求権の意味──「新しい人権」の導出

それでは、幸福追求権そのものが問題となるのは、いかなる場合だろうか。

日本国憲法の14条以下では、歴史的に国家権力によって侵害されることの多かったさまざまな重要な権利が定められている。しかし、人権規定が人間の固有の尊厳に由来する以上、どれほどたくさんの種類の人権を書き込もうとも、それが網羅的かつ完璧な人権のリストとなることはない。常に、まだ社会が十分に認識できていない人権があると考えるべきである。

このように考えると、日本国憲法が保障しようとしている人権の全体（幸福追求権の保障しようとする範囲）と、個別的人権規定の総和（それぞれの個別的人権規定がカバーできる範囲の合計）には、理論上一定のズレが存在することになる。そして、このズレのなかには、日本国憲法の制定時には個別的人権規定として保障する必要がないか、そもそもその人権の存在が認識されていなかったが、現在では社会の変化に伴い、人間の尊厳に由来する権利として憲法上保障すべきだと考えられるようになった権利が含まれることになる。

幸福追求権の規定が裁判の場で活躍するのは、このような日本国憲法がその制定時に十分に認識していなかった「**新しい人権**」を主張しようとする場面である。幸福追求権の意義は、個別的人権規定の解釈適用によってもなお捉えきれない人権を、当事者が主張し、裁判所が解釈により導き出すための根拠規定として用いることができる点にある（**補充的規定**）。

実際に、日本国憲法のなかには明確な規定がないが、最高裁判所が13条の幸福追求権の解釈を通じて導き出した「新しい人権」として、「個人に関する情報をみだりに第三者に開示又は公表されない自由」（住基ネット訴訟：最判平成20・3・6）や、「自己の意思に反して身体への侵襲を受けない自由」（性同一性障害特例法3条1項4号違憲訴訟：最大決令和5・10・25）がある。

（3）人格的利益説と一般的行為自由権説

　憲法13条から新しい権利が導出できるとして、それはどのような人権で、どういった基準のもとで承認されるのだろうか。

　幸福追求権が保障する内容については、学説において大きく分けて二つの考え方が対立している。

　まず、**人格的利益説**は、幸福追求権の保障を、個人の人格的生存にとって必要不可欠（あるいは重要）な利益に限定する。これに対して、何が人格的生存にとって重要であるかどうかを事前に明らかにするのは困難であるとして、**一般的行為自由権説**は、こうした限定を付さずに、幸福追求権が一般的な行動の自由を保障していると解釈する。

　人格的利益説の立場からは、新しい人権が承認されるためには、その新しい権利が、人格的生存にとって不可欠（あるいは重要）な行為を保障するものであると言えなければならない。他方、一般的行為自由権説の立場からは、ほとんどあらゆる行為の自由が憲法上保障されることになる。両説の違いは、服装、飲酒、喫煙、散歩、登山、オートバイの運転などの一般的行為の自由を、憲法が人権として保障するべきかどうかといった点に生じる。しかしながら実のところ、両説は具体的な結論においては大きな差が生じない。

　というのも、人格的利益説の立場からも、人権とまではいえない一般的な行為の自由が、全く保護されないわけではない。国家権力には、こうした自由を制約する場合にも、平等原則や比例原則といった法の一般原則のもとでの合理的理由付けが求められ、一切理由付けのない自由の制限は違憲となる。

　また、一般的行為自由権説においても、散歩などの一般的な行為は、確かに人権として保障されはする。ただ、例えばこうした散歩の自由

第5章　幸福追求権　　63

は、必ずしも精神的自由権と同等の厳格な保障を受けるわけではない。結局は、行為がもつ憲法上の重要性が考慮されるため、個別の事件において裁判所が行う利益衡量のなかで、当該行為がさほど重要でないと判断される場合には、人権としての一般的行為の自由への制約は、かなり広い範囲で合憲とされ得る。

　判例では、賭博の自由（賭場開帳事件：最大判昭和25・11・22）や喫煙の自由（未決拘留者喫煙訴訟：最大判昭和45・9・16）、酒造の自由（どぶろく訴訟：最判平成元・12・14）などが幸福追求権のもとで主張されたことがある。いずれの判例でも、これらの自由を制約する法律や行政活動は憲法に違反しないと判断されている。最高裁判所は、これらの自由が憲法13条のもとで保障される人権であるかどうかは明確にしないまま、議論の争点を自由への制約の正当化に移している。そのため、判例の立場は、人格的利益説の立場からも一般的行為自由権説の立場からも説明可能と言われている。

2　プライバシーの権利

　以下では、まず最高裁判所の判例において13条を根拠として明確に認められている「私生活上の自由」、すなわち**プライバシーの権利**について説明する。その後、13条を根拠として主張されてきたその他の**自己決定権**（生命・身体に対する自己決定権、リプロダクティブライツ、ライフスタイルに関する自己決定権、医療拒否の権利など）に関する判例を紹介する。

（1）沿革と意味

　日本国憲法に明文の人権保障規定がなく、最高裁判所が13条の解釈を通じて導出している人権の代表格として、**プライバシーの権利**が挙げられる。

　プライバシーの権利は、もともとは19世紀末から20世紀初頭にかけて、アメリカにおいて、“私的”という意味の“プライベート”と、“優越性、最高性”という意味の“プライマシー”という言葉を組み合わせて作られた造語である。マスメディアが発達し、大衆紙において有名人の私生活の暴露が盛んになるなか、有名人にも「1人で放っておいても

らう権利（right to be let alone)」があるのではないかが議論され、これが判例上認められるようになった。

　日本では、三島由紀夫の小説「宴のあと」をめぐる民事事件において、プライバシーの権利の考え方が広がった（「宴のあと」事件：東京地判昭和39・9・28）。この事件では、三島由紀夫が「宴のあと」という小説のなかで、実在の政治家をモデルとした人物を登場させたところ、モデルとされた政治家が、自身のプライバシーの侵害を主張し、三島由紀夫と出版社に損害賠償と謝罪広告の掲載を求めた。東京地方裁判所は、プライバシー権を**「私生活をみだりに公開されないという法的保障ないし権利」**と定義して、損害賠償請求の根拠となる私法上の権利（人格権）として認めた。この事件は、控訴審係属中の当事者間の和解により、最高裁判所の判断が下されないまま終了するが、日本においてプライバシーの権利という概念が知られ、社会的に議論されていくきっかけとなった。

　このようにプライバシーの権利は当初、「宴のあと」事件のような私人間での訴訟において私法上の人格権の一つとして認められた。国家によって侵害されない個人の人権（憲法上の権利、基本権）としてのプライバシーの権利は、その後、京都府学連事件（最大判昭和44・12・24）に端を成す判例の展開のなかで確立されていく。

（2）判例の展開

京都府学連事件（最大判昭和44・12・24）

　立命館大学法学部の学生らが公安委員会から許可を得てデモ行進をしていたところ、密かに監視していた私服警官が軽微な許可条件違反を見つけ、現場にて無断で写真撮影を行った。撮影を不審に思った学生らと警官のあいだでトラブルが起こり、学生の1人が警官に全治1週間の怪我を負わせ、傷害及び公務執行妨害の罪で起訴された。

　最高裁判所は被告人を有罪としたが、そのなかで「個人の私生活上の自由の一つとして、何人も、その承諾なしに、みだりにその容ぼう・姿態……を撮影されない自由を有する」と述べた。さらに、警察官が正当な理由なく個人を撮影することは「憲法13条の趣旨に反し、許されない」とした。

　結論として、本件での警官の写真撮影は適法とされたが、①13条が裁

第5章　幸福追求権　65

判上主張できる規定であること、②13条から私生活上の自由が導かれ、国家による個人情報の収集が、場合によっては個人の私生活上の自由を侵害することを示唆した点に、重要な意義のある判決である。

前科照会事件（最判昭和 56・4・14）

　自動車教習所技術指導員であった原告は、自身が解雇されたことについて、元雇用主の教習所側と争っていた。教習所側の弁護士が、裁判を有利にしようと、弁護士法に基づき、原告に前科がないか区役所に照会したところ、区役所はこれに応じて、原告に前科がある旨を回答した。原告に前科があることを知った教習所側は、法廷の場でこのことを適示し、これによって原告の前科は、事件関係者や傍聴人らに広く知られてしまった。原告は、前科を知られたくない権利というプライバシーの権利の最たるものが、区役所の回答によって侵害されたと主張して、区役所に対して損害賠償請求を行った。

　最高裁判所は、「前科及び犯罪経歴……は人の名誉、信用に直接にかかわる事項であり、前科等のある者もこれをみだりに公開されないという法律上の保護に値する利益を有する」と述べ、区役所が前科照会に回答する際には、「格別の慎重さが要求される」とした。そして、本件の区役所の対応には慎重さが足りなかったとされ、原告の損害賠償請求が認められた。

　①前科をみだりに公開されない権利の存在や、②前科などの秘匿性の高い情報が強く保護されることが示唆される点、③不特定多数に広く公表されずとも、個人情報が本人の意に沿わず、第三者に提供されればプライバシー権の侵害となる可能性が示された点に意義がある。

早大江沢民講演会名簿提出事件（最判平成 15・9・12）

　早稲田大学にて江沢民中華人民共和国国家主席（当時）が講演会を行うこととなり、参加希望学生は、名簿に学生番号、氏名、住所及び電話番号を記入し、参加証の公布を受けていた。早稲田大学は、国側から警備の要請を受け、警視庁から名簿の提出を求められたので、警備を警察に委ねることとし、参加者の同意を得ないまま、名簿などを警察に提出した。名簿に名前を書いて講演会に出席していた早稲田大学の学生である

原告らは、講演中に「中国の核軍拡反対」と大声で叫ぶなどしたため、警察官らにより会場の外に連れ出され、早稲田大学よりけん責処分を受けた。これに対して、原告らが早稲田大学を相手取り、名簿の写しの警察への無断提出がプライバシー侵害を構成するとして損害賠償を請求したのが本件である。

下級審は原告らの請求を棄却したが、最高裁判所は次のように述べて、下級審の判断を覆した。最高裁判所によれば、「学籍番号、氏名、住所及び電話番号は、早稲田大学が個人識別等を行うための単純な情報であって、その限りにおいては、秘匿されるべき必要性が必ずしも高いものではない。……しかし、このような個人情報についても、本人が、自己が欲しない他者にはみだりにこれを開示されたくないと考えることは自然なことであり、そのことへの期待は保護されるべきものであるから、本件個人情報は、上告人らのプライバシーに係る情報として法的保護の対象となる」。「プライバシーに係る情報は、取扱い方によっては、個人の人格的な権利利益を損なうおそれのあるものであるから、慎重に取り扱われる必要がある」が、今回は警察への名簿提出にあたって承諾を得るのを怠るなど、慎重に取り扱われたとは言えないため、原告らの「プライバシーを侵害するものとして不法行為を構成する」。

本判決は、前科のような格別の慎重さを要する秘匿性の高い情報ではなく、学籍番号、氏名、住所及び電話番号といった単純情報であっても、慎重に取り扱う必要があると述べた点で意義がある。

住基ネット訴訟（最判平成 20・3・6）

1999（平成11）年住民基本台帳法改正は、これまでは保有する市町村内でのみ利用されていた住民基本台帳の情報を、市町村・都道府県・国の機関などで全国的に共有して確認ができるようにするネットワークシステム（住基ネット）を構築した。住基ネットでは、住民の氏名、生年月日、性別、住所の4情報に住民票コード、転入・転出の情報を加えた本人確認情報が共有されることになる。原告らは、この住基ネットにより、プライバシー権が侵害されたと主張して、損害賠償とともに、住民票コードの削除を求めた。高等裁判所はプライバシー権の侵害を肯定して住民票コードの削除請求を認めたが、最高裁判所では、原告らのプラ

第5章　幸福追求権　　67

イバシー権侵害の主張が否定された。

本判決において最高裁判所は、「憲法13条は、国民の私生活上の自由が公権力の行使に対しても保護されるべきことを規定しているものであり、個人の私生活上の自由の一つとして、何人も、個人に関する情報をみだりに第三者に開示又は公表されない自由を有する」と述べて、プライバシーの権利（個人に関する情報をみだりに第三者に開示又は公表されない自由）を、憲法13条から導出される憲法上の権利として明確に位置付けた。

ただ、住基ネットは、①秘匿性の高い情報を扱っておらず、②本人確認情報の利用が法令の根拠に基づき、住民のサービス向上及び行政事務の効率化という正当な行政目的の範囲で行われており、③システム技術上も法制度上も本人確認情報が第三者に開示又は公表される具体的危険を生じさせていない。このことを踏まえると、「行政機関が住基ネットにより……本人確認情報を管理、利用等する行為は、……当該個人がこれに同意していないとしても」、「個人に関する情報をみだりに第三者に開示又は公表されない自由」を侵害するものではないとされた。

なお、**マイナンバー制度**の合憲性が問われたマイナンバー制度訴訟（最判令和5・3・9）においても、マイナンバー制度は、①法令上の根拠に基づき正当な行政目的の範囲で情報を活用しており、②システム技術上も法制度上も情報漏洩等の具体的危険を生じさせていないから、「個人に関する情報をみだりに第三者に開示又は公表されない自由」を侵害していないとされた（ただし、マイナンバー制度では秘匿性の高い医療関連情報等が共有されるからか、判決文中で情報の秘匿性への言及はなされていない）。

(3) プライバシーの権利の法的性格

このように、憲法上の権利としてのプライバシーの権利は、判例上、13条のもと、「個人の私生活上の自由」として保障されている。そして、「個人の私生活上の自由」のうちの一つとして、これまで「みだりにその容ぼう・姿態を撮影されない自由」（京都府学連事件）、「何人もみだりに指紋の押なつを強制されない自由」（指紋押捺事件：最判平成7・12・15）、「個人に関する情報をみだりに第三者に開示又は公表されない自由」（住基ネット訴訟、マイナンバー訴訟）が認められてきた。

こうしたプライバシーの権利の侵害は、国家が個人情報を一般に公開

する場合だけに認められるわけではない。判例の展開を見る限り、個人情報が同意なく特定の第三者に開示される場合（前科照会事件、早大江沢民講演会名簿提出事件）や、承諾なしに収集される場合（京都府学連事件）、適切に取り扱われない場合（住基ネット訴訟）にも、プライバシーの権利の侵害が認められる。

　また、問題となっている個人情報が、前科や宗教的・政治的信条、心身に関する基本情報などの秘匿性の高い情報（**センシティブ情報**）（**プライバシー固有情報**）である場合には、格別の慎重さをもって情報が扱われる必要があるとされる一方、氏名、生年月日、住所などの秘匿性の低い情報（**単純情報**）（**プライバシー外延情報**）である場合には、「格別の」という言葉は省かれ、単に慎重に取り扱うべきとされてきた。学説においては、扱われる個人情報の秘匿性の高さに応じて、違憲審査基準を厳格にすべきとの議論がある。

　なお、現代社会においては、国家機関だけでなく、民間事業者も膨大な個人情報を保有・管理している。こうした状況に対応してプライバシー権の保障をより確かにするため、**個人情報保護法**が制定されている。個人情報保護法では、国家機関だけでなく、民間事業者も対象として、個人情報の収集・管理・活用における不適切な取り扱いを防止するための規制がなされている。学説では、こうした法律上の規制を根拠付け・方向付けすべく、プライバシーの権利を「**自己情報コントロール権**」として理解する立場や、「**適切な自己情報の取り扱いを受ける権利**」として説明する立場などが存在している。

3　自己決定権

　私的な事柄について公権力の干渉を受けることなく自分で決定する権利のことを、**自己決定権**と呼ぶ。13条から導かれるこうした自己決定権は、非常に広い範囲をカバーしており、前述の通り、日本国憲法が保障する個別的人権規定の解釈適用によっては捉えきれない新しい人権を主張するための理論的根拠として用いられてきた。以下では、講学上、自己決定権に関する判例と分類される事例のいくつかを紹介し、その意義を確認する。

（1）生命・身体に関する自己決定権：性同一性障害特例法3条1項4号違憲訴訟（最大決令和5・10・25）

　性同一性障害者特例法は2条において、生物学的には性別が明らかであるが、心理的には別の性別であるとの持続的な確信を持ち、自己を身体的及び社会的に他の性別に適合させようとする意思を有しており、かつ、2人以上の医師による診断を受けている者を「**性同一性障害者**」と定義する。そのうえで、性同一性障害者による申立ての下、家庭裁判所において、性別の取り扱いの変更の審判をすることができる旨を規定している（3条1項）。

　なお、性別変更の要件としてはさらに（一）18歳以上であること、（二）現に婚姻をしていないこと、（三）現に未成年の子がいないこと、（四）生殖腺がないこと、（五）他の性別の身体の器官に係る部分に近似する外観を備えていることの五つの要件が求められていた（3条1項1号–5号）。

　申立人は、出生時に割り当てられた性別は男性であるが自認する性別は女性である。生殖腺除去手術を受けずに、家庭裁判所において性別変更の審判を申し立てたところ、四号要件（生殖腺がないこと）を満たしていないとして却下された。最高裁判所は13条に照らし、四号要件を違憲無効とした。

　最高裁判所はまず、13条が人格的生存に関わる重要な権利として「**自己の意に反して身体への侵襲を受けない自由**」を保障していることを確認する。そして、現在の医学水準に照らすと、治療として生殖腺除去手術を要しない性同一性障害者も存在すると述べる。四号要件は、そうした手術が不要な性同一性障害者に対して、不要な手術を受けて性自認に従った法令上の性別の取り扱いを受けるか、手術を受けずに性自認に従った法令上の取り扱いを受けることを断念するかという過酷な二者択一を迫ることで、自己の意思に反して身体への侵襲を受けない権利を制約しており、違憲であるとした。

　なお、性同一性障害特例法3条1項は、二号の未婚要件（最決令和2・3・11）、三号の未成年子なし要件（最決令和3・11・30）についても違憲訴訟が提起されてきたが、合憲とされている。

　本判決は、「性自認に従った性別の取り扱いを受けること」を「人格的生存と結びついた重要な法的利益」と位置付けつつも、これを直接には

論じず、不要な手術を事実上強制している構図が、生命・身体に関する自己決定権を侵害するとして生殖腺除去手術要件を違憲とした。憲法13条から導き出された人権を用いて法令を違憲無効としたはじめての事例であり、重要な意義を有する。

（2）リプロダクティブライツ：旧優生保護法強制不妊手術違憲訴訟
（最大判令和6・7・3）

旧優生保護法は、優生上の見地から不良な子の出生を防止することを目的として、**優生手術**について規定していた。**優生手術**とは、特定の疾患に罹っている者に対して、その疾患の遺伝を防止するために、手術によってその生殖を不能にすることを指す。旧優生保護法のもとでは、本人及び配偶者の同意を得て行う場合の他、公益上必要であると認められるときは、本人の同意なく、都道府県の審査を経て優生手術を行うことの適否が決定され、指定医師がこれを国費で実施することが可能であった。優生手術の規定は1996（平成8）年に削除されたが、1949（昭和24）年から1989（平成元）年までのあいだに、同意のないものだけで、14,566件の優生手術が実施されている。

原告らは、旧優生保護法のもとで優生手術を受けた者である。国に対して、優生手術に関する規定が制定当初から憲法13条、14条等に違反すること明白であるにもかかわらず、これを制定し、改廃を怠ったことにつき、国家賠償請求訴訟を提起した。

最高裁判所は、憲法13条が「**自己の意思に反して身体への侵襲を受けない権利を保障している**」と述べて、「不妊手術を受けることを強制することは、上記自由に対する重大な制約に当たる」とした。そして、旧優生保護法の掲げる「特定の障害等を有する者が不良であり、そのような者の出生を防止する必要がある」という立法目的は、個人の尊厳と人格の尊重の精神に著しく反しており、憲法13条に違反しているとした。さらに、同意があるとされていた場合の優生手術についても、こうした不当な目的のために「不妊手術について本人に同意を求めるということ自体が、個人の尊厳と人格の尊重の精神に反し許されない」から、形式的な同意があることだけをもって当該不妊手術が強制にあたらないとはいえないとした（その他、憲法14条にも違反するとした）。

第5章　幸福追求権　　71

本件において国側は、たとえ憲法に違反していたとしても、原告らに対する**国家賠償の責任が時間の経過によって消滅した**と主張していた。しかし、最高裁判所は、時間の経過により請求権が消滅したとして国が原告らに対する損害賠償責任を免れることは、「著しく正義・公平の理念に反し、到底容認することができない」として、原告らによる国家賠償請求を認容した。

なお、第一審の神戸地方裁判所及び控訴審の大阪高等裁判所では、旧優生保護法が「**子どもを産み育て、子孫を残すという生命の根源的な営みを否定するもので**」、「優生手術の対象となった者の幸福追求権、自己決定権を侵害する」と判示していた。学説上のいわゆる「**リプロダクティブライツ**」や「**家族の維持形成に関わる自己決定権**」について述べたものと言えるが、最高裁判所の判決文では、こうした権利・自由についての言及はない。

それでも本判決で最高裁判所は、優生上の見地に基づいて個人の生殖を不能にする優生手術を実施することが「**個人の尊厳と人格の尊重の精神に著しく反する**」と明確に述べている。そして、こうした**憲法上の権利の明白で著しい侵害が、時間の経過による国の損害賠償責任の消滅を制限する可能性**をも示したところに本判決の意義がある。

(3) ライフスタイルに関する自己決定権：私立修徳高校パーマ退学事件（最判平成8・7・18）

私立修徳高校が校則で自動車運転免許の取得とパーマなどを禁止していたところ、原告はこれらの校則を知りながら、運転免許を取得した。罰として早朝登校と清掃を命じられたが、同期間中にパーマをかけて校則にさらに違反したところ、高校側は反省がないとして、自主退学の勧告を行った。原告はこれに従い退学届を提出し、生徒としての地位を失った。その後、原告が自主退学勧告の違法性を主張して、生徒としての地位の確認や卒業認定、損害賠償請求を求めて訴訟を提起した。

第一審の東京地方裁判所では「個人が頭髪について髪形を自由に決定しうる権利は、個人が一定の重要な私的事柄について、公権力から干渉されることなく自ら決定することができる権利の一内容として憲法13条により保障されている」と判示し、髪型の自由が憲法上保障されるこ

とを認めた。

　しかしながら、最高裁判所はこうした権利については論じずに、私人間効力論に基づいて本件への人権規定の適用を否定したうえで、「高校生らしい髪型を維持し非行を防止する目的」で定められた校則は、社会通念上不合理とは言えないと判示して、原告の主張を退けた。

　これまでに、校則による髪型、髪色、免許取得に対する過度の制約が13条の保障する自己決定権に反し、違憲ではないかを争う訴訟は複数提起されているが、いずれの場合も、学校側に教育上の措置についての包括的権能があると認められ、生徒側の自己決定権に基づく主張が退けられている（熊本丸刈り訴訟：熊本地判昭和60・11・13、私立東京学館高校バイク事件：最判平成3・9・3、大阪黒染め強要訴訟：大阪高判令和3・10・28）。学説のなかには、髪型の自由は青少年の人格的発展に寄与するものであるから、人格的利益説の立場からも肯定されるべきだとするものもある。

（4）治療拒否に関する自己決定権：エホバの証人輸血拒否事件（最判平成12・2・29）

　「エホバの証人」という宗教の信者である原告は、聖書の解釈として、エホバ神が人間に対して血を避けるように指示していると考えており、宗教上の信念として、いかなる場合にも輸血を受けることを拒否するという固い意思を有していた（絶対的無輸血）。また、家族もそうした意思を尊重していた。

　原告は悪性の肝臓血管腫と診断されたため、輸血を伴わない手術を受けることができる医療機関を探し、エホバの証人のあいだで輸血を伴わない手術をした例を有することで知られている病院に入院した。原告は医師に対して輸血を拒否するという希望を伝え、医師から本人の意思を尊重する旨の返事を受け取っていた。しかし、実際には、病院ではエホバの証人の信者の患者につき、「診療拒否はせず、教義を尊重し出来る限り主張を守るべく対応するが、輸血以外に生命の維持が困難となった場合には患者及びその家族の諾否にかかわらず輸血する」旨の治療方針（相対的無輸血）が採用されていた。こうした方針につき、医師は原告やその家族に対して説明せず、手術前の説明会にて、原告とその家族から「絶対無輸血によっていかなる損傷が生じても医療者の責任を問わない」

とする免責証書を受け取ったが、原告の手術拒否を懸念し、輸血する可能性があることを告げなかった。

そして手術において、出血量が22,245mlに達し、輸血を行わない限り死に至るとの判断があったため、輸血がなされた。術後にこの事実を知った原告は、医師らに対して、自己決定権及び信教上の良心を侵害したことによる不法行為などを主張し、損害賠償を請求した。

第一審は、「輸血以外に救命方法がない事態になれば必ず輸血をすると明言されれば、当該手術を拒否する蓋然性が高く……手術しなければ死に至る可能性が高い」場合には、医師が患者に対して可能な限りの救命措置を採る義務を負っていることとの関係で、説明を怠ったとしても違法にはならないとした。原告は高等裁判所に控訴したが、控訴審係属中に死亡した。

夫とその子が訴訟を引き継いだあとの高等裁判所の判決では、手術に対する患者の同意は「各個人が有する自己の人生のあり方（ライフスタイル）は自らが決定することができるという自己決定権に由来するもの」とした。そのうえで、「人はいずれは死すべきものであり、その死に至るまでの生きざまは自ら決定できるといわなければならない」から、第一審原告の「相対的無輸血の条件下でなお手術を受けるかどうかの選択権は尊重されなければならなかった」のであり、こうした自己決定権の行使の機会を保障するために必要な説明の義務を怠った医師に対する損害賠償請求は認められるとした。

最高裁判所は、結論としては高等裁判所の判断を認め、原告らの請求を認めたが、自己決定権という言葉は用いずに、次のように判示した。「患者が、輸血を受けることは自己の宗教上の信念に反するとして、輸血を伴う医療行為を拒否するとの明確な意思を有している場合、このような意思決定をする権利は、人格権の一内容として尊重されなければならない」。したがって、相対的無輸血の方針を説明せずに手術を行い、輸血を行ったことは、「説明を怠ったことにより、……輸血を伴う可能性のあった本件手術を受けるか否かについて意思決定をする権利を奪ったものといわざるを得ず、この点において同人の人格権を侵害したものとして、同人がこれによって被った精神的苦痛を慰謝すべき責任を負う」。

本判決は、13条に基づく自己決定権が認められたものではなく、あく

まで「宗教上の信念に基づき輸血を拒否する権利」を私法上の人格権として認め、インフォームドコンセントの重要性を強調した事例と考えられている。

　高等裁判所の触れる「死に至るまでの生きざま」に関する自己決定の問題は、**安楽死**や**尊厳死**が憲法上どこまで禁止・要請・許容されるかといった論点とも関係している。学説では、自殺や積極的安楽死など、死を選ぶ自己決定は、憲法上認められないとされることが多い。一方、回復不可能な苦痛を伴い、かつ本人の意思が明確な場合になされる尊厳死については、生き方に関する決定の問題として、尊重されるべきとする見解も見られる。

　判例としては、家族からの強い要請に基づき安楽死を実行した医師が殺人罪で起訴された刑事事件がある。最高裁判所は、未だ回復可能性や余命について的確な判断を下せる状況ではなく、家族にも被害者の病状についての適切な情報が伝えられていなかったとして、昏睡状態の患者から気道確保のため挿入されていた気管内チューブを抜管した医師の行為は、法律上許容される治療中止には当たらないとして、殺人罪の成立を肯定している（川崎協同病院事件：最決平成21・12・7）。

練習課題

- 憲法13条の保障する幸福追求権の法的性格や特徴について説明せよ。
- プライバシーの権利は、どのような権利で、どのような場合に侵害されるか、判例や法令に基づき検討せよ。
- 校則による生徒の自己決定権の制限は、どこまで認められ、どこから違憲となるべきか検討せよ。

第**6**章

法の下の平等

1 法の下の平等の意味

　平等の観念は、近代における人権思想の興隆とともに発展してきた。とりわけ、アメリカの独立宣言（「すべての人間は生まれながらにして平等であり、その創造主によって、生命、自由、および幸福の追求を含む不可侵の権利を与えられている」）やフランス人権宣言1条（「人は自由かつ権利において平等なものとして生まれ、生存する」）によって、平等の観念は確立したといってもよいであろう。

　日本においても、明治維新における士農工商から四民平等への転換によって、身分制に基づく封建的な差別が撤廃されたが、明治憲法では公務に就く機会の平等（19条）が定められるにすぎず、華族制度や選挙資格、家族法分野における男尊女卑の思想など、近代的な平等とは程遠いものであった。しかし、これら不平等な制度も日本国憲法の制定によって禁止されることとなった。

　憲法14条1項では、「すべて国民は、法の下に平等であつて、人種、信条、性別、社会的身分又は門地により、政治的、経済的又は社会的関係において、差別されない」と規定されている。では、果たして「平等」とはどのような意味であろうか。「人種、信条、性別、社会的身分又は門地」による差別は禁止されているが、精神的・身体的障害や性的指向については書かれていないから、これらによる差別は許容されるのか。憲法14条1項の解釈について確認していく。

(1) 「法の下に」の意味

　憲法14条1項の「法の下に」という文言は、法の適用、すなわち公務員が法を適用して業務を遂行する際に、差別をしてはいけないということを意味すると考えられてきた。では、法の制定、すなわち立法府は法の制定に際して憲法の要請する平等の理念に拘束されることはないのであろうか。この点につき、いくら法の適用が平等であろうとも、そもそもの法内容自体が差別的なものであれば、法適用も差別的なものとなってしまう。そこで、「法の下に」の意味は、法適用の場面だけでなく、法制定の場面においても平等の理念に基づいてなければならないと解するのが妥当である。法の適用のみが平等であればいいという考えを、**立法者非拘束説**といい、法の制定に際しても平等が求められる考えを**立法者拘束説**という。

(2) 差別禁止事由について

　憲法14条1項では「人種、信条、性別、社会的身分又は門地」が差別禁止事由としてあげられているが、それ以外の事由、例えば民族や年齢による差別は認められるのか。当然、民族、年齢、性的指向、精神的・身体的障害等、憲法14条1項に書かれている事由以外での差別も禁止される。すなわち、憲法14条1項に列挙されている差別禁止事由は日本において歴史的に差別が繰り返されてきたものを例示的に列挙したものにすぎず、これらに限られるものではない。これを**例示的列挙説**という。最高裁も、「憲法14条1項は、国民に対し法の下の平等を保障した規定であつて、同項後段列挙の事項は例示的なものであること、およびこの平等の要請は、事柄の性質に即応した合理的な根拠に基づくものでないかぎり、差別的な取扱いをすることを禁止する趣旨と解すべき」（尊属殺重罰規定判決：最大判昭和48・4・4）としている。一方で、憲法14条1項の列挙事由は憲法が特に差別を禁止した事由であるとして、列挙事由による差別が問題となった事例では、厳格に合憲性審査をすべきであるとする見解もある。これを**特別意味説**という。

（ア）人種

　人種とは、共通的な遺伝的特徴による人間の集団をいう。憲法14条1

項にいう人種とは、白人、黒人、黄色人種といった人種だけでなく、言語、文化、歴史を共有する民族もここに含まれると解されている（カナダのように人種（race）と民族（ethnic）を分けて規定する国もある）。日本では、アイヌ民族や在日韓国朝鮮人に対する差別が問題となってきた。

（イ）信条

宗教上の信仰だけでなく、政治的・思想的な主義主張も含まれると解されている。信条による差別は特に労働関係において生じやすく、レッドパージのような特定の政治信条を有しているものに対する差別も禁止される。労働基準法3条でも、「使用者は、労働者の国籍、信条又は社会的身分を理由として、賃金、労働時間その他の労働条件について、差別的取扱をしてはならない」と規定し、とくに信条を理由とした賃金、労働時間その他の労働条件についての差別的取り扱いを禁止している。

（ウ）性別

性別とは、一般的に生物学的・身体的特徴による男女の区別を意味すると解されている。第二次世界大戦前までは、女性に参政権が認められておらず、女性にのみ姦通罪（刑法旧183条）が規定され、民法上も無能力者として扱われていた。日本国憲法の制定とあわせてこれらの性別に基づく差別は廃止されるに至った。その後、1981年発効の女子差別撤廃条約（日本は1985年に批准した）を受けて、男女雇用機会均等法（1985（昭和60）年）の制定など性別に基づく差別の解消に向けた取り組みがなされてきている。近年では、婚姻適齢に関する規定（男満18歳、女満16歳とする民法731条の規定が男女ともに満18歳にならなければ婚姻することができないと改正された）や強姦罪（客体が女性のみであったが、女性に限定されなくなった）が改正された。しかし、女性のみの再婚禁止期間や夫婦同氏制の問題など、今なお問題は残されている。

（エ）社会的身分・門地

社会的身分とは、人が社会において一時的ではなしに占める地位（広義説）と出生によって生じる地位で自身の意思では離れることができないもの（狭義説）という二つの理解がある。憲法14条1項後段の差別禁止

事由について、例示的列挙説を採用する立場では、差別の問題を広くとらえられる広義説をとる傾向があり、特別意味説を採用する立場からは、社会的身分という文言の明確化の観点から狭義説がとられやすい。

門地とは、人の出生による社会的地位を指すものと理解され、家柄や家系がこれにあたる。門地による差別の禁止は、憲法14条2項でも同様に否定されている。

(3)「平等」の意味

憲法14条1項では、法の下の平等が謳われているが、その平等の意味については一義的ではない。

平等の理解については、絶対的平等と相対的平等の二つがある。**絶対的平等**とは、個々人の間に存在するあらゆる違いについて捨象して全く均一に取り扱うことをいう。しかし、絶対的平等を貫くとかえって不合理な結果を招く恐れがある。例えば、パラリンピックに障害をもたない者の出場を認めないのは不平等といえるか。また、男性にも産休を認めないのは不平等といえるか。憲法14条1項の法の下の平等は、このような絶対的平等の考えを採用していない。

そこで、憲法14条1項にいう「平等」とは、個々人の間に存在する違いによって異なる取り扱いを認める**相対的平等**と捉えるほうが適切である。「等しきものを等しく、異なるものに対して異なった扱い」をすることで平等を実現していく。

平等を実現する過程での取り扱いについて、さらに形式的平等と実質的平等という考えがある。**形式的平等**（**機会の平等**）とは、全ての人を等しく取り扱うという意味である。すなわち、貴族・聖職者以外には土地所有を認めないということは、形式的平等の考えに反するため認められない。しかし、形式的平等の実現だけではかえって不平等な結果を招くことがある。すなわち、個々人の間には当然に能力や生活状況の差異があり、全ての者を等しく扱うと、結果として個々人の間の差異は埋まらず、平等という結果を得ることができない。そこで、これらの違いに応じて合理的な範囲内で取り扱いを変えることで結果として平等な状況を目指す必要がある。これを**実質的平等**（**結果の平等**）という。すなわち、年収5,000万円の人からも、年収300万円の人からも、等しく税金を280

万円徴収してしまうと、年収300万円の人はとても生活することができない。そこで、各人の違いを前提として、異なる取り扱いをするものである。

しかし、実質的平等は国家による異なる取り扱いを是認するため、不利な取り扱いを受けた者からすれば差別をされているように感じられる。そのため、各人の能力によってその取り扱いに差異を設ける場合には、合理的な理由が求められる。よって、**憲法14条は不合理な差別は許されないが、合理的な区別は許容すると解されている。**

2 差別か合理的区別かの判断基準

憲法14条1項の法の下の平等に反するか否かの判断基準は、前述の通り合理的理由の有無である。より具体的には、「立法目的に合理的な根拠が認められない場合、又はその具体的な区別と上記の立法目的との間に合理的関連性が認められない場合には、当該区別は、合理的な理由のない差別」（国籍法判決：最大判平成20・6・4）となる。すなわち、基本的には、①立法目的の合理性と②立法目的と達成手段との間の合理的関連性によって判断することとなる。

憲法14条1項の差別禁止事由について、特別意味説を採用した場合、より厳格に審査する必要がある。すなわち、①立法目的がやむにやまれぬ政府利益を達成するために必要であること、②立法目的達成のために別異取扱いが必要不可欠なものであることが求められる。

判断基準については、特別意味説のように差別禁止事由として記載されているか否かによって画一的に厳格さを区分するのではなく、事柄の性質や別異取り扱いによって生じる不利益等に鑑み、その判断基準の厳格さを設定すべきであろう。

3 アファーマティブ・アクション（積極的差別是正措置）

現代では、形式的平等を基本としつつも、個々人の能力や生活状況によって異なる取り扱いを認める実質的平等によって、平等を実現している。しかし、国家によるテコ入れがどこまで認められるのかといった問

題もある。すなわち、前述の税金の例についていえば、年収5,000万の人からは税金を4,500万円徴収し、年収500万円以下の人には非課税とすることで実質的平等を図ろうとする。そうするとリスクを負って、努力をして年収を上げた者からは不満が出るであろう。まさに逆差別が生じてしまっている。この点について、歴史的に差別されてきた者に対する是正措置がかえって不平等を生じさせているとして**アファーマティブ・アクション**（**積極的差別是正措置**）の問題が提起されている。例えば、アメリカにおいて医学部における黒人の学生数が少ないことから、入試制度において黒人枠を設けたところ、点数としては黒人よりいい点を取った白人の受験生が不合格となり、点数の低い黒人の学生が合格となった事例がある。

日本においては、女子大学への男子入学拒否がこの問題を孕む。明治期から戦前までの日本の高等教育において女子への教育提供は消極的なものであった。その傍らで、津田梅子（現・津田塾大学創設者）や広岡浅子（現・日本女子大学発起人）らの尽力によって女子への高等教育の提供の裾野は広がりをみせる。女子大学とは、本来的には高等教育の機会において差別されてきた女子へのアファーマティブ・アクションの一つであると捉えることができる。しかし、今日においては高等教育における男女比率はほぼ同数であり、その存在意義が問われている。

4 平等に関する事例

(1) 尊属殺重罰規定判決（最大判昭和48・4・4）

法定刑を死刑および無期懲役に限っていた刑法200条の尊属殺規定が刑法199条の普通殺人の法定刑との間に差異を設けている点につき憲法14条1項に反すると争われた事例である。最高裁は、尊属殺が一般に高度の社会的・道義的非難を受けて然るべきであり、「刑の加重要件とする規定を設けても、かかる差別的取扱いをもつてただちに合理的な根拠を欠くものと断ずることはでき」ないとして刑法199条と200条の間の区別は不合理であるとはいえないとした。しかし、本判決では区別を設けること自体は違憲でないとしながらも、加重の程度が極端であって、立法目的達成の手段として甚だしく均衡を欠く場合には、不合理な差別に

なるとして、刑法200条の法定刑が199条の法定刑と比べて著しく不合理な差別的取り扱いをするものと認め、違憲であると判断した。

（2）国籍法違憲判決（最大判平成20・6・4）

　法律上婚姻関係にない日本人の父と外国人の母の間に生まれた子どもが出生後に父から認知を受けて国籍取得届出を提出したところ、国籍法3条1項が「父母の婚姻及びその認知により嫡出子たる身分を取得した子で20歳未満のもの（日本国民であった者を除く。）は、認知をした父又は母が子の出生の時に日本国民であった場合において、その父又は母が現に日本国民であるとき、又はその死亡の時に日本国民であったときは、法務大臣に届け出ることによって、日本の国籍を取得することができる」と規定しており、国籍取得の要件を欠くとの通知を受けた。国籍法の当該規定が憲法14条1項に反するかが争われた事例である。

　最高裁は、国籍は国家の構成員としての資格であり、国籍の得喪に関する要件を定めるにあたってはそれぞれの国の歴史的事情、伝統、政治的、社会的及び経済的環境等、種々の要因を考慮する必要があることから、これをどのように定めるかについては、立法府の裁量に委ねられるとした。しかしながら、日本国籍の取得に関する法律の要件によって生じた区別が、合理的理由のない差別的取り扱いとなるときは、憲法14条1項違反の問題を生ずる。すなわち、立法府に与えられた裁量権を考慮しても、なおそのような区別をすることの立法目的に合理的な根拠が認められない場合、又はその具体的な区別と立法目的との間に合理的関連性が認められない場合には、当該区別は、合理的な理由のない差別として、憲法14条1項に違反することになると示した。

　そのうえで、「本件区別については、これを生じさせた立法目的自体に合理的な根拠は認められるものの、立法目的との間における合理的関連性は、我が国の内外における社会的環境の変化等によって失われており、今日において、国籍法3条1項の規定は、日本国籍の取得につき合理性を欠いた過剰な要件を課すものとなっているというべきである」として、憲法14条1項に反するとした。

(3) 再婚禁止期間違憲判決（最大判平成27・12・16）

民法旧733条1項は、「女は、前婚の解消又は取消しの日から起算して六箇月を経過した後でなければ、再婚をすることができない」と規定されていた。本件規定が理由で望んだ時期に婚姻できなかった女性が精神的損害等を被ったとして、国の立法不作為の違法を理由に、国家賠償法1条1項に基づき損害賠償を求めた事案である。

最高裁は、民法旧733条1項の目的を「父性の推定の重複を回避し、もって父子関係をめぐる紛争の発生を未然に防ぐことにある」（最判平成7・12・5）とし、父子関係の早期明確化の観点から、立法目的に合理性が認められるとした。

次に、立法目的に照らして6カ月という再婚禁止期間を設けることに合理性があるかについて検討した。この点につき、父性推定については、民法772条2項で「婚姻の成立の日から二百日を経過した後又は婚姻の解消若しくは取消しの日から三百日以内に生まれた子は、婚姻中に懐胎したものと推定する」と定められており、計算上100日の再婚禁止期間を設けることで父性推定の重複を回避することができる。そこで、民法旧733条1項の6カ月のうち、100日部分については立法目的との関連において合理性を有するとし、100日を超える部分については、立法目的との関連において合理性を欠くとして、憲法14条1項に違反するとした。

(4) 夫婦同氏制の合憲性（最大判平成27・12・16）

民法750条では、「夫婦は、婚姻の際に定めるところに従い、夫又は妻の氏を称する」と定め、夫婦同氏制を採用している。条文上は、「夫又は妻の氏を称する」とされ、夫の氏に変更することを強制されてはいないが、実際には96％以上の夫婦において夫の氏を選択するという差別が生じており、憲法14条1項に反するのではないかと主張された。

これに対して、最高裁判所は、「本件規定は、夫婦が夫又は妻の氏を称するものとしており、夫婦がいずれの氏を称するかを夫婦となろうとする者の間の協議に委ねているのであって、その文言上性別に基づく法的な差別的取扱いを定めているわけではなく、本件規定の定める夫婦同氏制それ自体に男女間の形式的な不平等が存在するわけではない。我が国

において、夫婦となろうとする者の間の個々の協議の結果として夫の氏を選択する夫婦が圧倒的多数を占めることが認められるとしても、それが、本件規定の在り方自体から生じた結果であるということはできない」として、憲法14条1項に反しないとした。

5 平等に関するその他の規定

（1）華族・貴族制度の廃止

1887（明治20）年の華族令によって華族制度が法制化され、大日本帝国憲法34条（貴族院の構成員）も華族制度の存在を前提としていた。日本国憲法の制定によって、「華族その他の貴族の制度」は廃止された。皇族については、日本国憲法によって認められた制度であるため、許容されている。

（2）栄典およびそれに伴う特権の禁止

憲法14条3項は、「栄誉、勲章その他の栄典の授与は、いかなる特権も伴はない。栄典の授与は、現にこれを有し、又は将来これを受ける者の一代に限り、その効力を有する」と定める。ここでいう「栄典」とは、名誉を表彰する趣旨で認められた特殊の地位を指す。憲法は、栄典の授与自体は禁止していない。なお、文化勲章の受章者に年金を支給することが憲法14条3項の「勲章の授与はいかなる特権も伴わない」という規定に違反する恐れが生じる。この点につき、「文化勲章」の受章者ではなく、「文化功労者」に年金を支給すれば問題ないという解釈がなされ、制度変更がなされた。ただ、文化功労者の中から勲章の授章者が選ばれている事実に徴すると、これは単なる言葉遊びであるとの批判もある。

（3）選挙における平等

憲法15条3項では普通選挙を保障し、憲法44条ただし書では両議院の議員および選挙人の資格について差別を禁止している。憲法44条では、憲法14条1項の差別禁止事由と比較して、「教育、財産又は収入」が追加されている。「教育」については、単なる学歴だけでなく、識字能力といった知的能力も広く含まれると解される。また、「財産又は収入」は

過去の制限選挙の反省を確認するものである。

　一人一票の普通選挙制を実現し、国民の間での選挙権の数的平等は確保できたとしても、選挙の際の選挙区割りによっては、投票価値の不平等が生じる恐れがある。例えば、各都道府県から代表者を1名ずつ選出するとなった場合、人口1,000万人の都道府県Aと人口100万人の都道府県Bの間には10倍の差が生じる。すなわち、Aは1,000万人で代表者を送り出しているのに対し、Bはたった100万人で代表者を送り出せている。Bの有権者の1票の価値はAの有権者の10票分の価値があることとなってしまう。これを議員定数不均衡の問題という。1972年に実施された衆議院議員総選挙において、1対4.99の較差が生じたことが憲法14条1項に反するとして争われた選挙無効訴訟では、人口変動等の状態も考慮して合理的期間内に是正がなされていなかったとして、平等原則に反すると判断した。一方で、選挙全体を無効とすることは予期せぬ事態を招き、不当な結果を生じさせる恐れがあることから、選挙自体は無効とせず、選挙が違法であると判断するにとどめた（最大判昭和51・4・14）。これを「事情判決の法理」という。本判決後も多くの議員定数不均衡訴訟が提起されている。そのすべてを紹介することはかなわないが、各訴訟の較差の大小だけで判断するのではなく、衆議院・参議院の役割の違いや選挙制度・選挙区割りの変更の状況等を勘案することも必要である。

（4）家族制度における平等

　憲法24条1項では、「婚姻は、両性の合意のみに基いて成立し、夫婦が同等の権利を有する」とし、同条2項では、家族制度に関する法律は、「個人の尊厳と両性の本質的平等に立脚して、制定されなければならない」と規定する。これは戦前の家制度を否定する趣旨である。

練習課題
- 憲法14条1項の「平等」の意味について説明せよ。
- アファーマティブ・アクションについて、例をあげて説明せよ。
- 同性婚の合憲性について、法の下の平等の観点から検討せよ。

第**7**章

精神的自由権

1 思想・良心の自由

（1）思想・良心の自由の意義

　思想・良心の自由は、人間の精神活動の根源を保障するものであり、他の精神的自由権の基礎をなすものである。心の中で考えていることを外部に向かって表現すれば表現の自由（21条）の問題となり、信仰についても儀式や礼拝といった外部的行為をすれば信教の自由（20条）の問題となり、学問領域におけるアイディアについても実験を行えば学問の自由（23条）の問題となる。このように、精神作用における内心の自由は他の精神的自由権にとって必要不可欠なものである。日本では、戦前に特定の思想の弾圧が行われてきたという歴史的経緯に鑑み、この内面的作用にかかわる条文を他の条文から独立して保障している。

　思想は論理的側面を指し、良心は倫理的側面を指すとして両者を区別する見解もあるが、思想と良心については区別しないとするのが通説である。思想及び良心とは、世界観、人生観、主義、主張を指すものと解されている。

（2）思想・良心の自由の保障の内容

　思想・良心の自由によって保障される世界観や人生観などは、それが内心に留まっている限りは絶対的に保障されると解されている。また、個人が特定の主義主張を有していることを理由に公権力が不利益を課し

たり、差別的な取り扱いをしたりすることも禁止される。公権力が個人の世界観等を強制的に開示させたり、調査したりすることも禁止される。国旗国歌起立斉唱事件（最判平成23・6・21）では、「生徒に対して一方的な理想や理念を教え込むことを強制するもの」も認められるものではないとの理解を示している。

(3) 裁判例

（ア）謝罪広告強制事件（最大判昭和31・7・4）

衆議院議員選挙に立候補したXは、対立候補であるYから過去の汚職を公表されたため、民法723条（「他人の名誉を毀損した者に対しては、裁判所は、被害者の請求により、損害賠償に代えて、又は損害賠償とともに、名誉を回復するのに適当な処分を命ずることができる」）による名誉を回復するのに適当な処分として謝罪広告を求めた事例である。徳島地裁および高松高裁は、Xの訴えを受け入れ、Yに対して「〔当該公表事実は〕真相に相違しており、貴下の名誉を傷げ御迷惑おかけいたしました。ここに陳謝の意を表します」という内容の謝罪広告を新聞紙上に掲載するように命じた。これを受けてYは、自身の意に反する謝罪や陳謝の意見表明を強制されることは、憲法19条の思想・良心の自由に反するとして、最高裁へ上告をした。

最高裁は、謝罪広告を強制することが加害者の「人格を無視し著しくその名誉を毀損し意思決定の自由乃至良心の自由を不当に制限すること」もあるとしながら、「単に事態の真相を告白し陳謝の意を表明するに止まる程度のもの」については憲法19条に反するものではないとした。

（イ）君が代伴奏拒否事件（最判平成19・2・27）

公立小学校の音楽教諭は入学式での君が代斉唱のピアノ伴奏を校長から命じられたにもかかわらず、これを拒否したところ、職務命令に従わなかったことを理由として戒告処分を受けた。この処分が憲法19条の思想・良心の自由を侵害すると訴えた事例である。

最高裁は、君が代の伴奏を拒否することは、音楽教諭にとっての「歴史観ないし世界観に基づく一つの選択ではあろうが、一般的には、これと不可分に結び付くものということはでき」ないとし、また、本件職務

命令は「直ちに〔音楽教諭〕の有する上記の歴史観ないし世界観それ自体を否定するものと認めることはできないというべきである」とした。また、公立小学校においては、儀式等において君が代の斉唱がなされること自体広く行われており、憲法15条2項では、「すべて公務員は、全体の奉仕者であって、一部の奉仕者ではない」と規定される。ともすれば、学校教育法をはじめとした教育法令において、郷土および国家についての理解のために公務員はその職務について職責を果たす必要があり、本件職務命令も憲法19条に反するものではないとした。

（ウ）南九州税理士会事件（最判平成8・3・19）

　強制加入団体であった南九州税理士会が政治資金規正法上の政治団体に金員を寄付するため、税理士会の会員から特別会費5,000円を徴収した。同税理士会に所属する税理士Ｘは、この特別会費を納入しなかったため、同税理士会の役員の選挙権および被選挙権の停止措置がとられた。これに対してＸは、本件措置が思想・良心の自由を侵害するものであり、税理士会の目的の範囲外であるため無効であると主張した。

　最高裁は、「法が税理士会を強制加入の法人としている以上、その構成員である会員には、様々の思想・信条及び主義・主張を有する者が存在することが当然に予定されている。……特に、政党など規正法上の政治団体に対して金員の寄付をするかどうかは、選挙における投票の自由と表裏を成すものとして、会員各人が市民としての個人的な政治的思想、見解、判断等に基づいて自主的に決定すべき事柄であるというべきである」としたうえで、「税理士会が政党など規正法上の政治団体に対して金員の寄付をすることは、たとい税理士に係る法令の制定改廃に関する要求を実現するためであっても」、税理士会の目的の範囲外の行為であるとした。

2　信教の自由・政教分離

（1）信教の自由の意義

　明治憲法においても信教の自由は保障されていた。他の自由権と異なり、法律の留保の文言はなく、「安寧秩序ヲ妨ケス及臣民タルノ義務ニ背

カサル限ニ於テ」によって信教の自由が認められているに過ぎなかった。すなわち、法律ではなく命令によって信教の自由が制限されていた。そのため、「神社は宗教にあらず」と神社神道が事実上の国教として扱われ、他の宗教に対する冷遇・弾圧も行われていた。

憲法20条1項前段は権利としての信教の自由を保障している。同条後段では、宗教団体に対して国からの特権を受けることと政治上の権力を行使することを禁じているが、これは同時に国家に対しても宗教団体へ特権を付与し、政治上の権力を行使させることがないよう要求している。同条2項は「宗教上の行為、祝典、儀式又は行事」への参加強制は明治憲法下において事実上の神社参拝の強制がなされたことに鑑み、特にこれを禁止している。同条3項は、「国及びその機関」に対して「いかなる宗教活動」もしてはならないと、公権力による能動的な宗教への関わり合いを禁じている。

(2) 信教の自由の内容

憲法20条1項で保障されている信教の自由は、その実質は国民の宗教の自由の保障である。ここでいう「宗教」とは、「超自然的、超人間的本質（すなわち絶対者、造物主、至高の存在等、なかんずく神、仏、霊等）の存在を確信し、畏敬崇拝する心情と行為」（名古屋高判昭和46・5・14）という定義が一般に用いられている。憲法20条1項でいう「宗教」と政教分離原則にいう「宗教」との間には、多少の違いがある。

信教の自由には、信仰の自由、信仰告白の自由、宗教的行為の自由、宗教上の結社の自由が含まれていると解されている。**信仰の自由**とは、特定の宗教を信仰すること、あらゆる宗教を信仰しないこと（無宗教）、信仰する宗教を変更することについての自由である。特定の宗教を信仰していること、無宗教であること、改宗を行うことについて公権力からの不当な干渉は許されない。**信仰告白の自由**とは、自身の信仰する宗教を公権力によって強制的に開示されない自由である。江戸時代に行われていた踏み絵などが禁止される。**宗教的行為の自由**とは、信仰する宗教の礼拝、祈禱、儀式、布教等を行う自由である。また、憲法20条2項で、「何人も、宗教上の行為、祝典、儀式又は行事に参加することを強制されない」と規定されているように、戦前に行われていた神道の行事への参

加の強制等も許されない。**宗教上の結社の自由**とは、複数人が共同で儀式・布教等の宗教的行為を行うために宗教上の組織・団体を形成する自由である。なお、宗教法人への解散命令が宗教上の結社の自由を侵すかについては、単なる宗教法人格の否定であって、事実としての結社を否定しているわけではない。

（3）信教の自由の限界

信教の自由のうち信仰の自由は個人の内面的作用にかかわるものなので、それが内心にとどまる限り、絶対的に保障されるが、宗教的行為の自由については、その行為が外界と接するため、一定の制約が及ぶ。

（ア）加持祈禱事件（最大判昭和38・5・15）
死亡当時18歳であったAが異常な言動を示すようになったため、Aの母は被告人Xに平癒のための祈禱を依頼した。最初は経文を唱え、数珠で身体をさする程度のものであったが、状態が改善しないことを受け、いわゆる「線香護摩」による加持祈禱が行われた。8畳間を締めきり、大量の線香を焚き、Aを無理やりその線香の火に当たらせ、背中を殴打した。その結果、Aは急性心臓麻痺で死亡し、Xは傷害致死罪（刑法205条）で起訴された。

最高裁判所は、本件宗教的行為が「他人の生命、身体等に危害を及ぼす違法な有形力の行使に当るものであり、これにより被害者を死に致したものである以上、被告人の右行為が著しく反社会的なものであることは否定し得ないところであつて、憲法20条1項の信教の自由の保障の限界を逸脱したもの」であるとして、当該宗教的行為を信教の自由の保障の範囲外であると判断した。

（イ）牧会活動事件（神戸簡判昭和50・2・20）
本件被告人は、プロテスタントのキリスト教会で牧師をしていた。高校生のBは、同教会付属幼稚園に勤務する母とともに、教会敷地内に居住していた。Bは全国的な学園紛争に刺激され、通学先高校へ侵入し、バリケード封鎖をして立て籠もろうとしたところ用務員によって発見および警察へ通報され、火炎瓶製造に必要な薬剤だけを盗み出し、逃走した。

その後、現場に到着した警察によってBは警察による所在調査の対象となった。牧師はBの母より、Bがどこにも行かないように説得をしてほしいと依頼され、これを承諾した。その後警察が教会を訪れた際にも、牧師はBの所在について知らないとした。Bの気持ちが落ち着き、反省の様子が示されたことを察し、出頭を促した。牧師はBを匿い、捜査活動を妨害したとして、犯人蔵匿罪（刑法103条）で起訴された。

最高裁判所は、「被告人の右牧会活動は、国民一般の法感情として社会的大局的に許容しうるものであると認めるのを相当とし、それが宗教行為の自由を明らかに逸脱したものとは到底解することができない」として、牧師の行った宗教的行為は信教の自由の保障の範囲内に含まれるとしたうえで、犯人蔵匿罪は、刑法35条の正当業務行為によって罪とならないとした。

(4) 一般的法義務の免除

信教の自由に対する制約が認められるとして、信教の自由の制約とは無関係に存在する法令上の一般的義務が信教の自由を理由として免除されうるのかという問題も生じる。例えば、成人男性に対する兵役という一般的法義務に対して、信教の自由を理由に当該義務が免除されうるのかというものである。この問題に対して、特定の宗教を信仰していることを理由に一般的法義務を免除することは、憲法14条1項の法の下の平等および政教分離原則との関係で問題が生じることとなる。最高裁は、直接的に一般的法義務の免除について言及してはいないが、信教の自由を理由として特定の宗教を信仰しているものに対して、一定の「配慮」をした裁判例がある。

（ア）剣道受講拒否事件（最判平成8・3・8）

信仰上の理由により、高等専門学校における必修科目である剣道実技に参加しなかった学生は、欠席を理由として体育の成績が認定されず、原級留置処分を受けた。翌年度も同様の理由により再度原級留置処分となり、2回連続の原級留置処分を学則上の退学事由としていた同校校長は、当該学生を退学処分にした。レポート等の代替措置を認めることなく、当該学生に対してなされた各処分は信教の自由を侵害するものであ

るとして、その処分の取り消しを求めた事案である。

　最高裁は、当該学生が剣道実技への参加を拒否する理由は、当該学生の「信仰の核心部分と密接に関連する真しなものであ」るという。そのうえで、当該学生は、「信仰上の理由による剣道実技の履修拒否の結果として、他の科目では成績優秀であったにもかかわらず、原級留置、退学という事態に追い込まれたものというべきであり、その不利益が極めて大きいことも明らかである」とし、当該学生が「重大な不利益を避けるためには剣道実技の履修という自己の信仰上の教義に反する行動を採ることを余儀なくさせられるという性質を有するものであったことは明白である」として、自己の信仰上の教義に反する行動をとらされることの権利侵害の重大性を認定した。また、他の体育実技の履修やレポートの提出といった代替措置を学校側が認めたとしても、公教育の宗教的中立性には反しないし、政教分離原則にも反するものではないとした。

　最高裁は、結論としては、原級留置処分・退学処分等が学校長の合理的な教育的裁量に委ねられるべきものとしつつ、本件各処分は代替措置等の考慮すべき事項を考慮しておらず、裁量権の逸脱・濫用があったと判断した。しかし、その検討に際しては、個人の信教の自由への制約と公教育の宗教的中立性および政教分離原則を考慮しており、一般的法義務の免除の事例として読み解く見方もある。

(5) 政教分離原則

　公権力と宗教の分離は人権保障の歴史において積年の課題であった。公権力と宗教の分離が必要とされる理由としては、前時代的な神ないし神を騙った人による統治から、国民自身によって制定した法による統治を担保するためである。また、歴史的に公権力と宗教の癒着は、公権力と結びついた宗教の堕落を招き、他の少数宗教への冷遇・抑圧を引き起こした。

　政教分離の主要形態としては、①国教制度を採用しつつ、他の宗教にも広範な宗教的寛容を認めるイギリス型、②国家と宗教の厳格な分離を求めるアメリカ型、③国家と教会が各々の固有事項について独立であることを認め、競合事項については政教条約（コンコルダート）を結ぶイタリア・ドイツ型がある。日本国憲法における政教分離原則はアメリカ型

の厳格な分離型に属していると解されている。

　憲法20条1項後段（「いかなる宗教団体も、国から特権を受け、又は政治上の権力を行使してはならない」）と憲法20条3項（「国及びその機関は、宗教教育その他いかなる宗教的活動もしてはならない」）は実体面から、憲法89条（「公金その他の公の財産は、宗教上の組織若しくは団体の使用、便益若しくは維持のため、又は公の支配に属しない慈善、教育若しくは博愛の事業に対し、これを支出し、又はその利用に供してはならない」）は財政面から政教分離を規定している。

　政教分離原則について、学説・判例は制度的保障であると理解している。制度的保障とは、個人の権利や自由を直接的に保障するだけでなく、それに加えて一定の制度を保障することで、個人の権利や自由の保障をより一層確保しようとするものである。信教の自由の保障を十全なものとするための制度的保障として政教分離原則が規定されている。

　しかし、国家と宗教の結びつきが禁じられているからといって、一切の関わりが禁じられるわけではない。例えば、役所等にクリスマスツリーが飾られていたとしても公権力と宗教の癒着を疑う者は少ないであろう。では、どこまでの繋がりが許されて、どこからの繋がりが許されないのであろうか。この点につき、最高裁は、津地鎮祭事件において、「宗教とのかかわり合いをもたらす行為の目的及び効果にかんがみ、そのかかわり合いが〔文化的・社会的〕諸条件に照らし相当とされる限度を超えるものと認められる場合にこれを許さない」としている。また、憲法20条3項によって禁止される「宗教的行為」の意味について、「国及びその機関の活動で宗教とのかかわり合いをもつすべての行為を指すものではなく」、いわゆる**目的効果基準**に照らして、相当とされる限度を超えるものに限られるとした。目的効果基準とは、行為の目的が宗教的意義をもち、その効果が特定の宗教に対する援助・助長・促進または他の宗教に対する圧迫・干渉となるものは政教分離原則に違反するとするものである。

（ア）津地鎮祭事件（最大判昭和52・7・13）
　津市は、体育館の建設にあたり起工式（地鎮祭）を執り行い、神社の宮司らに対して費用7,663円を市の公金から支出した。当該支出が政教分離原則に反するとして住民訴訟が提起されたものである。
　最高裁判所は、「政教分離原則は、国家が宗教的に中立であることを要

求するものではあるが、国家が宗教とのかかわり合いをもつことを全く許さないとするものではなく、宗教とのかかわり合いをもたらす行為の目的及び効果にかんがみ、そのかかわり合いが〔国の社会的・文化的〕諸条件に照らし相当とされる限度を超えるものと認められる場合にこれを許さないとするものであると解すべきである」と判断した。そのうえで、本件起工式が憲法20条3項の禁止する宗教的活動に該当するかについて、目的効果基準に照らして判断されるとした。そして、「本件起工式は、宗教とかかわり合いをもつものであることを否定しえないが、その目的は建築着工に際し土地の平安堅固、工事の無事安全を願い、社会の一般的慣習に従つた儀礼を行うという専ら世俗的なものと認められ、その効果は神道を援助、助長、促進し又は他の宗教に圧迫、干渉を加えるものとは認められないのであるから、憲法20条3項により禁止される宗教的活動にはあたらない」とした。

（イ）愛媛玉串料事件（最大判平成9・4・2）

愛媛県は、1981（昭和56）年から1986（昭和61）年にかけて、靖国神社の挙行した例大祭に玉串料として9回にわたり各5,000円（合計45,000円）、みたま祭に献灯料として4回にわたり7,000円または8,000円（合計31,000円）、愛媛県護国神社の挙行する慰霊大祭に供物料として9回にわたり各10,000円（合計90,000円）を支出した。当該支出が政教分離原則に反するとして住民訴訟が提起されたものである。

最高裁判所は、津地鎮祭事件と同じく目的効果基準を採用したうえで、本件玉串料等の奉納は、「その目的が宗教的意義を持つことを免れず、その効果が特定の宗教に対する援助、助長、促進になると認めるべきであり、これによってもたらされる県と靖国神社等とのかかわり合いが我が国の社会的・文化的諸条件に照らし相当とされる限度を超えるものであって、憲法20条3項の禁止する宗教的活動に当たると解するのが相当である」とした。

（ウ）空知太事件（最大判平成22・1・20）

北海道砂川市が神社（祠、神社の表示、鳥居および地神宮）を含む土地を空知太連合町内会へ無償で使用させていたことが、政教分離原則に反する

として住民訴訟を提起されたものである。

最高裁判所は、本件神社は「一体として神道の神社施設に当たるものと見るほかはない」とし、「また、本件神社において行われている諸行事は、地域の伝統的行事として親睦などの意義を有するとしても、神道の方式にのっとって行われているその態様にかんがみると、宗教的な意義の希薄な、単なる世俗的行事にすぎないということはできない」として、本件神社およびその行事は世俗的なものではないとした。そして、市と町内会との関わり合いについて、「社会通念に照らして総合的に判断すると、本件利用提供行為は、市と本件神社ないし神道とのかかわり合いが、我が国の社会的、文化的諸条件に照らし、信教の自由の保障の確保という制度の根本目的との関係で相当とされる限度を超えるものとして、憲法89条の禁止する公の財産の利用提供に当たり、ひいては憲法20条1項後段の禁止する宗教団体に対する特権の付与にも該当すると解するのが相当である」とした。

（エ）孔子廟事件（最大判令和3・2・24）

那覇市が管理する土地において、孔子等を祀る久米至聖廟を設置した団体に対して、市が土地使用料を免除したことが政教分離原則に反すると争われた事例である。

最高裁は、「本件施設は、その外観等に照らして、神体又は本尊に対する参拝を受け入れる社寺との類似性があるということができる」とし、本件施設で行われている儀式についても、「思想家である孔子を歴史上の偉大な人物として顕彰するにとどまらず、その霊の存在を前提として、これを崇め奉るという宗教的意義を有する儀式というほかない」、また、団体は儀式の「観光ショー化等を許容しない姿勢を示しており、……観光振興等の世俗的な目的に基づいて行われているなどの事情もうかがわれない」として、本件施設および本件施設で行われている儀式の宗教的意義を認めた。

そして、本件土地使用料の免除が政教分離原則に反するかどうかは、文化的・社会的「諸条件に照らし、信教の自由の保障の確保という制度の根本目的との関係で相当とされる限度を超えて、政教分離規定に違反するか否かを判断するに当たっては、当該施設の性格、当該免除をする

こととした経緯、当該免除に伴う当該国公有地の無償提供の態様、これらに対する一般人の評価等、諸般の事情を考慮し、社会通念に照らして総合的に判断すべき」であるとして、「本件免除は、市と宗教との関わり合いが、我が国の社会的、文化的諸条件に照らし、信教の自由の保障の確保という制度の根本目的との関係で相当とされる限度を超えるものとして、憲法20条3項の禁止する宗教的活動に該当すると解するのが相当である」と判断した。

3 表現の自由

(1) 表現の自由の保障の意義

　表現活動は歴史的に言論統制等で公権力による抑圧を受けてきた。しかし、自由な言論は民主主義に不可欠の要素であり、それを保障するために表現の自由は特に保障される必要がある。表現の自由とは、人の内面的な精神作用を、方法のいかんを問わず、外部に公表する精神活動の自由であると解される。ここでいう表現とは、発話や記述に限られず、絵画、写真、音楽、映画、演劇などあらゆる表現方法が含まれる。戦争に反対する意思を表明するためになされる徴兵カードの焼却も**象徴的言論**として、表現に含まれる。

　また、表現の自由がいくら保障されていようとも、情報を受領する自由が認められていなければ、表現の自由を保障した意味がなくなってしまう。情報伝達を伴う表現活動は、表現の送り手と受け手による自由な情報交換があって初めて十全たるものとなる。このように、表現の自由には**知る権利**が含まれるものと解されている。

(2) 表現の自由を支える法理論

(ア) 表現の自由の優越的地位

　表現の自由は、他の憲法上の権利と比べて優越的地位にあると説明される。その理由として、表現の自由には自己実現の価値と自己統治の価値があるからである。**自己実現の価値**とは、好きな表現をすることによって自己の精神が充足され、個人の人格の発展に資するものである。**自己統治の価値**とは、個々人に自由な表現を認めることで、それが社会の

中で賛否の意見にさらされ、議論を形成し、ゆくゆくは政治的意思決定の役に立つという民主制に寄与するものである。最高裁も、北方ジャーナル事件（最大判昭和61・6・11）において、「主権が国民に属する民主制国家は、その構成員である国民がおよそ一切の主義主張等を表明するとともにこれらの情報を相互に受領することができ、その中から自由な意思をもつて自己が正当と信ずるものを採用することにより多数意見が形成され、かかる過程を通じて国政が決定されることをその存立の基礎としているのであるから、表現の自由、とりわけ、公共的事項に関する表現の自由は、特に重要な憲法上の権利として尊重されなければならない」としている。

（イ）思想の自由市場論

　公権力による表現活動への干渉を認めるべきでないとする理論として、アメリカの最高裁判所裁判官であったオリーバー・ヴェンデル・ホームズ裁判官が示した**思想の自由市場論**がある。この理論によれば、何が良い表現で何が悪い表現であるかは公権力による規制で決められるべきではなく、思想の自由な競争によって決定されるべきであるとする。すなわち、表現は自由に市場へ発信されるべきであって、当該表現が価値のあるものであれば、情報の受け手がそれを評価し、思想の自由市場に残り続ける。一方で、思想の自由市場へ発信された表現が好ましくないものであった場合には、情報の受け手が批判や無視をすることによって、当該表現は思想の自由市場から淘汰されることとなる。公権力が表現を規制することはむしろ思想の自由市場を歪曲化するものであり、自由な表現活動が求められるべきであるというものである。

（ウ）明確性の理論

　特定の行為をした者に対して制裁を加える場合には、その法令の文言が明確であることが求められる。これは、憲法31条の罪刑法定主義に包含される**明確性の理論**から明らかである。特定の表現をした者を処罰する際にも、この明確性の理論は要求される。さらに、表現の自由は優越的地位にあり、特定の表現行為につきその文言が不明確なままこれを規制することは、表現の自由の価値を大きく損なうこととなる。特に、

不明確な文言による表現規制は、表現者にどこまでの表現が許容されるのか予見することを困難にさせ、いわゆる**萎縮的効果**を生じさせる。例えば、刑法175条の「わいせつな文書、図画、電磁的記録」とは、どのような表現内容を含む場合に処罰されるのか明確でなければ、表現者は処罰されることを恐れて萎縮してしまうこととなる。萎縮的効果によって表現が控えられることは、思想の自由市場における情報の総量を減少させることとなり、ひいては表現の自由に深刻な悪影響を及ぼす。

(3) 表現の自由に対する制約
（ア）検閲
　明治憲法時代には、出版法や治安維持法によって、表現活動に対する事前規制がなされてきた。表現の事前規制は、その表現物が誰の目にも触れることなく闇へと葬り去られてしまうため、特に強く禁止されている。検閲の定義について、最高裁判所は税関検査事件（最大判昭和59・12・12）において、「行政権が主体となって、思想内容等の表現物を対象とし、その全部又は一部の発表の禁止を目的として、対象とされる一定の表現物につき網羅的一般的に、発表前にその内容を審査した上、不適当と認めるものの発表を禁止すること」と定義した。そのうえで、「検閲がその性質上表現の自由に対する最も厳しい制約となるものであることにかんがみ、これについては、公共の福祉を理由とする例外の許容……をも認めない」と示すように、当該定義に該当する制度は絶対的に禁止される。

（イ）裁判所による事前規制
　検閲の主体は行政権であるが、同じく公権力の担い手である裁判所（司法権）による事前規制は許容されるであろうか。北方ジャーナル事件では、裁判所による発行物の事前差し止めについて、裁判所による事前差し止めは、原則として認められないが、①表現内容が真実でなく、又はそれが専ら公益を図る目的のものでないことが明白であって、かつ、②被害者が重大にして著しく回復困難な損害を被る虞があるときは、例外的に事前差し止めが許されるとされた。行政権による検閲のように絶対的禁止ではないが、基本的に認められない旨を示した。

（ウ）内容規制

　内容規制とは、公権力が表現物の内容それ自体を理由として、当該表現物の表現者に対して事後的に制裁を加えるものをいう。日本では、名誉毀損表現（刑法230条1項）、わいせつ表現（刑法175条）、せん動表現（破防法4条2項）などが内容規制として挙げられる。内容規制は、特定の表現内容を公権力が規制するものであり、思想の自由市場を歪曲化する恐れがある。特に、特定の主題（戦争に関する事柄）についてではなく、当該主題の中の見解（戦争反対の意見）のみを規制する場合にはこの傾向が強くなる。

　刑法230条1項では、「公然と事実を摘示し、人の名誉を毀損した者は、その事実の有無にかかわらず」処罰されるとしており、他者の社会的評価を下落させる名誉毀損表現を規制している。しかし、名誉毀損表現といえども多種多様な性質のものがあり、表現の自由の重要性からとくに保障を要するものもある。そこで、刑法230条の2では、当該名誉毀損表現が「公共の利害に関する事実に係り、かつ、その目的が専ら公益を図ることにあったと認める場合には、事実の真否を判断し、真実であることの証明があったときは、これを罰しない」としている。すなわち、表現の自由の価値のうち自己統治の価値にとくに寄与する公共の利害に関する事項については、名誉毀損表現規制より表現の自由が優越する。夕刊和歌山事件（最大判昭和44・6・25）においても、刑法230条の2の規定は、「人格権としての個人の名誉の保護と、憲法21条による正当な言論の保障との調和をはかつたもの」としている。

　わいせつ表現についても、刑法175条（「わいせつな文書、図画、電磁的記録に係る記録媒体その他の物」）や関税法69条の11の1項7号（「公安又は風俗を害すべき書籍、図画、彫刻物その他の物品」）において、規制がなされている。チャタレイ事件（最大判昭和32・3・13）では、わいせつの定義について、「徒らに性欲を興奮又は刺戟せしめ、且つ普通人の正常な性的羞恥心を害し、善良な性的道義観念に反するものをいう」と定義した。また、その保護法益についても、「性的秩序を守り、最小限度の性道徳を維持すること」としている。しかし、わいせつ表現についても、文学的価値を含む芸術的価値が高い表現物については、表現の自由を一層保障する必要がある。チャタレイ事件、悪徳の栄え事件（最大判昭和44・10・15）、四畳

半襖の下張事件（最判昭和55・11・28）では、芸術性といえども当該表現物のわいせつ性を減じるものではないとされたが、第二次メープルソープ事件（最判平成20・2・19）では、問題となった写真集が旧関税定率法21条1項の「風俗を害すべき書籍、図画」に該当するかにつき、「メイプルソープは、肉体、性、裸体という人間の存在の根元にかかわる事象をテーマとする作品を発表し、写真による現代美術の第一人者として美術評論家から高い評価を得ていたというのであり、本件写真集は、写真芸術ないし現代美術に高い関心を有する者による購読、鑑賞を想定して、……写真芸術家の主要な作品を1冊の本に収録し、その写真芸術の全体像を概観するという芸術的観点から編集し、構成したものである点に意義を有するものと認められ〔る〕。本件写真集における芸術性など性的刺激を緩和させる要素の存在、本件各写真の本件写真集全体に占める比重、その表現手法等の観点から写真集を全体としてみたときには、本件写真集が主として見る者の好色的興味に訴えるものと認めることは困難といわざるを得ない」として、本件写真集のわいせつ性を否定した。このように、わいせつ表現規制と表現の自由の調整に進展がみられた。

　近年、ヘイトスピーチの規制の可否についても議論がある。ヘイトスピーチとは、人種、宗教、性別などの属性に基づく誹謗表現を指す。特定人に向けられたヘイトスピーチについては、名誉毀損罪や侮辱罪などの既存の法規制で対応可能であるため、とくに問題となるのは集団に向けられるヘイトスピーチである。集団に対するヘイトスピーチについては2016（平成28）年に「本邦外出身者に対する不当な差別的言動の解消に向けた取組の推進に関する法律」が制定されたが、同法は罰則規定のない理念法となっている。ヘイトスピーチは個人の尊厳を損ない、社会に差別を固定化するために規制すべきであるとの見解がある一方で、表現の自由の重要性に鑑みて規制は控えられるべきとの見解もある。ヘイトスピーチ規制と表現の自由の調整については、名誉毀損表現規制やわいせつ表現規制と同様に、規制をしたうえで、移民政策など公共の利害に関する事項やヘイトスピーチを除去する目的でなされたヘイトスピーチなど、一部の表現の自由の価値が高まる表現については規制から除外するような仕組みが必要であろう。

（エ）内容中立規制

　内容中立規制とは、表現内容を理由とした規制ではなく、表現の時・場所・方法を理由とした規制である。例えば、騒音規制や一定地域での広告規制などがこれにあたる。内容中立規制は、異なる時・場所・方法であれば同一の内容の表現が許容される点で内容規制よりも表現の自由への弊害は少ないと考えられる。電柱などへのビラ貼りを禁止した大阪市屋外広告物条例事件（最大判昭和43・12・18）でも、「国民の文化的生活の向上を目途とする憲法の下においては、都市の美観風致を維持することは、公共の福祉を保持する所以であるから、この程度の規制は、公共の福祉のため、表現の自由に対し許された必要且つ合理的な制限と解することができる」として、比較的緩やかに合憲であるとの判断を下している。しかし、特定の時・場所・方法で表現することに意義があるような場合（国会前でのデモの禁止など）には、内容中立規制といえども内容規制と同様の悪影響が生じることには留意する必要があろう。

(4) 報道・取材の自由

　表現の自由の中には、報道の自由と取材の自由が含まれているとされる。古くは現代のようにSNSが発達しておらず、マスメディアによる取材・報道は国民の知る権利に大きく寄与していたため、報道の自由や取材の自由が観念されるようになった。博多駅テレビフィルム提出命令事件（最大決昭和44・11・26）において、報道の自由は「表現の自由を規定した憲法二一条の保障のもとにあることはいうまでもない」とし、取材の自由についても、「憲法二一条の精神に照らし、十分尊重に値いするものといわなければならない」とした。

　報道の自由および取材の自由といえども無制限に認められるわけではない。裁判所によるテレビフィルムの提出命令が問題となった博多駅テレビフィルム提出命令事件において、「公正な刑事裁判を実現することは、国家の基本的要請であり、刑事裁判においては、実体的真実の発見が強く要請されることもいうまでもない。このような公正な刑事裁判の実現を保障するために、報道機関の取材活動によつて得られたものが、証拠として必要と認められるような場合には、取材の自由がある程度の制約を蒙ることとなつてもやむを得ないところというべきである」とし

て、公正な裁判の実現のために報道・取材の自由が一定程度制約されることを認めている。また、新聞記者が外務省職員に対して私的な情を通じたうえで秘密文書の漏洩をそそのかしたことで国家公務員法111条に基づき訴追された外務省秘密電文漏洩事件（最決昭和53・5・31）では、「取材の手段・方法が贈賄、脅迫、強要等の一般の刑罰法令に触れる行為を伴う場合は勿論、その手段・方法が一般の刑罰法令に触れないものであっても、取材対象者の個人としての人格の尊厳を著しく蹂躙する等法秩序全体の精神に照らし社会観念上是認することのできない態様のものである場合にも、正当な取材活動の範囲を逸脱し違法性を帯びるものといわなければならない」として、社会観念上是認されない方法での取材活動は認められないとした。

今日においては、SNS等の発達により、国民は単なる情報の受け手ではなく、情報の送り手としての地位を確立し、そのためのプラットフォームも整備されている。ともすれば、現代における報道の自由・取材の自由の権利性については再考の余地があろう。

(5) 通信の秘密
憲法21条2項後段では、「通信の秘密は、これを侵してはならない」と定める。ここでいう「通信」とは、郵便、電話、電子メールなどの手段を用いて行われる情報伝達行為をいう。通信は情報伝達行為であるがゆえに当然に表現の自由の保障が及び、また、私生活・プライバシー保護としての意義も有する。通信の秘密の保護対象としては、第一に、特定人の間でのみ交わされる情報伝達行為であることが求められる。ポスターの掲示やインターネット上の掲示板への書き込みは公然性が前提となっているため通信の秘密の保護対象には含まれないと解される。第二に、通信の内容のみならず、差出人・発信人および受取人・受信人の氏名・住所等の通信にかかわるすべての事実が保護対象であるとされる。通信の秘密は、知得行為および漏洩行為を禁じている。郵便法8条1項（「会社の取扱中に係る信書の秘密は、これを侵してはならない」）および同条2項（「郵便の業務に従事する者は、在職中郵便物に関して知り得た他人の秘密を守らなければならない」）は、これを受けた規定である。通信の秘密といえども絶対無制約に保障されるものではなく、必要最小限度の制約を受けるものと

考えられる。刑事訴訟法上の郵便物の押収（刑訴法100条・222条）、刑事収容施設における信書の検査および発受の禁止（刑事収容施設及び被収容者等の処遇に関する法律127条・128条）、関税法における郵便物等の差押え（関税法122条）などがある。

（6）集会・結社の自由

　集会とは、多数人が共通の目的をもって一定の場所に集まることをいう。デモ行進などの集団行動も動く集会として、集会の自由に含まれる。結社とは、多数人が共通の目的をもって継続的に結合することをいう。

　集会の自由は、新聞、テレビ、ラジオ等の情報発信手段を持たない国民にとっては、自らの意見を表明する重要な手段であり、最高裁（成田新法事件：最大判平成4・7・11）も憲法21条1項の保障する集会の自由は、「民主主義社会における重要な基本的人権の一つとして特に尊重されなければならない」としている。しかし、集会は多数人が一定の場所に集まって行われる表現活動であり、他の権利や利益との調整の観点から一定の制約を受けうる。

　市民会館や市庁舎前広場での集会の際には、管理権者の許可を受けなければ当該土地・建物を使用することができない。地方自治法244条2項は、「正当な理由がない限り、住民が公の施設を利用することを拒んではならない」と定めている。市民会館の使用不許可が問題となった泉佐野市民会館事件（最判平成7・3・7）では、泉佐野市民会館条例7条1号（「公の秩序をみだすおそれがある場合」）および同3号（「その他会館の管理上支障があると認められる場合」）を理由として不許可処分がなされた。しかし、「公の秩序をみだすおそれがある場合」という文言はあいまいであり、表現の自由への不当な制約がなされる恐れがある。この点につき、最高裁は、本件条例7条1号の解釈適用にあたっては、「本件会館における集会の自由を保障することの重要性よりも、本件会館で集会が開かれることによって、人の生命、身体又は財産が侵害され、公共の安全が損なわれる危険を回避し、防止することの必要性が優越する場合をいうものと限定して解すべきであり、その危険性の程度としては、……単に危険な事態を生ずる蓋然性があるというだけでは足りず、明らかな差し迫った危険の

発生が具体的に予見されることが必要である」とした。

　また、集会の開催者と敵対的な人々との間の紛争の危険性を理由に施設の管理者が施設利用を拒否しうるかについて、このような理由による拒否は認められないとするいわゆる**「敵意ある聴衆（hostile audience）」の法理**がある。このような理由による拒否が認められてしまうと、集会の反対者による妨害行為によって容易に施設利用が禁じられてしまい、事実上反対者に施設利用の可否を委ねることとなってしまう。この点につき、泉佐野市民会館事件は、「主催者が集会を平穏に行おうとしているのに、その集会の目的や主催者の思想、信条に反対する他のグループ等がこれを実力で阻止し、妨害しようとして紛争を起こすおそれがあることを理由に公の施設の利用を拒むことは、憲法21条の趣旨に反する」としていた。しかし、その後の上尾市福祉会館事件（最判平成8・3・15）では、「主催者が集会を平穏に行おうとしているのに、その集会の目的や主催者の思想、信条等に反対する者らが、これを実力で阻止し、妨害しようとして紛争を起こすおそれがあることを理由に公の施設の利用を拒むことができるのは、……公の施設の利用関係の性質に照らせば、警察の警備等によってもなお混乱を防止することができないなど特別な事情がある場合に限られる」とした。

　また、先述のとおりデモ行進などの集団示威運動は動く集会として、集会の自由に含まれると解される。道路などの公共の場所で集団示威運動を行う場合、所管の公安委員会の許可を受けなければならない。このとき集団示威運動をするために公安委員会の許可を求めていることが集会の自由を不当に制限しないかが問題となる。この点につき、新潟県公安条例事件（最大判昭和29・11・24）では、「単なる届出制を定めることは格別、そうでなく一般的な許可制を定めてこれを事前に抑制することは、憲法の趣旨に反し許されないと解するを相当とする」としながら、「しかしこれらの行動といえども公共の秩序を保持し、又は公共の福祉が著しく侵されることを防止するため、特定の場所又は方法につき、合理的かつ明確な基準の下に、予め許可を受けしめ、又は届出をなさしめてこのような場合にはこれを禁止することができる旨の規定を条例に設けても、これをもつて直ちに憲法の保障する国民の自由を不当に制限するものと解することはできない」とした。そのうえで、「これらの行動

について公共の安全に対し明らかな差迫つた危険を及ぼすことが予見されるときは、これを許可せず又は禁止することができる旨の規定を設けることも、これをもつて直ちに憲法の保障する国民の自由を不当に制限することにはならないと解すべきである」として、合理的かつ明確な基準の下、明白かつ差し迫った危険を防止するためには一定の制約も許容されるとした。

4 学問の自由

（1）学問の自由の保障の意義

憲法23条は「学問の自由は、これを保障する」と規定し、学問の自由を独立の条文で保障している。諸外国をみても、学問の自由を単独の条文で規定している例は少なく、これは明治憲法下において滝川事件や天皇機関説事件といった事件で学問の自由が公権力によって直接に侵害されたことに起因する。

（2）学問の自由の内容

学問の自由には、学問研究の自由、研究発表の自由、教授の自由が含まれているとされる。**学問研究の自由**とは、学問というものが、体制への批判等も多く含むことから、公権力による不当な干渉の対象となりやすく、特に保障が求められるものである。学問研究の自由といえども無制限に認められるわけではなく、ヒトクローンに関する研究（ヒトに関するクローン技術等の規制に関する法律）や放射性物質を取り扱う研究（核原料物質、核燃料物質及び原子炉の規制に関する法律）などについては、倫理上・安全上の理由から制限がなされうる。

研究発表の自由とは、学問研究によって得た成果を公表する自由である。学問研究の自由のみが保障されていたとしても、その発表の自由が保障されていなければ、学問研究自体の意義が失われてしまう。研究成果の社会への還元という観点からは、表現の自由の自己統治の価値に類する価値が研究発表の自由には認められてもよいであろう。

教授の自由とは、大学等の研究機関において、学生への教授内容につき、公権力からの干渉は排除されるべきであるとするものである。教授

の自由に関連して、初等中等教育機関の教師にも、教授の自由が認められるのかが問題となった。旭川学力テスト事件（最大判昭和51・5・21）では、初等中等教育機関の教師にも、「一定の範囲における教授の自由が保障されるべきことを肯定できないではない。しかし、大学教育の場合には、学生が一応教授内容を批判する能力を備えていると考えられるのに対し、普通教育においては、児童生徒にこのような能力がなく、教師が児童生徒に対して強い影響力、支配力を有することを考え、また、普通教育においては、子どもの側に学校や教師を選択する余地が乏しく、教育の機会均等をはかる上からも全国的に一定の水準を確保すべき強い要請があること等に思いをいたすときは、普通教育における教師に完全な教授の自由を認めることは、とうてい許されないところといわなければならない」とした。

（3）大学の自治

　学問の自由には、制度的保障として、**大学の自治**が認められている。大学の自治の内容としては、人事の自治と施設学生の管理の自治がある。近年では、予算管理の自治も大学の自治の内容に含まれるとする見解が有力である。人事の自治とは、大学の学長、教授その他の研究者の人事は、大学の自主的判断に基づいてなされ、公権力による大学の人事への干渉は許されないとするものである。施設学生の管理の自治とは、大学の施設および学生の管理についても、大学の自主的判断に基づいてなされるべきとするものである。大学の自治の担い手は、教授その他の研究者である（大学の自治運営という観点からは職員も含まれるべきであろう）と理解されているが、大学の自治における学生の位置づけはどのようなものであろうか。この点につき、学生も大学における不可欠の構成員として、大学自治の運営について要望し、批判し、あるいは反対する権利を有すると解するのが妥当であろう。

　大学の自治といえども、絶対無制約に認められるものではなく、一定の限界が存することは否定しえない。特に、警察権との関係で大学内部における治安維持は一次的に大学自らの責任の下で行われるべきであり、警察権の介入は大学からの要請があって初めてなされるべきであるとする見解がある。この点につき、東京大学公認の学生団体である「劇

第7章　精神的自由権　　107

団ポポロ」の演劇発表会の際に、学生が私服警官を発見し、警察手帳の提示を求め暴行したことが暴力行為等処罰に関する法律1条1項に反するとして起訴された東大ポポロ事件（最大判昭和38・5・22）がある。最高裁は、本件発表会は、「真に学問的な研究と発表のためのものでなく、実社会の政治的社会的活動であり、かつ公開の集会またはこれに準じるものであつて、大学の学問の自由と自治は、これを享有しないといわなければならない」として、大学の自治を犯すものではないとした。

練習課題
- 政教分離原則とその判定基準について説明せよ。
- 表現の自由に対する制約をその形態ごとに説明せよ。
- 大学の自治について説明せよ。

第**8**章

経済的自由権・人身の自由

1 職業選択の自由

（1）職業選択の意義と制約

　封建制の社会においては、家や身分と職業が深く結びついており、自由な職業選択は認められていなかった。しかし、近代市民革命以降の封建制の崩壊によって、人々は家や身分に関係なく、自由な職業に就くことができるようになった。

　また、職業選択の自由のみが保障されていたとしても、選択した職業を遂行することができなければ、職業選択の自由が保障されている意味がなくなってしまう。そのため、憲法22条1項では、職業選択の自由とともに職業遂行の自由（営業の自由）も保障されると解されている。

　これらの自由の必要性は、以下のように説明される。まず、個人が国家から経済的に独立していることである。次に、自身の望む職業に従事するということは個人の自己実現にも直結するものである。そのため、職業選択の自由は、経済的自由権としての性格も有するが、人格的価値も有する。最後に、精神的自由権の基礎としての役割である。すなわち、経済的基盤がなければ生存することのみに注力せねばならず、人間らしい生き方が困難となる。

　職業選択の自由は、国民の職業の選択について公権力による干渉は控えられるべきであるとするものである。しかし、無免許の医者や転売ヤーなど、他人の生命・健康や健全な経済秩序に悪影響をもたらす職業も

存在する。そこで、職業選択の自由には、許可制、届出制、登録制、資格制、特許性、国家独占、全面禁止などの態様で規制なされる。医者については医師免許、中古品販売も業として行う場合には古物商許可が必要となる。

これらの規制の態様は職業選択の自由に対する干渉の程度が異なり、職業選択の自由を規制する立法の合憲性審査においても、目的達成の手段としていかなる態様における規制がなされているかについて勘案することが重要となる。

(2) 規制目的二分論

職業選択の自由に関する初期の判例において、最高裁は有料職業紹介事業を原則として禁止していた職業安定法の規定が問題となった事件（最大判昭和25・6・21）を公共の福祉のために必要であるという理由だけで合憲としていた。しかし、後述する小売市場距離制限判決及び薬事法距離制限違憲判決では、職業選択の自由を制限する立法の審査にあたり、規制の目的とその手段との関連性に分析の焦点を当てている。

(ア) 小売市場距離制限判決（最大判昭和47・11・22）

小売商業調整特別措置法では、小売市場を新設する場合には、都道府県知事の許可を得なければならないとしていた。そして、その際の許可基準として既存の小売市場から700ｍ未満に新設を予定している場合には、許可されない旨の距離制限を設けていた。

当該距離制限が憲法22条1項の職業選択の自由に反するかにつき、最高裁は、「憲法は、全体として、福祉国家的理想のもとに、社会経済の均衡のとれた調和的発展を企図しており、……国は、積極的に、国民経済の健全な発達と国民生活の安定を期し、もつて社会経済全体の均衡のとれた調和的発展を図るために、立法により、個人の経済活動に対し、一定の規制措置を講ずることも、それが右目的達成のために必要かつ合理的な範囲にとどまる限り、許される」として、職業選択の自由に対する積極的・政策的規制が可能である旨を示している。そのうえで、このような積極目的規制の場合には、「個人の経済活動に対する法的規制措置については、立法府の政策的技術的な裁量に委ねるほかはなく、裁判所

は、立法府の右裁量的判断を尊重するのを建前とし、ただ、立法府がその裁量権を逸脱し、当該法的規制措置が著しく不合理であることの明白である場合に限つて、これを違憲として、その効力を否定することができるものと解するのが相当である」として、いわゆる**明白の原則**によって判断したといわれている。

（イ）薬局距離制限判決（最大判昭和50・4・30）

薬事法旧6条2項では、薬局の新設にあたって、適正配置を求めていた。人口、交通事情その他調剤および医薬品の受容に影響を与える各般の事情を考慮したうえで、具体的な距離制限は各都道府県条例に委ねられ、広島県では当該薬局の適正配置につき、既存の薬局より概ね100mの距離制限を許可条件として設けていた。

最高裁は、「一般に許可制は、単なる職業活動の内容及び態様に対する規制を超えて、狭義における職業の選択の自由そのものに制約を課するもので、職業の自由に対する強力な制限であるから、その合憲性を肯定しうるためには、原則として、重要な公共の利益のために必要かつ合理的な措置であることを要し、また、それが社会政策ないしは経済政策上の積極的な目的のための措置ではなく、自由な職業活動が社会公共に対してもたらす弊害を防止するための消極的、警察的措置である場合には、許可制に比べて職業の自由に対するよりゆるやかな制限である職業活動の内容及び態様に対する規制によつては右の目的を十分に達成することができないと認められることを要するもの、というべきである」として、**厳格な合理性の基準**によって判断するとした。

（ウ）規制目的二分論とその批判

これらの判例では、とくに規制の目的に関して、規制目的を積極目的と消極目的に区別し、それぞれに異なる審査基準が用いられるとする規制目的二分論を採用したとされている。積極目的規制（政策的規制）とは、福祉国家的観念から、弱者保護や社会経済の調和的発展のためになされる政策的規制である。これに対して、消極目的規制（警察的規制）とは、経済活動から生じる国民の健康や安全に対する弊害を除去・防止するための規制である。積極目的規制の場合には、消極目的規制の場合に比し

第8章　経済的自由権・人身の自由　　111

て、立法府による裁量の余地が大きく、より緩やかな合憲性審査がなされる。すなわち、積極目的規制の場合には、法的規制措置が「著しく不合理であることの明白である」場合に限り違憲とされる「明白の原則」によって判断されるのに対し、消極目的規制の場合には、規制の必要性・合理性と同じ目的を達成できるより緩やかな規制手段の有無を問う「厳格な合理性の基準」によって判断される。

　規制目的二分論に対しては、経済的自由権の領域において用いられる審査基準を明示したものとして評価する見解がある一方で、これらの判決が出たときから批判的な見解も主張されていた。批判的見解の代表的な論拠は、経済規制立法の目的を積極目的と消極目的に機械的に二分することに疑問を呈する。確かに、公衆浴場の適正配置規制が問題となった二つの事件を例に、一方では、公衆浴場法の目的を公衆浴場業者が経営の困難から廃業や転業をすることを防止し、健全で安定した経営を行えるようにするための積極的、社会経済政策的な目的であるとしながら（最判平成元・1・20）、もう一方では、国民保健及び環境衛生の確保という消極目的とともに、既存公衆浴場業者の経営の安定を図るという積極目的があるとしている（最判平成元・3・7）。このように、同様の事例においても規制目的の揺れがみられる。

2　居住移転・国籍離脱の自由

(1) 居住移転の自由

　憲法22条1項では職業選択の自由とともに、居住移転の自由も保障されており、両者は歴史的背景を同じくしているが、後述するように、居住・移転の自由の複合的性格から、現在では個別に検討する必要がある。

　自由な移動による土地からの解放や労働力の移動は、近代の経済活動の前提をなしている。古くは経済活動の一環としての移動を想定していたが、現代社会において居住移転の自由は、身体を拘束されないという人身の自由としての側面や自由な移動を通じて知見を広めるという精神的自由権としての側面を併せ持ち、複合的性格を有するとされている。熊本ハンセン病訴訟事件判決（熊本地判平成13・5・11）においても、「居住・移転の自由は、経済的自由の一環をなすものであるとともに、奴隷

的拘束等の禁止を定めた憲法18条よりも広い意味での人身の自由としての側面を持つ。のみならず、自己の選択するところに従い社会の様々な事物に触れ、人と接しコミュニケートすることは、人が人として生存する上で決定的重要性を有することであって、居住・移転の自由は、これに不可欠の前提というべきものである」として、居住移転の自由の複合的性格を認めている。

　もちろん、居住移転の自由といえども無制限に保障されるわけではなく、一定の制限に服する。例えば、親権者による子どもの居所指定（民法821条）、破産者の居住地制限（破産法37条1項）、自衛官に対する居所指定（自衛隊法55条）、刑事被告人に対する住居制限（刑事訴訟法95条）、精神障害者・感染症患者に対する強制入院措置（精神保健福祉法29条、感染症予防法19条3項）などがあるが、いずれも合理的な制限であると解されている。

（2）外国移住・国籍離脱の自由

　憲法22条2項は、「何人も、外国に移住し、又は国籍を離脱する自由を侵されない」と定めている。外国移住は、一般的に定住及び長期の滞在を意味するが、一時的な海外渡航についても、憲法22条2項によって保障されるものと解されている。

　憲法上、国籍離脱の自由は認められているが、無国籍になる自由までは保障されていないと解されている、国籍法13条1項も「外国の国籍を有する日本国民は、法務大臣に届け出ることによつて、日本の国籍を離脱することができる」と国籍離脱について他国籍を有することを条件にしており、無国籍となることを認めていない。また、二重国籍に関しては、国籍法上いまだ明示的に認められてはいないが、国際化が進み、多様な生き方が求められる現代においては、法改正も視野に入れ、再考することが求められよう。

3　財産権

（1）財産権の保障

フランス革命前のフランスでは、貴族・聖職者といった身分を有する

者が実質的に土地を支配し、平民には完全な土地所有が認められていなかった。日本においても、地主が多くの土地を所有し、小作人はその土地で工作を行っていたため、土地所有の割合は少なかった。個人の土地所有を含めて近代憲法では、個人の財産権を保障するようになる。憲法29条1項では、まさにこのような個人の財産権を保障している。憲法29条1項は、「財産権は、これを侵してはならない」と規定し、財産権の保障を謳っている。これは、国家による恣意的な制限から国民を守るという主観的権利としての財産権を保障するとともに、客観的法秩序としての私有財産制を制度的に保障していると解されている。いわゆる森林法事件判決においても、「憲法29条は……私有財産制度を保障しているのみでなく、社会的経済的活動の基礎をなす国民の個々の財産権につきこれを基本的人権として保障する」と示された。

それでは財産権とは具体的にどのようなものを指すのであろう。これについては、憲法29条2項で、「財産権の内容は、……法律でこれを定める」としているように、民法をはじめとした各法律によって定められている。財産権の内容としては、民法上の所有権のみならず、物権、債権、無体財産権（特許権・著作権など）、特別法上の権利（漁業権・鉱業権など）その他の財産的価値を有する権利を広く含む。

(2) 財産権の限界

憲法29条2項は、「財産権の内容は、公共の福祉に適合するやうに、法律でこれを定める」とし、財産権が法律によって一般的に制約されることを示している。ここでいう公共の福祉とは、内在的制約のみならず、政策的制約にも服するものと解されている。森林法判決（最大判昭和62・4・22）でも、「財産権は、それ自体に内在する制約があるほか、……立法府が社会全体の利益を図るために加える規制により制約を受けるものである」としている。同判決は続けて、「この規制は、財産権の種類、性質等が多種多様であり、また、財産権に対し規制を要求する社会的理由ないし目的も、社会公共の便宜の促進、経済的弱者の保護等の社会政策及び経済政策上の積極的なものから、社会生活における安全の保障や秩序の維持等の消極的なものに至るまで多岐にわたるため、種々様々でありうるのである。したがつて、財産権に対して加えられる規制が憲法29

条2項にいう公共の福祉に適合するものとして是認されるべきものであるかどうかは、規制の目的、必要性、内容、その規制によって制限される財産権の種類、性質及び制限の程度等を比較考量して決すべきものである」とした。

その判断に際しては、「立法の規制目的が……社会的理由ないし目的に出たとはいえないものとして公共の福祉に合致しないことが明らかであるか、又は規制目的が公共の福祉に合致するものであつても規制手段が……目的を達成するための手段として必要性若しくは合理性に欠けていることが明らかであつて、そのため立法府の判断が合理的裁量の範囲を超えるものとなる場合に限り」、憲法29条2項に反するものであるとした。そのうえで、民法256条1項では共有物の分割につき共有者はいつでも分割を請求できるとしながら、共有森林につき持分価格2分の1以下の共有者による共有物の分割を否定する森林法旧186条の規定の目的は、「森林の細分化を防止することによつて森林経営の安定を図り、ひいては森林の保続培養と森林の生産力の増進を図り、もつて国民経済の発展に資することにあると解すべきであ」り、公共の福祉に合致しないとはいえないとする。目的と手段の関連性については、「持分の価額が相等しい2名の共有者間において、共有物の管理又は変更等をめぐつて意見の対立、紛争が生ずるに至つたときは、各共有者は、共有森林につき、……保存行為をなしうるにとどまり、管理又は変更の行為を適法にすることができないこととなり、ひいては当該森林の荒廃という事態を招来することとなる」として、合理性と必要性のいずれをも肯定することができないとした。

（3）財産権の制約と損失補償

憲法29条3項は、「個人の財産は正当な補償の下に、これを公共のために用いることができる」としている。憲法29条1項で財産権を保障しながらも、その制約を憲法自らが認めている。近代憲法において財産権の不可侵が規定されても、フランス人権宣言17条（「所有権は不可侵のかつ神聖な権利であるから、何人も、適法に確認された公的必要がそれを明らかに要求する場合で、正当かつ事前の補償という条件のもとでなければ、これを奪われることはない」）、アメリカ合衆国憲法修正5条（「何人も、正当な補償なく、私有する財

産を公共の用のために収用されない」）では、公権力による公用収用は留保されていた。

　日本における公的収用の一例として、土地収用制度について、簡単に説明する。土地収用制度とは、都市計画や道路の拡幅の際に、個人の土地を公権力が買い受けるものである。例えば、細い路地が多い地域では、地震で塀や建物が道路へ崩れ、緊急車両が通行できなくなってしまう。緊急車両の到着が遅れると、火災が広がったり、一刻を争う人命が失われたりと弊害が大きい。そこで道路を拡幅することで、多少の瓦礫が散乱しても緊急車両一台分が通れるようにするのである。このような土地収用がなされると、特定の土地所有者が社会全体のための負担を負うこととなってしまう。そのため、公金によってこれを補償することで負担を社会全体に転嫁し、負担の公平を図っている。

（ア）補償の可否
　それでは、このように個人の財産権を制限する場合に、公権力は必ず金銭による補償をしなければならないのであろうか。財産権に対する内在的制約の場合には、法律で特別の補償が認められている場合を除いて、補償は不要とされる。例えば、ため池の堤とうにおいて農作物を植える等の行為を禁止する条例が問題となった奈良県ため池堤とう事件（最大判昭和38・6・26）では、ため池堤とうの使用制限は、財産権の行使を全面的に禁止することになるが、これは公共の福祉のため当然に受忍されるべきものであって、ため池の破損・決壊の原因となる行為は、財産権の行使の埒外にあるとして、補償の必要はないとした。

　一方で、特定の個人や集団に特別の犠牲を強いている場合には補償が必要であると考えられている（特別犠牲説）。この考えは、①侵害行為が広く一般人を対象とするものか、それとも特定の人を対象とするものかという形式的要件と、②侵害行為が受忍すべき限度を超え、財産権の本質的内容を侵すほどに強度なものかという実質的要件によって決せられるとする考えが従来から有力に唱えられていた。しかし、形式的要件につき、対象が一般人か特定人かという区別は相対的なものに過ぎないとの批判から、①財産権の剥奪又は当該財産権の本来の効用の発揮を妨げることになるような侵害については補償を要し、②その程度に至らない

場合については、（ⅰ）当該財産権の存在が社会的共同生活との調和を保ってゆくために必要とされる場合には補償は不要とされ、（ⅱ）他の特定の公益目的のために、当該財産権の本来の社会的効用とは無関係に、偶然に課せられる制限であるときには補償を要する、という実質的要件を重視した考えが有力説となっている。

（イ）正当な補償の意味

憲法29条3項にいう正当な補償の意味については、学説上見解が分かれている。制限された財産に対して合理的に算出された額であれば足りるとする**相当補償説**と当該財産の客観的な市場価格全てを補償すべきであるとする**完全補償説**である。最高裁は、この点につき、農地改革事件（最大判昭和28・12・23）において、「正当な補償とは、その当時の経済状態において成立することを考えられる価格に基づき、合理的に算出された相当な額をいうのであって、必しも常にかかる価格と完全に一致することを要するものではない」とした。しかし、後の土地収用法に関する事件（最判昭和48・10・18）では、損失補償とは「完全な補償、すなわち、収用の前後を通じて被収用者の財産価値を等しくならしめるような補償をなすべき」であるとしている。農地改革は終戦直後の社会変革期になされた施策であり、これを例外的な事例とみるとすれば、やはり原則は財産価値に対して完全な補償が求められよう。

4 適正手続の保障

憲法31条の適正手続の保障は、個人の生命や自由を奪う場合に法律で定められた手続によることを求めている。同条はアメリカ合衆国憲法修正14条1節に由来している。憲法31条からは、手続が法定されていることはもちろん、法律で定められた手続が適正であることも求められる。また、手続の法定および適正だけでなく、実体の法定および適正も求められるかが問題となる。この点につき、近代法における重要な基本原則である罪刑法定主義に関する条文が憲法上に間接的にしか定められていない（憲法73条6号）ことからも、憲法31条から同原則が導かれるべきである。

憲法31条には、「刑罰を科せられない」とあるので、文字通りに読めば、刑事手続についてのみ適正手続を保障したもので、行政手続には及ばないと解される。しかし、行政手続の中にも、刑事手続に類する処分や過料のような罰則もある。成田新法事件（最高裁平成4・7・1）では、憲法31条の保障は、直接には刑事手続に関するものであるが、行政手続についても、それが刑事手続ではないとの理由のみで、同条による保障の枠外にあると判断することは相当ではないとしたうえで、「事前の告知、弁解、防御の機会を与えるかどうかは、行政処分により制限を受ける権利利益の内容、性質、制限の程度、行政処分により達成しようとする公益の内容、程度、緊急性等を総合較量して決定されるべき」ものであり、常にそのような機会を与えることを求めるものではないと判断している。

5 被疑者・被告人の権利

刑事手続に関する憲法上の規定は、被疑者の権利と被告人の権利に大別できる。まず被疑者の権利として、不当な逮捕・抑留・拘禁からの自由（33条・34条）、不当な捜索・押収からの自由（35条）がある。次に被告人の権利として、公平な裁判所の迅速な公開裁判を受ける権利（37条1項）、証人審問権・証人喚問権（37条2項）、弁護人依頼権（37条3項）、自己負罪拒否特権（38条1項）、自白の証拠能力の制限（38条2項）、自白の補強証拠の要求（38条3項）、遡及処罰の禁止・二重の危険の禁止（39条）が認められる。その他に、憲法36条では、拷問および残虐刑が禁止されている。

（1）令状主義

憲法33条は、「何人も、現行犯として逮捕される場合を除いては、権限を有する司法官憲が発し、且つ理由となつてゐる犯罪を明示する令状によらなければ、逮捕されない」と規定され、逮捕に際して令状を要求することで、逮捕権の濫用を抑止しようとするものである。ここでいう司法官憲とは、裁判官のことである。令状主義の例外としては、現行犯逮捕の場合（憲法33条）と準現行犯逮捕（刑訴法212条2項）と緊急逮捕（刑

訴法210条）の場合がある。また、憲法35条でも、捜索・押収についても令状を必要としている。

（2）弁護人依頼権

憲法34条では、被疑者に対する弁護人依頼権の告知を、憲法37条3項では、刑事被告人の弁護人依頼権を保障している。憲法37条3項を受けて、刑訴法36条では、被告人が貧困その他の事由により弁護人を選任することができないときは、公費で国選弁護人を依頼することができるとしている。なお、被疑者の国選弁護制度についても2006年10月から刑事訴訟法37条の2において法制化されている。

（3）自白に係る保障

憲法38条1項は、「何人も、自己に不利益な供述を強要されない」と規定し、いわゆる自己負罪拒否特権を保障している。これは歴史的に行われてきた自白偏重による刑事訴追を防止することが目的となる。刑事訴訟法では、「何人も、自己が刑事訴追を受け、又は有罪判決を受ける虞のある証言を拒むことができる」（146条）と規定し、さらに、被疑者および被告人については、いわゆる黙秘権を保障している（198条2項、291条5項、311条1項）。また、38条2項は、強制、拷問もしくは脅迫等による自白は裁判において証拠とすることができないとして、違法収集証拠の排除を定めている。さらに、同条3項は、「何人も、自己に不利益な唯一の証拠が本人の自白である場合には、有罪とされ、又は刑罰を科せられない」として、いわゆる補強証拠の原則を定めている。

（4）遡及処罰の禁止・二重の危険の禁止

憲法39条は、「何人も、実行の時に適法であつた行為又は既に無罪とされた行為については、刑事上の責任を問はれない。又、同一の犯罪について、重ねて刑事上の責任を問はれない」と規定されている。同条前段の「何人も、実行の時に適法であつた行為……については、刑事上の責任を問はれない」とは、行為時に犯罪とされていなかったものについては、行為後に法律が制定され犯罪とされても、刑罰を科せられないということである。これを**遡及処罰の禁止**という。なお、事後法によって

第8章　経済的自由権・人身の自由　　119

行為時よりも重い刑罰を科すことも許されないと解されている。また、「何人も、……既に無罪とされた行為については、刑事上の責任を問はれない」とは、無罪が確定した行為についてあらためて罪に問われることはないという**一事不再理の原則**を定めたものである。さらに、同条後段は、「同一の犯罪について、重ねて刑事上の責任を問はれない」として、**二重の危険の禁止**について規定している。これは、特定の行為について判決が確定したのちに、別の罪で処罰することを禁止している。

練習課題

- 規制目的二分論について、判例に言及しつつ説明せよ。
- 憲法29条3項における補償の可否と正当な補償の意味について、説明せよ。
- 被告人の権利について説明せよ。

第**9**章

社会権

1 社会権の登場

　18世紀後半に成立した近代立憲主義は、憲法で国家権力を制限することにより、国民の権利や自由を確保することを目的とした。近代憲法の下では、国家の役割は、国防や治安維持などに限定すべきであるという考え方がとられ、国家は必要最低限の業務だけを行う消極国家が最善とされた。そして、経済的自由が保障された人々が、国家の介入を受けることなく経済活動に取り組んだ結果、大きな経済発展がもたらされた。その一方で、経済的自由は、少数の成功した資本家と困窮した労働者を生み出し、貧富の差が拡大した。

　国民の自由や権利の保障を重視した近代憲法は、経済発展が引き起こした問題を解決することができなかった。そこで、こうした問題の解決に国家の役割が期待されることとなった。1919年の**ワイマール憲法**は、「経済生活の秩序は、すべての人に人たるに値する生存を保障することを目指す正義の諸原則に適合するものでなければならない。この限度内で、個人の経済的自由が確保されなければならない」（151条1項）と定め、経済的自由に一定の制約を課し、義務教育の無償、勤労の権利、国営保険制度の設置など、社会権の規定を置いた。

　明治憲法には、社会権の規定はなく、国民の生存にかかわる配慮は、行政の施策に委ねられた。これに対し、20世紀の社会権拡充の影響を受けた日本国憲法では、**生存権**（憲法25条）、**教育を受ける権利**（憲法26条）、

勤労権（憲法27条）、**労働基本権**（憲法28条）の規定が設けられた。

2 生存権

(1) 生存権の意味

生存権とは、すべての国民が人間的な生活を送ることができる権利を意味する。生存権は単に物質的な生活の保障を目的とするだけでなく、文化的な側面も含めた総合的な生活の質の向上を目指すものであるとされる。すなわち、国民は、国家に対して、経済的困窮に対する救済、教育の充実、医療の提供、住居の確保など、多岐にわたる生活基盤の充実を求めることができる。生存権を保障する意義は、高齢者、障害者や生活困窮者などの社会的弱者の生活の質を向上させ、すべての国民が安心して生活できる社会を実現することにある。国家がこの権利を保障することにより、国民一人ひとりが自己の尊厳を保ちながら生活を営むことが可能となる。この点において、生存権は社会的な正義と平等の実現に不可欠なものといえる。

(2) 生存権の内容

憲法25条は、「すべて国民は、健康で文化的な最低限度の生活を営む権利を有する」と定め、国家が国民に対して最低限度の生活を保障する義務を負うことを明らかにしている。生存権には、国民が自らの力で「健康で文化的な最低限度の生活」を維持する自由を有し、国家はそれを妨害してはならないという自由権的側面と、国家に対してそのような生活の実現を求める社会権的側面がある。社会権的側面における生存権の法的性格をめぐり、学説は、①**プログラム規定説**、②**抽象的権利説**、③**具体的権利説**に分けられる。

①プログラム規定説

憲法25条は、国民に対して具体的な法的権利を保障したのではなく、国家が国民の生存を確保するよう努力すべき政策方針や目標を定めたものにすぎないとする学説が、プログラム規定説である。この学説によれば、憲法25条は、国民に具体的な法的権利を保障したのではなく、国家

が社会福祉や公的扶助などの政策を通じて実現を目指すべき目標、すなわち、プログラム（綱領）を示したものとしてとらえる。この学説の根底には、資本主義社会では、自助が原則であること、国家の財政や行政の裁量を尊重し、全体のバランスを考慮しながら福祉政策を進めるべきという考え方がある。

②抽象的権利説

憲法25条は、国民に具体的な法的権利を直接付与するものではないので、国民は、憲法25条を根拠として裁判所に対して救済を求めることはできないが、それを実現する法律が制定されていれば、救済を求めることができるとする学説が、抽象的権利説である。これは、最低限の生活水準を保障するために必要な政策や措置を講じる義務が国家に課されているとするものである。その理由は、憲法25条は、「健康で文化的な最低限度の生活」を国民に保障しているが、この文言は抽象的なので裁判の基準にはなりえないこと、権利の実現には、立法の判断が必要であることがあげられる。

③具体的権利説

憲法25条は、国民に具体的な法的権利を直接付与するものであり、法律が制定されていない場合であっても、国民は、憲法25条を根拠として裁判所に対して救済を求めることができるとする学説が具体的権利説である。これは、憲法25条は、国民に対して具体的かつ直接的な法的権利を付与するものであり、国民が国家に対してその権利の実現を要求できるとする立場である。この学説によれば、生存権は抽象的な理想や目標に留まらず、国民一人ひとりが最低限度の生活を送るための具体的な権利であり、国家はこれを保障する義務がある。例えば、生活保護の受給が拒否された場合、国民は、憲法25条を根拠にその決定を不服として法的に争うことができる。

（3）生存権に関する判例
①「朝日訴訟」
結核患者であったため、療養所で生活していた朝日茂は、生活保護に

第9章　社会権　123

より月額600円の生活扶助と医療扶助を受けていた。しかし、朝日は、この金額では生活が苦しいとして、給付金の増額を求めたところ、市の福祉事務所は、朝日の兄に月額1,500円の仕送りを命じた。福祉事務所は、1,500円のうち、600円を朝日に支給し、残りの900円を医療費の自己負担に充てる処分を行った。これに対して、朝日は知事に不服申立てを行うが、却下された。次に、朝日は、厚生大臣に不服申立てを行うが、これも却下された。そこで、朝日は、結核を患っているので、この生活保護基準では必要な医療費や生活費が十分に賄えておらず、生存権の侵害にあたると主張し、訴訟を提起した。なお、裁判の過程で朝日は、生活保護費の引き上げを求めるとともに、生存権の具体的な保障内容を明確にするよう求めた。

　第一審では、原告である朝日が勝訴したが（東京地判昭和35・10・19）、控訴審では敗訴した（東京高判昭和38・11・4）。上告審での審理中、朝日が死去したため、最高裁判所は、生活保護受給権は一身専属的な権利であるとして、訴訟は終了したと判示した（最大判昭和42・5・24）。ただし、「なお、念のため」として、憲法25条1項は、すべての国民が健康で文化的な最低限度の生活を営みうるように国政を運営すべきことを国の責務として宣言したにとどまり、国民に具体的権利を付与したものではないこと、何が「健康で文化的な最低限度の生活」であるかの判断は厚生大臣の裁量に委ねられており、司法的救済の範囲は限定されるとした。原告である朝日の死去により訴訟は終了したが、朝日訴訟は、社会保障政策に大きな影響を与え、生存権の具体的保障をめぐる議論を活発化させるとともに、生活保護の基準を引き上げる契機になった。

　②「堀木訴訟」
　視力障害者であった堀木文子は、国民年金法に基づいて障害福祉年金を受給しながら、離婚した夫との間の子を養育していた。そこで、児童扶養手当法に基づき、子の扶養手当の受給資格認定の申請を知事に請求したところ、児童扶養手当法には、手当と公的年金の併給禁止の規定があったため、この請求は却下された。堀木は、異議を申し立てたが、これも却下されたため、併給禁止規定は、憲法25条に違反するとともに、児童扶養手当法に基づく手当の実質的な受給者は児童であるにもかかわ

らず、親が障害福祉年金を受給していると手当を受給できないのは、憲法14条に違反するとして訴訟を提起した。

第一審では、併給禁止規定は憲法14条違反であり、憲法25条2項の規定による社会保障施策において差別的な取り扱いをしてはならないとして、原告である堀木が勝訴した（神戸地判昭和47・9・20）。これに対し、控訴審では、憲法25条2項の規定は、1項の「健康で文化的な最低限度の生活」を保障したものではなく、2項による国の政策は、財政状況などをふまえ、立法の裁量が認められるので、憲法違反ではないとして、原告が敗訴となった（大阪高判昭和50・11・10）。上告審では、憲法25条は、国権の作用に対し、一定の目的を設定しその実現のための積極的な発動を期待するという性質のものであり、憲法25条の規定の趣旨にこたえ、どのような立法措置を講ずるかの選択決定は、立法府の広い裁量に委ねられており、著しく合理性を欠き、明らかに裁量の逸脱・濫用であるといえない場合には、裁判所の審査には適しない事項であるとして、原告が敗訴した（最大判昭和57・7・7）。

第一審後に、国会は児童扶養手当法を改正し、併給の禁止規定の対象から、老齢福祉年金の受給者と障害福祉年金の受給者を外したが、最高裁判決後、国会は法改正を行い、併給禁止規定の対象に戻した。

（4）生存権の現代的課題

生存権を実現するためには、様々な社会保障制度が必要となる。憲法25条の理念に基づき、国が生活に困窮するすべての国民に対し、その困窮の程度に応じ必要な保護を行い、最低限の生活を保障するとともに、その自立を助長することを目的としたものとして、生活保護制度がある。現在、生活保護の被保護実人員は、200万人を超えている。その多くは、高齢者であるが、現役世代の申請も増えており、困窮の広がりが懸念されている。特に、一人親世帯を中心に、こどもの貧困が問題となっており、これらの家庭に対する支援策の強化が必要とされる。

第9章　社会権　　125

3 教育を受ける権利

(1) 教育を受ける権利の意味

　教育は、個人の人格形成に重要な影響を与え、社会の中で生きるために必要な知識、教養、技能を身につける手段であるので、人が人間としてふさわしい生活を過ごす上で必要不可欠である。教育によって、個人はより良い社会生活を送ることができ、民主政治に参加する資質を養うことができる。

　教育を受ける権利は、すべての国民が教育を受けることができるよう、国家に対して教育制度や施設の整備などを要求できるという意味で**社会権**に分類されるが、教育を受ける権利が国家によって侵害されないことを保障している点で**自由権的側面**も有しているといえる。

(2) 教育を受ける権利の内容

　憲法26条1項は、「すべて国民は、法律の定めるところにより、その能力に応じて、ひとしく教育を受ける権利を有する」と定め、**教育を受ける権利**を保障している。この権利を具体化する法律として、教育基本法や学校教育法が制定されている。また、憲法26条2項では「すべて国民は、法律の定めるところにより、その保護する子女に普通教育を受けさせる義務を負ふ。義務教育は、これを無償とする」として、保護者や親権者に、こどもに**教育を受けさせる義務**があることを明示し、義務教育が無償であることを定めている。

　教育を受ける権利の主体は、すべての国民であるが、最も重要であるのは、学齢期にあるこどもである。それゆえ、経済的な理由により適切な教育を受けることができないということがないよう、国家が教育の機会均等を保障することに重点が置かれる。その一方で、国家が誤った知識や一方的な考え方を強制するような教育をすることで、こどもが学習することによって自ら成長する機会が奪われてはならない。それゆえ、ここでは具体的な教育内容を決定し、それを実施するのは誰なのかという問題、いわゆる、教育権の所在をめぐる問題が生じる。国家による教育の統制を重視するのが、国家教育権説であり、国民の自由と権利を強

調するのが国民教育権説、両者のバランスを図ることで、教育の質と自由の両立を目指すのが折衷説である。

①国家教育権説

国家教育権説は、教育内容を決定する権限が国家にあるとする立場である。この説によれば、国家は国民全体の利益を考慮した上で、教育政策や制度を決定し、実行する権限と責任を持つ。この説がとられる理由としては、教育の機会均等のためには、全国一律の教育が確保されることが必要であること、議会制民主主義の下では、国民の意思は国会で制定される法律を通じて反映されるので、国家はその法律に基づいて公教育を運営する権限と責任をもつこと、教育を受ける権利は社会権に分類される以上、国家は国民福祉のために教育水準を維持する責任を持ち、教育内容にも関与できるべきであることがあげられる。

②国民教育権説

国民教育権説は、教育内容を決定する権限は、国家ではなく、親や教師などを含む国民にあるとする立場である。この説によれば、親や親から負託を受けた教師が教育内容を決定し、国家の役割は教育制度などの大枠を提供するにとどまる。この説がとられる理由としては、教育内容は、政党政治を背景とした多数決によって決めることにはなじまないこと、国家は、国民の教育責務の遂行を助成するために専ら責任を負うものであって、その責任を果たすために国家に与えられる権能は、教育内容に対する介入ではなく、教育を育成するための諸条件を整備することであることがあげられる。

③折衷説

折衷説は、国家教育権説と国民教育権説の間に立ち、教育内容を決定する権限は役割に応じて国家と国民が分担して有しているとするものである。これは、親や教師など、国民の教育の自由を一定の範囲内で認めるとともに、国家が教育内容を決定する権限を有するとするものである。この説がとられる理由としては、教師から特定の意見のみを教授されることを強制されないようにすることを保障する必要があること、こ

第9章 社会権　　127

どもの教育は教師とこどもの人格的接触を通じ、こどもの個性に応じて行われなければならないので、教師には教育内容決定に関して一定の裁量が必要であること、こどもの判断能力の欠如、学校や教師を選択する余地の乏しさ、全国的に一定の水準を確保するという要請から考えると、国家にも教育内容の決定権を与えるべきであることがあげられる。

(3) 訴訟

①旭川学力テスト事件（最大判昭和50・5・21）

　文部省は、全国の中学校2、3年生の全生徒を対象とする学力調査を企画し、各都道府県教育委員会に対して、地方教育行政の組織及び運営に関する法律（以下、地教行法）54条2項に基づき、調査およびその結果に関する資料、報告の提出を求めた。そして、1976（昭和51）年に旭川市立中学校で実施された学力調査では、反対する教員らが、中止を大声で訴えるなど、実力で阻止しようとしたため逮捕され、建造物侵入罪、公務執行妨害罪、暴行罪で起訴された。教員らの犯罪行為を判断する前提として、全国学力調査が教育基本法や地教行法に反しないかが争点となった。

　最高裁判所は、憲法上、親は一定範囲においてその子女の教育の自由をもち、私学教育の自由及び教師の教授の自由も限られた範囲において認められるが、それ以外の領域においては、国は、こども自身の利益の擁護のため、またはこどもの成長に対する社会公共の利益と関心にこたえるため、必要かつ相当と認められる範囲において、こどもの教育内容を決定する権限を有するとし、教育行政機関が法令に基づき教育の内容及び方法に関して許容される目的のために必要かつ合理的と認められる規制を施すことは、必ずしも教育基本法の禁止するところではないとした。そして、全国学力調査は、教育基本法10条1項にいう教育に対する「不当な支配」ではないとし、被告人に公務執行妨害罪の成立を認めた。

②教科書検定事件（最判平成5・3・16）

　高等学校日本史教科書『新日本史』の執筆者であった家永三郎は、『新日本史』が教科書検定で不合格とされたことにより、精神的損害を被ったとして国家賠償請求訴訟を提起した。第一次訴訟の第一審では、教科

書検定は、憲法21条が禁じる検閲に当たらないとしたが、検定意見の一部に裁量権の濫用があるとして国に10万円の賠償を命じた。控訴審では、国の主張が全面的に採用され、裁量権の濫用もないとして、原告の敗訴となった。上告審は、第二審判決をほぼ踏襲し、上告を棄却し、原告の敗訴となった。

第二次訴訟では、家永は、1966（昭和41）年の検定における『新日本史』の不合格処分取消を求める行政訴訟を提起した。第一審では、教科書検定自体は違憲とまではいえないが、教科書の記述内容の当否に及ぶ検定は憲法が禁止する検閲に当たり、教育基本法10条にも違反するとし、処分取消請求を認めた。次に、控訴審では、検定判断が行政としての一貫性を欠くという理由で、国の控訴を棄却し、原告の勝訴となった。これに対して、上告審では、処分当時の学習指導要領がすでに改訂されているので、原告に処分取消を請求する訴えの利益があるか否かが問題になるとして、破棄差戻し判決を下した。これを受けて行われた差戻審では、学習指導要領の改訂により、原告は処分取消を請求する利益を失ったとして、第一審判決を破棄し、原告の訴えを却下した。

（4）義務教育の無償の意味

憲法26条2項が定める**義務教育の無償**の内容は、授業料や教材費、施設使用料などの教育に関わる基本的な費用が公費によって賄われることを意味している。最高裁判所も、憲法26条にある義務教育の無償は、保護者がその子女に義務教育を受けさせることに対して国はその対価を徴収しないことを定めたものであり、義務教育の無償とは授業料不徴収の意味であるとしている。また、憲法の規定を受けて、教育基本法5条4項では「国又は地方公共団体の設置する学校における義務教育については、授業料を徴収しない」と定め、義務教育の期間における授業料不徴収を定めることで、国公立の学校における義務教育無償制を制度的に保障している。なお、教科書については、その役割の重要性から、義務教育無償の精神をより広く実現するものとして、義務教育諸学校の教科用図書の無償に関する法律と義務教育諸学校の教科用図書の無償措置に関する法律に基づき、小中学校の全学年に無償給与されている。教科書無償給与の対象となるのは、国公私立の義務教育諸学校の全児童・生徒が

使用する全教科の教科書である。

(5) 教育を受ける権利の現代的課題

教育を受ける権利が憲法で保障されていても、適切な教育が提供されなければ意味がない。それゆえ、教育の質を高め、すべてのこどもたちに公平に教育の機会が与えられることが重要である。また、教育内容や方法も時代の変化に柔軟に対応する必要がある。例えば、ICT（情報通信技術）の活用やグローバルな視点を持った教育の推進などが求められる。

教育を受ける権利の現代的課題としては、教育機会の不平等と教育内容の質に関する問題をあげることができる。まず、経済的な格差や地域間の差異により、すべてのこどもが等しく質の高い教育を受けることができる環境にあるわけではないという現実がある。例えば、都市部と地方部での教育資源の分配に不均衡が生じていることが課題としてあげられる。また、教育の質についても、教育カリキュラムの一貫性や教員の質の向上が求められている。特に、特別支援教育の充実や、多様な文化背景を持つこどもたちに対する適切な教育の提供が課題となる。

次に、障害者に対する教育の問題をあげることができる。障害者基本法の改正により、障害者に対して**合理的配慮**を行うことが定められた（障害者基本法16条）。合理的配慮は、障害のあるこどもが、他のこどもと平等に教育を受ける権利を享有することを確保するために、学校の設置者および学校が必要かつ適当な変更や調整を行うことであり、障害のあるこどもが学校教育を受ける場合に、その状況に応じて必要とするものである。なお、合理的配慮の否定は、障害を理由とする差別に含まれることに留意する必要がある。

4 勤労権

(1) 勤労権の意味

勤労は労働を意味するが、**勤労権**は、働く意思と能力を持つ国民が国家に対して、勤労の機会を提供することを要求する権利を保障したものである。このため、勤労権は社会権に分類される。

（2）勤労権の内容

　憲法27条は、「すべて国民は、勤労の権利を有し、義務を負ふ」とし、勤労権を保障している。この規定の趣旨は、働く意思と能力を持つ国民は、国家に対して、雇用や失業対策など、就労の機会を提供することを要求する権利を保障されるとともに、国家に対して、国民が勤労しやすい環境を整備する責務を果たすことを求めるものである。ただし、憲法は、自由な経済活動を基本としているので、この規定を根拠に、国民が具体的な勤労の機会の提供を国家に請求できるものではない。勤労権の保障は、国家が立法および行政上の施策を講じることを責務として課したものであると考えられている。

　勤労権を実質的に保障するため、国は、公共職業安定所などの機関を整備し、積極的な求人開拓、求職者に対する情報提供や職業紹介等を実施している。なお、国が就職の機会をあっせんするに当たっては、本人の意思を尊重すべきであり、国による労務配置は許されない。また勤労権に関する法律としては、職業安定法、雇用対策法、高齢者雇用安定法、雇用保険法、健康保険法、厚生年金保険法などがある。

　次に、憲法27条2項は、「賃金、就業時間、休息その他の勤労条件に関する基準は、法律でこれを定める」として、勤労条件の基準を定める法律の制定を国の責務としている。本来、賃金等の労働条件を定める労働契約は、私的自治の原則の下で自由に決められるべきであるが、弱い立場にある労働者は、低賃金や過重労働などの条件を受け入れるよう強制される傾向がある。そこで、労働者の立場を保護するために、国が最低限度の基準を設定しなければならないという要請に応じる形で、勤労条件の基準の設定という国による一定の関与を認めて、契約の自由を制限している。この規定に関する法律としては、労働基準法、最低賃金法、労働安全衛生法、労働災害補償保険法などがある。また「勤労の義務を負ふ」という勤労の義務の規定は、国民の意思に反して働かせることを憲法18条が禁じているので、働かない自由を一切認めないということを意味するものではない。ただし、その能力があるにもかかわらず、働かずに生活の保障を国に求めることは許されない。なお、児童の酷使を禁ずることは当然のことではあるが、過去の反省を踏まえて明文で定めたものである。

(3) 勤労権の現代的課題

　勤労権の現代的課題は多岐にわたる。第一に、非正規雇用の問題があげられる。若年層や女性の非正規雇用が増えているとされ、安定した雇用やキャリア形成が困難な状況にある。第二に、過労の問題があげられる。長時間労働の常態化により、過労死や過労自殺の原因になっている。働き方改革が進められているものの、その実効性には課題が残っている。第三に、高齢者の雇用問題があげられる。高齢化が進み、シニア層の再雇用や定年延長が求められているが、職場での受け入れ態勢や待遇改善が不十分となっている。第四に、女性の労働環境があげられる。女性の社会進出が進む一方で、管理職への昇進や賃金格差といった問題がまだ残されている。

5　労働基本権

(1) 労働基本権の意味

　労働基本権とは、労働者が自らの労働条件を改善し、労働環境を整えるために必要な基本的な権利である。その趣旨は、使用者と労働者との関係を対等にすることにより、使用者に対して弱い立場にある労働者を保護することで、労働者が人間に値する職場環境や生活を享受できることを保障する点にある。

　労働基本権の法的性格は、**自由権的側面**と**社会権的側面**をあわせもつものとされている。自由権的側面としては、国家に対して、労働基本権の制限や、労働基本権を侵害する立法その他の行為を禁止することがあげられる。また、労働基本権は、優位な立場にある使用者と弱い立場にある労働者という関係において、弱者である労働者の権利保護を目的とするものであることから、国家との関係においてだけでなく、私人間にも直接適用される性質をもっている。すなわち、正当な争議行為によって使用者の財産権が侵害されたとしても、その行為が正当なものであれば、損害賠償を請求されることはない。また、使用者は、労働者が労働組合に加入したことや、争議行為に参加したことを理由に、解雇などの不利益的な取り扱いをすることはできない。次に、社会権的側面としては、国家に対して労働者の労働基本権を保障する措置を要求し、国家に

その施策を実現すべき義務を負わせることがあげられる。労働組合に関する立法や、不当労働行為の救済などに関する立法により、労働基本権の保障の実効化を図ることがこれにあたる。

（2）労働基本権の内容

①団結権

団結権は、労働者が労働組合を結成し、これに加入する権利であり、憲法28条で保障されている。団結権は、労働者が集団として団結し、共通の利益を追求するために重要な権利である。この権利が保障されることにより、労働者は労働条件の改善や賃金の引き上げを求めるための組織である労働組合を作ることができる。

労働組合は、労働者の権利を守るための組織であり、労働条件の改善や賃金の引き上げを求める活動を行う。労働組合は、労働者が集団として行動することで、使用者に対する交渉力を強化する役割を果たしている。労働組合法では、労働組合の結成や活動を規定しており、労働者の団結権を保障している。

②団体交渉権

団体交渉権は、労働者が労働組合を通じて使用者と労働条件や賃金について交渉する権利である。この権利は、労働者が公平な労働条件を確保するために必要であり、労働者の生活の質を向上させるための基盤となる。団体交渉権を行使することで、労働者は使用者と対等な立場で交渉し、労働条件の改善を図ることができる。

③団体行動権

団体行動権とは、労働者がストライキなどの集団行動を通じて自らの要求を実現するための権利である。この権利は、交渉が不調に終わった場合に行使されることが多い。団体行動権は、労働者が使用者に対して圧力をかけるための重要な手段であり、労働条件の改善を求める際に有効である。中でも、ストライキは、労働者が正当な手段として用いることができる行動である。ストライキが合法的に行われるためには、労働組合法に基づく適正な手続が必要である。

第9章　社会権　　133

(3) 労働基本権の制限

労働基本権の行使が他の権利や利益と衝突する場合、法によってその行使が制限されることがある。この制限は、公共の福祉や社会秩序を維持するために必要とされる。特に、公務員の労働基本権には制限があり、労働組合法によって、警察官や自衛隊員などの特定の公務員は、ストライキ権などが制限されている。これは、公共の安全や国の防衛に関わる業務を遂行するために必要な措置である。

(4) 労働基本権の現代的課題

労働基本権に関する現代的課題は、多様化する労働形態とそれに伴う法的保護があげられる。働き方が多様化することにより、非正規雇用や短期契約などの仕事が普及し、労働基本権が行使しにくい状況が起きている。特に、非正規雇用労働者は、正規雇用労働者と比較すると、賃金や福利厚生など、労働条件の面で大きな違いがある。これにより、団結権や団体交渉権を行使しにくい状況が生まれ、労働条件の改善が進みにくくなっている。また、労働組合に加入している人が雇用者に占める割合を示す推定組織率が年々低下しており、労働組合のあり方も問われている。

練習課題
- 社会権が登場した背景について説明しなさい。
- 生存権が保障されることの社会的意義を述べなさい。
- プログラム規定説と具体的権利説の違いを説明しなさい。
- 「旭川学力テスト事件」と「教科書検定事件」が教育権の所在に関する議論に与えた影響を述べなさい。
- 勤労権と労働基本権の現代的課題とその解決策を提案しなさい。

第**10**章

国務請求権・参政権・国民の義務

1 国務請求権

　国民には、他の憲法上の権利に加えて、国家に対して何らかの請求をする権利が保障されている。これらを総称して、**国務請求権**という（単に請求権、あるいは、受益権とよばれることもある）。一般に、国務請求権には、①請願権、②裁判を受ける権利、③国家賠償請求権、④刑事補償請求権の四つが含まれるとされる。

（1）請願権

　憲法16条は、「何人も、損害の救済、公務員の罷免、法律、命令又は規則の制定、廃止又は改正その他の事項に関し、平穏に請願する権利を有し、何人も、かかる請願をしたためにいかなる差別待遇も受けない」と規定している。本条によって保障される国家に対して希望を述べる権利を、**請願権**という。請願権は、「歴史的には、専制君主の絶対的支配に対して、国民が自己の権利の確保を求める手段として発達してきた権利であり、かつては国民が政治的意思を表明するための有力な手段であった」（芦部 2023: 279）と解されることから、参政権の一つとしての性格が強調される場合がある。とはいえ、日本国憲法をはじめとする近代憲法においては、（政治的）表現の自由や参政権が明文によって保障されている。そのため、請願権は、参政権を認められない未成年者や外国人にとって、積極的な意義を有しているといえるであろう（長谷部 2022: 309参照）。

135

本条前段の保障する権利を行使するための手続は、請願法において規定されている。また、本条後段において保障される請願したことを理由として差別的待遇を受けない権利は、請願法6条にも明定されている。ただし、同法5条が、「請願は、官公署において、これを受理し誠実に処理しなければならない」と規定するにとどまっていることから、請願は法的拘束力を生じさせるものではないと解されている。実際、第211回国会（常会）（2023（令和5）年1月23日～6月21日）において衆議院に提出された請願3,162件のうち、採択されたものは454件（割合にして約14.4%）であった（衆議院事務局「衆議院の動き」31号333頁（令和6年3月））。

（2）国家賠償請求権

国家の行為によって損害を被った場合、その賠償を求めることができる。これを**国家賠償請求権**という。憲法17条は、「何人も、公務員の不法行為により、損害を受けたときは、法律の定めるところにより、国又は公共団体に、その賠償を求めることができる」と規定している。この権利を具体化する法律として、国家賠償法（以下「国賠法」という）が制定されている。国賠法の規定する国家賠償の類型は、本条の規定する「公務員の不法行為」を直接の内容とする「公権力の行使に関する賠償」および「営造物の瑕疵に関する賠償」の二つに大別される。以下、それぞれにつき詳述する。

（ア）公権力の行使に関する賠償

国賠法1条1項は、「国又は公共団体の公権力の行使に当る公務員が、その職務を行うについて、故意又は過失によつて違法に他人に損害を加えたときは、国又は公共団体が、これを賠償する責に任ずる」と規定している。たとえば、東京都の職員が職務として公用車を運転中に事故を起こした場合、被害者は、同項に基づき、（加害者である職員ではなく）東京都にその損害を賠償するよう請求することができる。

同項について、3点補足しておく。

(a)「公権力の行使」とは、物品の購入のように、私人と同等の立場において行われる行為（純私経済作用）、および、後述する国賠法2

条の対象となるものを除くすべての国家作用を指す。これを**広義説**という。

　公権力の行使に関しては、公立学校における体育（水泳）の授業として、教諭がプールにおいて助走をして飛び込む方法を指導したところ、生徒が水底に頭を激突させ全身麻痺の障害を負うこととなった事例がある。本件において最高裁判所は、「国家賠償法1条1項にいう「公権力の行使」には、公立学校における教師の教育活動も含まれるものと解するのが相当であ〔る〕」と判示し、国家賠償を肯定している（横浜市立中学校プール事故訴訟：最判昭和62・2・6）。

(b) 「その職務を行うについて」とは、公務員の主観的な意図にかかわらず、客観的にみて職務を執行しているという外形を備えていることを必要とする趣旨である。このような考え方を、**外形標準説**という。

　判例として、非番警察官強盗殺人事件（最判昭和31・11・30）がある。勤務時間外に制服を着用して職務質問を行った警察官が虚偽の嫌疑により預かった所持品を持ち逃げようと企図し、携行していた拳銃で被害者を射殺したことから、遺族が国家賠償を求めた事例である。本件では、当該警察官に職務執行の意思があるとは到底いえないところ、国賠法1条1項にいう、「その職務を行うについて」に該当するかどうかが争われた。最高裁判所は、「公務員が主観的に権限行使の意思をもつてする場合にかぎらず自己の利をはかる意図をもつてする場合でも、客観的に職務執行の外形をそなえる行為をしてこれによつて、他人に損害を加えた場合には、国又は公共団体に損害賠償の責を負わしめて、ひろく国民の権益を擁護することをもつて、その立法の趣旨とするものと解すべきである」と判示し、国家賠償を認めている。

(c) 結果を予見することができ、これを回避することが可能であるにもかかわらず、回避するための行動を怠った場合、公務員に、国賠法1条1項にいう「過失」があったとされる。また、同項にいう「違法」については、公務員としての職務上の注意義務違反がある場合に違法性が認められ、過失の有無と違法性の有無は実質

的に同義となるとする**職務行為基準説**が判例の立場である。

　職務行為基準説を採用した判例として、奈良民商事件（最判平成5・3・11）を取り上げる。本件は次のような事例である。質問検査（いわゆる税務調査）の実施に際して、その対象となった納税者は、第三者の立会いを要求してこれに応じなかった。所轄税務署長は、独自に取得した情報に基づいて、当該納税者に対する所得税の更正（納税義務者の行った納税申告の内容を是正する課税処分）を行った。ところが、争訟手続においてその一部が違法であるとして取り消された。そこで、当該納税者は、国家賠償を求めて訴訟を提起した。本件において最高裁判所は、「税務署長のする所得税の更正は、所得金額を過大に認定していたとしても、そのことから直ちに国家賠償法1条1項にいう違法があったとの評価を受けるものではなく、税務署長が資料を収集し、これに基づき課税要件事実を認定、判断する上において、職務上通常尽くすべき注意義務を尽くすことなく漫然と更正をしたと認め得るような事情がある場合に限り、右の評価を受けるものと解するのが相当である」と判示している（なお、本件においては、「本件各更正における所得金額の過大認定は、専ら被上告人〔納税者〕において本件係争各年分の申告書に必要経費を過少に記載し、本件各更正に至るまでこれを訂正しようとしなかったことに起因するものということができ、奈良税務署長がその職務上通常尽くすべき注意義務を尽くすことなく漫然と更正をした事情は認められない」として、請求は棄却されている）。

　次に、同条2項は、「前項の場合において、公務員に故意又は重大な過失があつたときは、国又は公共団体は、その公務員に対して求償権を有する」と規定している。ここに、**求償権**とは、「他人の行為によって損害賠償義務を負担させられた者が一定の要件の下にその他人に対して返還を請求する権利」をいう（高橋ほか 2016: 211）。被害者に対する賠償責任は、第一義的には国家が負いつつも、故意または重過失のあった公務員に対しては、国家が求償権を有することとなる。すなわち、国家の負う賠償責任は、加害行為を行った公務員に代位するものであり（**代位責任説**）、被害者は、加害公務員の個人責任を追及することはできないと解さ

れている（湯前町農地委員会解散事件：最判昭和30・4・19参照）。この点は、被害者は、使用者（加害者の勤務先である企業等）とともに、加害者個人に対しても責任を追及できる民法上の不法行為責任（民法709条、715条）とは対照的である。

（イ）営造物の瑕疵に関する賠償

　公教育のための学校、人や物の輸送のための道路、港湾、空港など、行政目的を達成するためには、さまざまな施設や設備が必要となる。これらに何らかの不備があったことに起因して、われわれ国民が損害を被ることもありうる。そこで、国賠法2条1項は、「道路、河川その他の公の営造物の設置又は管理に瑕疵があつたために他人に損害を生じたときは、国又は公共団体は、これを賠償する責に任ずる」として、営造物の瑕疵に関する国家の賠償責任を規定している。

　営造物の設置または管理に係る瑕疵の意義および国家の負うべき責任に関するリーディングケースとして、高知国道落石事件（最判昭和45・8・20）がある。本件は、高知県が、落石や崩土の起きている道路であるにもかかわらず、財政上の理由等により、通行の安全を確保する措置を講じていなかったところ、軽トラックに同乗していた青年が、落下してきた巨石の下敷きとなって即死した事例である。最高裁判所は、国賠法2条1項の規定する瑕疵とは、当該「営造物が通常有すべき安全性を欠いていること」をいうとしたうえで、「国および公共団体の賠償責任については、その過失の存在を必要としないと解するを相当とする」と判示している。営造物の瑕疵に関する国家の賠償責任は**無過失責任**であり、前述した公権力の行使に関する賠償責任と異なり、過失を前提としていない。近代法における過失責任の原則に対する例外である。

　ただし、無過失責任であるとはいえ、結果責任であるというわけではない。たとえば、駅のホームに点字ブロックが敷設されていなかったことから、視力障害者が足を踏み外して線路に転落してしまい、電車に両脚を轢過され両脚切断の重傷を負い、国家賠償を請求した裁判例がある。現在でこそ、さまざまな場面において、われわれは、点字ブロックの存在を確認することができる。しかし、点字ブロックが導入されたばかりの時期においては、これが整備されていなかったからといって、直

ちに「通常有すべき安全性を欠いている」ということにはならない。本件において最高裁判所は、点字ブロックのような「新たに開発された視力障害者用の安全設備」が、「視力障害者の事故防止に有効なものとして、その素材、形状及び敷設方法等において相当程度標準化されて全国的ないし当該地域における道路及び駅のホーム等に普及しているかどうか、当該駅のホームにおける構造又は視力障害者の利用度との関係から予測される視力障害者の事故の発生の危険性の程度、右事故を未然に防止するため右安全設備を設置する必要性の程度及び右安全設備の設置の困難性の有無等の諸般の事情を総合考慮することを要する」と判示している（点字ブロック未設置転落事件：最判昭和61・3・25。なお、差戻後控訴審の段階で和解が成立している）。

　また、営造物に係る物理的な欠陥（**物的性状瑕疵**）のみならず、その目的に沿った利用により危害が生じた場合（**供用関連瑕疵**）についても、同条により国家が賠償責任を負う。航空機の発する騒音により、会話の妨害、テレビ・ラジオの視聴の支障、睡眠妨害等日常生活のあらゆる面に大きな被害を受けていた周辺住民が、大阪国際空港（伊丹空港）の設置管理を行っていた国（当時）を被告として、国家賠償請求訴訟を提起した事例がある。最高裁判所は、「営造物が有すべき安全性を欠いている状態」を「他人に危害を及ぼす危険性のある状態」であると解したうえで、「当該営造物を構成する物的施設自体に存する物理的、外形的な欠陥ないし不備によつて一般的に右のような危害を生ぜしめる危険性がある場合のみならず、その営造物が供用目的に沿つて利用されることとの関連において危害を生ぜしめる危険性がある場合をも含み、また、その危害は、営造物の利用者に対してのみならず、利用者以外の第三者に対するそれをも含むものと解すべきである」と判示している（大阪国際空港公害訴訟：最大判昭和56・12・16。本件では、過去の損害に関する賠償を認められたものの、将来の損害に関する賠償は認められなかった）。

(3) 裁判を受ける権利

　近世以前において行われていた暴力や権力といった「力による支配」ではなく、「**法の支配**」が貫徹されることが、近代立憲主義国家における前提である。これを実現するのが、司法権であり、また、裁判を通じた

法的紛争の解決を図る制度である。国民の視点からいえば、裁判所ない
し裁判制度へのアクセスが保障されていることが、法治国家の前提をな
しているといえよう。そこで、憲法32条は、「何人も、裁判所において
裁判を受ける権利を奪はれない」と規定し、**裁判を受ける権利**を保障し
ている。

　憲法32条にいう「裁判」に、裁判官以外の者の参加が許容されるか
（換言すれば、裁判官以外の者の参加する裁判体が、同条にいう「裁判所」に該当す
るか）という問題がある。裁判所法3条3項は、「この法律の規定は、刑
事について、別に法律で陪審の制度を設けることを妨げない」と規定し
ており、陪審制、すなわち、「司法手続のうち事実（の）認定に法律の素
人である一般国民を関与させる制度」（高橋ほか2016: 1069）の可能性を肯
定している。これに関して、裁判員法（裁判員の参加する刑事裁判に関する法
律）が憲法32条等に違反するかが争われた事例がある。裁判員裁判合憲
判決（最大判平成23・11・16）は、「憲法は、一般的には国民の司法参加を
許容しており、これを採用する場合には、上記の諸原則が確保されてい
る限り、陪審制とするか参審制とするかを含め、その内容を立法政策に
委ねていると解される」としたうえで、「裁判員が、様々な視点や感覚を
反映させつつ、裁判官との協議を通じて良識ある結論に達することは、
十分期待することができる。他方、憲法が定める刑事裁判の諸原則の保
障は、裁判官の判断に委ねられている」として、裁判員裁判を合憲と判
示している。

（4）刑事補償請求権

　わが国における刑事裁判は、一般に、警察官等による捜査、検察官に
よる起訴、裁判官による判決を通じて行われる。これらは、人のなす営
みである以上、過誤が発生する可能性は否定できず、適正な手続に従っ
てもなお無実の者が拘束される等のおそれがある。この点は、芦別国家
賠償請求事件（最判昭和53・10・20）において、次のように判示されてい
るところからも明らかである。「刑事事件において無罪の判決が確定し
たというだけで直ちに起訴前の逮捕・勾留、公訴の提起・追行、起訴後
の勾留が違法となるということはない」（つまり、前述の国家賠償の対象とは
ならない）。なぜなら、「逮捕・勾留はその時点において犯罪の嫌疑につい

て相当な理由があり、かつ、必要性が認められるかぎりは適法であり」、また、公訴の提起は、「起訴時あるいは公訴追行時における各種の証拠資料を総合勘案して合理的な判断過程により有罪と認められる嫌疑があれば足りるものと解するのが相当である」からである。

　このような事態が生ずることを前提として、憲法40条は、「何人も、抑留又は拘禁された後、無罪の裁判を受けたときは、法律の定めるところにより、国にその補償を求めることができる」と規定し、刑事補償請求権を保障している。刑事補償請求権は、「明治憲法には規定がなく、現実の補償もきわめて不十分であった」（芦部2023: 282）ことから、日本国憲法において明文の規定が置かれたものと解されている。この権利を実現するための「法律」として、刑事補償法が制定されている。同法において、具体的な補償金の額が、抑留等の事由に応じて規定されている。

2　参政権

　近代民主主義国家において、国民が国家の意思決定に参画する権利（参政権）が保障されることは、国民主権の理念を全うするうえできわめて重要な意義をもつ。とりわけ、議会制民主主義を採用するわが国にあっては、一般に、国民は選挙を通じて、国家運営に関与することとなる。したがって、参政権の中心に位置づけられるのは、選挙権および被選挙権である。これらのほか、憲法に明定されている公務員の選定罷免権をも、本節において取り上げることとする（ただし、広義には、国民投票権や公務就任権も、参政権の一内容を構成すると考えてよいであろう）。

　人権の享有主体として、日本国籍をもつ者（日本国民）のほか、外国籍をもつ者（外国人）や団体（法人や法人格のない組織等）が想定されるところ、国民主権の理念に従えば、参政権は日本国民に限って保障される（そうであればこそ、前述の請願権は、外国人等にとって意義があるということになる。なお、人権の享有主体性については第4章参照）。

(1) 公務員の選定罷免権

　憲法15条1項は、「公務員を選定し、及びこれを罷免することは、国民固有の権利である」と規定し、公務員の選定罷免権を保障している。ただ

し、同項は、すべての公務員の選定・罷免につき、直接に国民がこれを行うことをその趣旨とするものではないと解されている（芦部 2023: 283。実際、いわゆる公務員試験を経て任用される職員等については、国民による直接の選定は行われていない。判例として、最大判昭和24・4・20参照）。

公務員の選定制度として、（2）において後述する**選挙**がある。公務員の罷免制度として、国においては、たとえば、憲法79条2項・3項に基づく**最高裁判所裁判官国民審査**がある（これを実施する法律として、最高裁判所裁判官国民審査法（国民審査法）が制定されている）。また、地方公共団体においては、議会の**解散請求**（地方自治法76条）ならびに議員および長の**解職請求**（同法80条、81条）が、それぞれ存在する（**直接請求制度**）。これらは、選挙権を有する住民に認められた権利である。

公務員の罷免に関する判例として、在外邦人国民審査訴訟（最大判令和4・5・25）がある。本件は、外国に居住する日本国民（在外国民）に対して国民審査に係る審査権の行使を認めない国民審査法は憲法に違反するとして、在外国民である原告らに次回の国民審査において審査権の行使を認めないことは違法であることの確認等を求めて訴訟を提起した事例である。最高裁判所は、「憲法は、選挙権と同様に、国民に対して審査権を行使する機会を平等に保障しているものと解するのが相当である」としたうえで、「国民審査法が在外国民に審査権の行使を全く認めていないことは、憲法15条1項、79条2項、3項に違反するものというべきである」と判示している。

（2）選挙権・被選挙権

前述のとおり、選挙権および被選挙権は、**国民主権**の理念を全うするために不可欠の権利である。国家における政治のあり方を決定する力が国民にあるならば、これを現実化するための制度が設けられていなければならない。順番は前後するものの、以下、それぞれにつき概観する。

（ア）被選挙権

選挙において当選しうる憲法上の権利を**被選挙権**という。被選挙権の根拠について、学説では、憲法13条、14条1項、15条1項を挙げる見解がある（長谷部 2017: 225–226参照）。この点について判例は、「被選挙権を有

し、選挙に立候補しようとする者がその立候補について不当に制約を受けるようなことがあれば、そのことは、ひいては、選挙人の自由な意思の表明を阻害することとなり、自由かつ公正な選挙の本旨に反することとならざるを得ない。この意味において、立候補の自由は、選挙権の自由な行使と表裏の関係にあり、自由かつ公正な選挙を維持するうえで、きわめて重要である。このような見地からいえば、憲法15条1項には、被選挙権者、特にその立補候の自由について、直接には規定していないが、これもまた、同条同項の保障する重要な基本的人権の一つと解すべきである」と判示している（三井美唄炭鉱事件：最大判昭和43・12・4）。

　現実の制度においては、公職選挙法により、被選挙権の行使（立候補）に対する一定の制約が設けられている（被選挙権年齢について10条、欠格事由について11条および11条の2、供託制度について92条をそれぞれ参照）。

　2024（令和6）年7月に行われた東京都知事選挙において、公職選挙法がこれまでに想定してこなかった「候補者と別の写真を使ったり同一のものを多数張ったりする事態」や、「政治団体に寄付した人が自由にポスターが張れるようするなど、事実上、ポスター枠を販売するケース」が生じた（「ポスター規制　法改正議論　都知事選、別人写真や同一多数…　公選法に規定なく」日本経済新聞朝刊2024年6月26日4面）。このような事態を受けて、供託金の額の引き上げが俎上に載せられている。しかし、十分な資金をもたない国民が被選挙権の行使につき制約を受けるのみであり、問題の（根本的な）解決には至らないであろう。憲法によって保障される（政治的）表現の自由に対する制約は、安易に認められるべきではない。また、国民主権の原理に照らして、被選挙権に対する規制は、国民による直接の政治参加を規制することにつながる点を認識しなければならない。前述の判例が明示するとおり、公職選挙法の改正による「自由かつ公正な選挙を維持する」制度の実現が求められる一方、人権保障の観点からは慎重に議論を進めるべきであろう。

（イ）選挙権

　字義どおりではあるものの、**選挙権**とは、選挙に参加する権利をいう。国家の一員として、選挙を通じて国政に参画することは、国民に認められた「権利」であるとともに、国民の果たすべき「**責務**」としても位置

づけられる。これを**二元説**という。このような理由から、投票を「国民の義務」の一つとして規定することもありえよう（たとえば、イタリア憲法48条2項後段参照。なお、法律レベルの義務投票制度として、オーストラリア連邦選挙法245条参照）。

　選挙権をめぐる重要な判例として、在外邦人選挙権訴訟（最大判平成17・9・14）がある。本件は、前述の在外邦人国民審査訴訟（最大判令和4・5・25）と同様に、在外国民に対して選挙権の行使を認めない（当時の）公職選挙法は憲法に違反するとして、在外国民である原告らが、次回の国政選挙において選挙権を行使できる地位にあることの確認等を求めて訴訟を提起した事例である。最高裁判所は、「憲法は、国民主権の原理に基づき、両議院の議員の選挙において投票をすることによって国の政治に参加することができる権利を国民に対して固有の権利として保障しており、その趣旨を確たるものとするため、国民に対して投票をする機会を平等に保障しているものと解するのが相当である」としたうえで、「遅くとも、本判決言渡し後に初めて行われる衆議院議員の総選挙又は参議院議員の通常選挙の時点においては、衆議院小選挙区選出議員の選挙及び参議院選挙区選出議員の選挙について在外国民に投票をすることを認めないことについて、やむを得ない事由があるということはできず、公職選挙法附則8項の規定のうち、在外選挙制度の対象となる選挙を当分の間両議院の比例代表選出議員の選挙に限定する部分は、憲法15条1項及び3項、43条1項並びに44条ただし書に違反するものといわざるを得ない」と判示している。

　以下、選挙の諸原則のうち、とくに重要なものとして憲法が規定する、普通選挙、平等選挙および秘密選挙について確認する。

（a）普通選挙

　憲法15条3項は、「公務員の選挙については、成年者による普通選挙を保障する」と規定し、**普通選挙**の原則を宣言している。また、憲法44条本文は、「両議院の議員及びその選挙人の資格は、法律でこれを定める」と規定し、選挙権および被選挙権の具体的な内容を法律にゆだねている。当該法律が、公職選挙法である。同法9条は選挙権を、同法10条は被選挙権を、それぞれ規定している。

歴史を顧みると、各国における選挙人たる資格には、身分や性別、納付税額等による制限が付されていた。わが国においては、衆議院議員選挙法（当時）が1925（大正14）年に改正され、納付税額を問わない男子普通選挙が導入される以前は、納付税額に基づいて、一部の国民にしか選挙権が認められていなかった。その後、1945（昭和20）年改正により、（納付税額のみならず）性別をも問わない普通選挙が導入された。近年では、公職選挙法が2015（平成27）年に改正され、いわゆる選挙権年齢が満18歳に引き下げられている（なお、2018（平成30）年に行われた民法改正により、成年年齢も18歳に引き下げられた）。

　（b）平等選挙

　憲法44条ただし書は、選挙人の資格につき、「人種、信条、性別、社会的身分、門地、教育、財産又は収入によつて差別してはならない」と規定している。同条は選挙における平等を保障しているところ、その具体的な内容もまた、公職選挙法にゆだねられている。これについて、判例は、「選挙権の内容、すなわち各選挙人の投票の価値の平等もまた、憲法の要求するところであると解するのが、相当である」としている（衆議院議員定数不均衡違憲訴訟：最大判昭和51・4・14）。たとえば、同法を改正し、意思能力のない「0歳児」にも選挙権を認め、親権者等がこれを代わりに行使する制度を導入したと仮定する。判例によれば、このような制度は、実質的には、子どもの有無に基づく複数投票制（特定の者に複数の投票権を認める制度）であり、**平等選挙**を保障する憲法に正面から違反すると解される（なお、議員定数の不均衡については、第6章参照）。

　（c）秘密選挙

　選挙において、どの候補者に投票したかを秘密にしておく制度を、**秘密選挙**（または**秘密投票**）という。これは、「主として社会における弱い地位にある者の自由な投票を確保するために、広く諸外国で採用されている原則である」（芦部2023: 289）とされる。わが国においても、憲法15条4項は、「すべて選挙における投票の秘密は、これを侵してはならない。選挙人は、その選択に関し公的にも私的にも責任を問はれない」と規定し、秘密選挙を保障している。これについて、公選投票賄賂罪合憲判決

（最大判昭和24・4・6）は、たとえ選挙犯罪をめぐる刑事手続であっても、「何人が何人に投票したかの審理をすることは許されないものと解すべきである」と判示している。秘密選挙を実現するため、公職選挙法は、①投票者の氏名の投票用紙への記載の禁止（46条4項）、②投票した候補者の氏名等の陳述義務の否認（52条）等を規定している。

3　国民の義務

憲法は、さまざまな人権を保障している一方で、国民の義務として、①子女に教育を受けさせる義務（26条2項前段）、②勤労の義務（27条1項）、③納税の義務（30条）を規定している。比較憲法的にみれば、このように、国民の義務に関する規定をもつ例は、①につきイタリア憲法30条1項、韓国憲法31条2項、②につき韓国憲法32条2項、中国憲法42条1項、③につきイタリア憲法53条、韓国憲法38条、中国憲法56条等がある（各国憲法の条文は、初宿・辻村（2020）を参照した）。

しかしながら、「権力を拘束しその濫用から国民の権利を守るという立憲主義の観点からみると……国民の義務に関する規定を置くとしても限定するべきだとも考えられる」とする見解もある（上田 2022: 10）。本節では、三つの義務規定の内容を概観する。

（1）子女に教育を受けさせる義務

憲法26条2項前段は、「すべて国民は、法律の定めるところにより、その保護する子女に普通教育を受けさせる義務を負ふ」と規定している。**子女に教育を受けさせる義務**を負うのは、第一義的には、「保護する子女」を有する者、すなわち、「親ないし親権者」である（芦部 2023: 296）。本条のいう「法律」に目を移してみると、学校教育法16条は、「保護者（子に対して親権を行う者（親権を行う者のないときは、未成年後見人）をいう。以下同じ）は、次条に定めるところにより、子に9年の普通教育を受けさせる義務を負う」と規定している。このように、本条は、子どもの教育を受ける権利（第9章参照）をより確固たるものとするため、親の責務を明定していると解される。

第10章　国務請求権・参政権・国民の義務　　147

（2）勤労の義務

憲法27条1項は、「すべて国民は、勤労の権利を有し、義務を負ふ」として、**勤労の義務**を規定している。「私有財産制がみとめられ、職業選択の自由が保障されている以上、勤労せずに生活すること——不労所得生活——が禁止されているわけではない」（宮澤 1978: 278）のであるから、本条は、「法律により勤労を国民に強制することができるという意味ではない」（芦部 2023: 300）と理解すべきである。そうであるとすれば、「勤労の義務が憲法上明定されていることが不可欠とは言えないように思われる」（駒村 2020: 58）であろう。

（3）納税の義務

近代国家において、これを維持運営するための財政需要は、租税収入によって賄われる（租税国家）。その負担は、第一義的には、国民全体に帰さなければならない。そこで、憲法30条は、「国民は、法律の定めるところにより、納税の義務を負ふ」と規定している。大嶋訴訟（最大判昭和60・3・27）の判示するように、「租税は、国家が、その課税権に基づき、特別の給付に対する反対給付としてでなく、その経費に充てるための資金を調達する目的をもつて、一定の要件に該当するすべての者に課する金銭給付」であり、「民主主義国家にあつては、国家の維持及び活動に必要な経費は、主権者たる国民が共同の費用として代表者を通じて定めるところにより自ら負担すべきもの」と位置づけるならば、本条は、当然のことがらを規定しているにすぎないと解されよう。

むしろ、本条の力点は、「法律の定めるところにより」の部分にある。すなわち、「法律の定めるところ」によらない限り、**納税の義務**を賦課されることはない。このような考え方を、**租税法律主義**という（第14章参照）。他方、「法律の定め」が存する限り、日本国民以外の主体に対する課税も、同条に違反するものではない。事実、租税実定法において、国民のみならず、外国人や法人もまた、納税義務者となりうる。たとえば、個人はその国籍にかかわらず、①住所等が国内にある場合、②住所等が国外にあっても、所得の源泉が国内に存する場合には、所得税の納税義務者となる（所得税法5条1項、2条1項3号。外国人の納税義務につき、在日外国人酒類密造事件（東京高判昭和28・1・26）参照）。また、法人税法の納税義務

者は、法人である（法人税法4条、2条3号。法人（および人格のない社団等）の納税義務につき、労音事件（東京高判昭和47・6・28）参照。なお、わが国において、外国人および法人に対する所得課税は、早くも明治時代に導入されている（1899（明治32）年改正後の旧所得税法1条、2条、3条参照））。

　仮に、本条が憲法に置かれていなくとも、憲法84条の規定するとおり、国家は、法律の制定を通じて、租税を賦課徴収することができる。このことから、「本条が持ち得る法律学上の意義は不確かである」とも解されている（長谷部 2020: 147）。

練習課題
- 請願権の意義について、説明せよ。
- 公立学校の教員が不適切な指導をして児童・生徒・学生が損害を被った場合における賠償責任について、私立学校における場合と対比させながら説明せよ。
- 裁判員裁判は、憲法の保障する「裁判を受ける権利」を侵害するか、論ぜよ。
- 公務員の選定・罷免をめぐり、国民の居住地によって差を設けることは許容されるか、論ぜよ。
- 「国民」ではない外国人や法人に対する課税は、どのように正当化されるか、説明せよ。

第**11**章

国会

1 国会の地位

（1）国民の代表機関

　日本国憲法は、国民主権の原則を掲げるとともに、国政が国民の厳粛な信託によるものであること、その権威は国民に由来し、その権力は国民の代表者がこれを行使することを宣言している（前文第1段）。わが国は、国民主権を基礎とする**代表民主制**（**間接民主制・代議制**）を採用しているのである。国会は「全国民を代表する選挙された議員」によって組織される（43条1項）、国民代表機関である。国会は、主権者国民を代表する機関として、立法権をはじめとする国政上重要な様々な権能を有している。

　国会議員は、国民の一部の代表としてではなく、全国民を代表すべきであり、自己の選挙区の有権者や支持団体等いかなる者の指図にも拘束されず独立してその職務を行うべきものとされる（**自由委任の原則**・強制委任の禁止）。ただ後述するように、現代議会制の現実においては、政党の発達によって議員に対する所属政党からの拘束（衆参両院における**会派**所属議員に対する「**党議拘束**」）が強くなっている。

（2）国権の最高機関

　憲法は、国会を「国権の最高機関」としているが（41条）、これは、国会が主権者である国民によって直接選出される機関であり、また、国会

が議決する法律・予算が国政の準則となることから、国会が国政において中心的地位を占めることを強調する「政治的美称」である（通説）。これに対して、「国権の最高機関」という文言を根拠として国会が国政全般を統括する権能を有する機関であるとする「統括機関説」も少数説として存在するが、三権の相互抑制・均衡という権力分立原理と矛盾する主張であり、支持する者は少ない。

(3) 国の唯一の立法機関

憲法は、国会を「唯一の立法機関」（41条）としているが、その具体的な内容は、①**国会中心立法の原則**、および②**国会単独立法の原則**だとされる。

まず、①国会中心立法の原則とは、「**実質的意味の法律**」（＝**法規**：国民の権利・義務に関する一般的・抽象的法規範）の制定・改廃は、国会のみが行うことができ、例外は憲法に特別の定めのある場合（両議院規則（58条2項本文）、最高裁判所規則（77条1項））に限られるということである。内閣が制定する政令（73条6号）などの「命令」は、法律の委任に基づく「**委任命令**」あるいは法律を執行するための細目を定める「**執行命令**」のみが認められ、明治憲法下で存在した緊急勅令（明治憲法8条）・独立命令（同9条）のような制度は、現行憲法下では許されない。

つぎに、②国会単独立法の原則とは、国会による立法は、国会以外の機関の参与を必要とせずに成立するということである。「法律案は、この憲法に特別の定のある場合を除いては、両議院で可決したとき法律となる」（59条1項）のであり、明治憲法における法律に対する天皇の「裁可」（明治憲法6条）や大統領制の下での拒否権のような別の国家機関による立法手続への関与を否定する趣旨である。「この憲法に特別の定のある場合」のうち、「一の地方公共団体のみに適用される特別法」の制定につき、当該地方公共団体における住民投票で過半数の同意を得ることを要件としていること（95条）が、この原則の例外である。

なお、国会単独立法の原則との関係で、内閣の法律案提出権（内閣法5条）が問題となるが、憲法72条の「議案」に法律案も含まれるという解釈が可能なこと、および日本国憲法が採用している議院内閣制が国会と内閣との緊密な連携・協働を前提とする政治制度であることなどから、

違憲ではないと解されている（⇒第12章第2節「議院内閣制」）。

2 国会の組織

（1）両院制

　両院制（二院制ともいう）は、議会を下院・上院という二つの議院によって構成する仕組みのことである。これに対して、議会が単一の議院からなるものを一院制という。アメリカ（下院・上院）、イギリス（庶民院・貴族院）、フランス（国民議会・元老院）など、主要先進諸国では両院制が採られていることが比較的多い。わが国では、明治憲法下の**帝国議会**が衆議院と**貴族院**によって構成され、現行憲法下でも国会を衆議院および参議院により組織する両院制が採られている（42条）。

（ア）両院制の意義ないし目的

　両院制の意義は、議会を二つの議院で構成し、ある議案について両院で審議・議決することを通して、議会における国政の慎重な審議・決定を確保することに求められる。両院を組織する具体的な方策として、イギリスのように国家の内部に特権階級（＝貴族）が残っている国では、平民の代表である下院（＝庶民院）に対して、上院（＝貴族院）に特権階級を代表する役割を担わせており（明治憲法下の帝国議会における貴族院もこれに同じ）、連邦制の国々では、下院が連邦全体の代表機関であるのに対して、連邦を構成する各州の代表を確保する機関として上院を位置付けている。こうした国々のような、貴族制度の残存や連邦制の採用といった事情を持たない国家、たとえばフランスでは、上院（＝元老院）を「地方公共団体の代表」（第5共和国憲法23条3項）としているが、日本やイタリアのように、上下両院とも国民代表機関と位置付けている国においては、両院制の意義はもっぱら慎重な審議・決定の確保に求められることになる。

（イ）衆参両院の組織・構成

　衆議院・参議院のいずれも同じく「全国民を代表する選挙された議員」によって組織される議院であり、両院制を有意なものとするためには、

それぞれの組織・構成・選挙制度等に独自性を持たせる必要がある。以下、議員の任期・改選の方法・解散の有無の3点から両院の違いを示す。

衆議院は、議員の任期は4年だが、解散により任期満了前に任期が終わることがある。任期満了・解散いずれの場合も議員全員が一斉に改選される（＝**衆議院議員総選挙**）（以上、憲法45条）。参議院は、議員任期は6年で、3年毎に議員の半数が改選される（＝**参議院議員通常選挙**）。衆議院と異なり解散制度は存在しない（以上、同46条）。

両者を比較すると、衆議院は、任期が参議院より短いだけでなく任期満了前の解散もあり、しかも全議員が一斉に改選されることで、参議院よりも民意（＝有権者たる主権者国民の意思）の変化に敏感に反応できるのに対して、参議院は、任期が衆議院より長く解散もなく、3年毎に半数ずつ改選されることで、民意の反映という点で衆議院より劣るが、国会における安定性・継続性の確保という点で優れている。両院制は基本的には両議院の対等を原則とするが、憲法が両議院の議決が異なる場合の多くについて衆議院の優越を定めているのは、両議院の意思不一致による国政の停滞を防ぐため、より民意に近い衆議院に（両院制の趣旨を損なわない限りで）優越的地位を認める一方で、安定性・継続性を帯びた参議院には、衆議院の拙速を抑止し再考を促す役割（期待を込めて「良識の府」と呼ばれることがある）を期待しているといえる（⇒本章第4節（2）「衆議院の優越」）。

（2）衆参両院議員の選挙制度

両院制を有意なものとする方策として、各議院の議員選出の方法すなわち選挙制度に独自性を持たせることが考えられる。しかし、公職選挙法が定めている現行の選挙制度は衆参両院とも選挙区制と比例代表制とを並立させる似通った制度であり、いずれにおいても、**政党**が重要な役割を担っている点でも共通している。

（ア）衆議院議員の選出方法

衆議院の議員定数は465人であり、そのうち289人を小選挙区で、残りの176人を比例代表で、それぞれ選出する（公職選挙法4条1項）。小選挙区制とは、各選挙区の定数が1人のみの選挙制度であり、選挙区の多数

派が議席を独占する**多数代表法**の一種である。比例代表制とは、得票率に比例させる形で各党派に議席を配分する選挙制度であり（**比例代表法**）、少数派も得票率に見合った議席を確保することが可能である。衆議院の比例代表制では、全国を地域毎に11ブロックに分けて、各ブロックにおいて**絶対拘束名簿式**（＝各政党が立候補者と当選順位を予め決定して名簿を提示し、有権者は各政党に投票する）で選挙を行っている。そして、小選挙区の立候補者は、当該小選挙区が含まれる比例ブロックで自らの所属政党が提示する候補者名簿に登載されることが可能であり（**重複立候補**）、小選挙区で落選しても比例代表で当選圏内の順位であれば当選となる（**比例復活当選**）。重複立候補者に限って複数人を名簿の同順位に置くことができ、その場合、当選順位は小選挙区で当選者の得票（率）にどれだけ迫ったかによって決する（**惜敗率**）。こうした現行制度は「**小選挙区比例代表並立制**」と呼ばれている。

（イ）参議院議員の選出方法

　参議院の議員定数は248人であり、そのうち100人を比例代表で、残りの148人を選挙区で、それぞれ選出する（公選法4条2項）。したがって、3年毎に行われる通常選挙では、全体で124人、比例代表50人と選挙区74人が選出されることになる。比例代表選挙は、衆議院とは異なり全国1区で行われるが、各政党は候補者名のみ登載され当選順位が付されていない候補者名簿を提示し、有権者は政党名あるいはいずれかの政党名簿に登載された候補者の個人名を投票用紙に記入して投票する。開票の際には、政党名・候補者名いずれが記載された票も合算して各政党の得票を算出し、各政党名簿で個人での得票が多かった順に当選者とする（**非拘束名簿式**）。ただし、各政党名簿に2人を上限として優先的に当選となる候補者を置くことも可能である（特定枠）。他方、現在45ある選挙区（定数1人（32）・同2人（4）・同3人（4）・同4人（4）・6人区（1））は、都道府県単位を原則とし、人口の少ない4県については2県で1選挙区（徳島県と高知県、および島根県と鳥取県）としている（いわゆる「**合区**」）。

（ウ）国民代表原理と政党政治

　以上概観したように、現行の衆参両院議員の選挙制度は、各政党が提

示する名簿を基に行われる比例代表選挙はもちろんのこと、各政党が自党に所属する候補者を「**公認**」して争う選挙区選挙においても、政党が果たす役割は大きい。政党は本来、結社の自由（憲法21条1項）に基づき結成される任意の私的集団であり、日本国憲法には政党に関する規定（政党条項）は置かれていないが、「議会制民主主義における政党の機能の重要性にかんがみ」（政党助成法1条）、法律によって**政党要件**を定めた上で、**政党交付金**による助成を行われている（**政党助成制度**）。政治団体が政党と認められるためには、①所属国会議員が5人以上、あるいは②所属国会議員が1人以上おり、かつ国政選挙（衆議院は直近の総選挙、参議院は直近2回の通常選挙）における選挙区または比例代表での得票総数が有効投票総数の100分の2以上であること、のいずれかが必要である（同2条1項）。政党交付金の毎年の総額は、国民一人当たり250円で算出され、所属国会議員数（議員数割）および国政選挙（上述）における得票数（得票数割）に応じて、各政党に配分されている（同7条、8条）。

　国会議員を全国民代表とする憲法の建前と法律レベルで承認されている政党政治の現実との間には乖離がある。国政選挙において無所属で立候補することは可能だが、政党に公認された他の候補者を破って当選することは容易ではなく、他方、政党の公認を得て当選した候補者は、国会議員となった後の活動が所属政党の意向に沿ったものとならざるを得ない。衆参両院の議員たちは、各院において政党単位で結成される「会派」に属し、所属する会派の方針に従って活動している（党議拘束）。

3　国会の権能

　国会は国民代表機関であり、国民主権を直接に体現する機関である。そのため、立法機関としての役割に加えて、内閣および裁判所の組織・権限や活動に対して様々な形による統制を及ぼしている。そうした国会の権限として日本国憲法が定めているのは、法律案の議決、予算の議決、条約締結の承認、内閣総理大臣の指名、罷免の訴追を受けた裁判官を裁判するための弾劾裁判所の設置、そして憲法改正の発議である。このうち内閣総理大臣の指名については第12章で、弾劾裁判所の設置については第13章で、憲法改正の発議については第15章で、それぞれ見るこ

ととし、ここでは、それ以外の事項について概観する。

（1）法律案の議決

　天皇を**統治権の総攬者**（明治憲法4条）とする明治憲法において、立法権は天皇が「帝国議会ノ協賛ヲ以テ」行使する建前であった（同5条）。法律はすべて「帝国議会ノ協賛ヲ経ルヲ要ス」るとされ（同37条）、法律案の成立には、議会の協賛＝議決に加えて天皇の「**裁可**」も必要とされていた（同6条）。これに対して国民主権原理に立脚する日本国憲法の下では、天皇が「国政に関する権能を有しない」とされ（4条1項）、国会が「国の唯一の立法機関」と位置づけられており（41条）、法律案も衆参両院の意思不一致の場合を除いて「両議院で可決したとき」成立し、明治憲法時代の天皇による裁可のような他の国家機関の関与を要しない（59条1項。前出「国会単独立法の原則」）。

（2）条約締結の承認

　条約とは、文書による国家間の法律的合意であり、条約という名称を有するもの（＝形式的意味の条約）だけでなく、協定・取決・宣言・議定書・覚書なども含まれる（＝実質的意味の条約）。明治憲法下では、宣戦講和・条約締結は帝国議会の関与なく天皇が行いうる**大権事項**とされていた（明治憲法13条）が、日本国憲法は、外交関係の処理と条約の締結とを内閣の職務とし、条約締結の前、時宜によっては締結の後に、国会の承認を経ることを義務付けている（73条2号・3号）。これは内閣が主導する外交に対して国会による民主的統制を及ぼす趣旨と理解できる。

（3）予算の議決

　予算は、一会計年度（毎年4月1日より翌年3月31日までの間（財政法11条））における国の財政行為の準則であり、主として歳入・歳出の予定見積もりを内容とする国法の一形式である。予算を作成して国会に提出するのは内閣の事務であり（憲法73条5号・同86条）、提出された予算は国会の議決を経て成立する（同86条）。予算の種類としては、国の年間予算として当初に成立した基本の予算である「本予算」ないし「当初予算」、経済状況の変化への対応等を目的として本予算に変更を行うため作成される

「補正予算」（財政法29条）、そして本予算が年度開始までに成立しない場合に一会計年度のうち一定期間につき作成される「暫定予算」（同30条1項）の三つがある。

明治憲法においては、皇室経費に関しては増額修正の場合を除くほか議会の協賛は不要とされ（明治憲法66条）、憲法上の大権に基づく既定の歳出、法律の結果による歳出、法律上政府の義務に属する歳出は、政府の同意なしに議会が廃除・削減できず（同67条）、さらには、議会が予算を議定せずまたは成立に至らなかった場合に政府が前年度の予算を執行できることとされていた（同71条）など、帝国議会の予算議決権はきわめて限定的なものであった。これに対して日本国憲法は、「国の財政を処理する権限は、国会の議決に基いて、これを行使しなければならない」（83）と規定して、「財政民主主義」ないし「財政立憲主義」の原則を明らかにしたうえで、予算に関しては、**前年度予算施行制**を廃止し、国会の広汎な議決権を保障している（その他財政に関しては⇒第14章参照）。

4　両院協議会と衆議院の優越

(1) 両院協議会

国会としての意思決定に衆参両院の一致した議決を要する両院制は、両院の意思が一致しない場合に国政の停滞を招く可能性を本質的に持っている。そうした事態に備えて、日本国憲法は、両院の意思調整の場として「両議院の協議会」を位置付けている（59条3項、60条2項、67条2項）。この両院協議会は、明治憲法下の帝国議会でも設置されており（旧議院法56条）。アメリカ、フランスなどにも同様の制度が存在する。両院協議会は、各議院で選挙された各々10名の委員で組織され、議事を開き議決をするには、各議院の協議委員の各々3分の2以上の出席を要し、出席協議委員の3分の2以上の多数で協議案が議決されたとき成案となる（国会法89条、91条、92条1項）。

(2) 衆議院の優越

両院制を採用している国では、両院の意思の不一致による国政の停滞が生じるのを防ぐために、一定の場合に両院の一方の意思を他方に優先

させる仕組みが設けられることが多い。議会制の母国イギリスにおいて歴史的に形成された「**下院優越の原則**」が各国でモデルとされ、わが国では、①法律案の議決、②予算の議決、③条約締結の承認、および④内閣総理大臣の指名に関して、憲法で「衆議院の優越」を定めている。ここでは、①〜③についてのみ概観し、④については次章（第12章）で触れることとする。

①法律案の議決

衆議院で可決し、参議院でこれと異なる議決をした法律案は、衆議院で出席議員の3分の2以上の多数で再可決したとき法律となる（憲法59条2項）。この場合、両院協議会の開催は義務的ではない（同59条3項、国会法84条）。参議院が、衆議院で可決した法律案を受け取ったのち、国会の休会中の期間を除いて60日以内に議決しないときは、衆議院は、参議院がそれを否決したものとみなすことができる（憲法59条4項）。

②予算の議決

参議院で衆議院と異なる議決をした場合、両院協議会を開いても（国会法85条1項）意見が一致しないときは、衆議院の議決が国会の議決となる（憲法60条2項）。参議院が、衆議院の可決した予算を受け取った後、国会の休会中の期間を除いて30日以内に議決しないときは、衆議院の議決が国会の議決となる（自然成立）。なお、予算は**衆議院先議**であり（同60条1項）、それは明治憲法下でも同様であった（明治憲法65条）。

③条約締結の承認

条約の締結に必要な国会の承認については、予算の規定が準用される（憲法61条）。参議院が、衆議院による可決から30日以内に議決せず、衆議院の議決が国会の議決となることは、「自然承認」と呼ばれている。

なお、憲法上、憲法改正（96条）と皇室の財産授受（8条）については、衆議院の優越は定められておらず、両議院は完全に対等である。そして、両議院の議決が必要な事項につき法律で衆議院の優越を定めることが認められるかどうかが問題となり得るが、これを違憲とする有力な学

説は見当たらない。

5 議院の権能

(1) 両議院に共通の権能

憲法は、両議院共通の権能として、①役員選任権（58条1項）、②議院規則制定権および③議員の懲罰権（同2項）、④議員の資格争訟裁判権（55条）、および⑤**国政調査権**（62条）を規定している。このうち、①〜④は、各議院が内部の組織や規律について、内閣・裁判所など他の国家機関だけでなく他の議院からも干渉を受けることなく自主的に決定する権能（**議院自律権**）の構成要素である。⑤の国政調査権は、各議院がその職責を果たすべく、国政に関する正確な認識を持つために必要な調査を行う権限であり、証人の出頭・証言、記録の提出を求めることができる（62条、議院における証人の宣誓及び証言等に関する法律）。国政調査権については、議院の他の権能と並ぶ独立の権能で調査対象は国政全般にわたるとする「独立権能説」も唱えられているが、議院の調査活動は議院の権能行使にあたって必要な事実を明らかにするための補助的手段であるとする「補助的権能説」が通説的見解である。

(2) 各議院独自の権能

憲法は、衆議院と参議院に、それぞれ独自の権能も与えている。衆議院は内閣不信任決議権、参議院は緊急集会である。

①衆議院の内閣不信任決議権

衆議院が内閣に対して信任しないという意思表示をする権能である（憲法69条）。当該決議が可決されると、内閣は総辞職するか衆議院を解散するかの二者択一を法的に強いられる（⇒第12章）。

②参議院の緊急集会

衆議院が解散され、次の総選挙が行われるまでに、国会を召集する緊急の必要が生じたとき、内閣の要求によって開かれる参議院の集会である（憲法54条2項但し書・同3項、国会法第11章）。過去に2回開会例がある

（第14通常国会（1952（昭和27）年）閉会後の中央選挙管理委員任命および第15特別国会（1953（昭和28）年）閉会後の暫定予算・法律案議決）。緊急集会において採られた措置は臨時のものであり、次の国会開会の後10日以内に衆議院の同意がない場合は、その効力を失う（憲法54条3項）。衆参両院の**「同時活動の原則」**（同54条2項本文）の例外をなす。

6 国会議員の地位と権能

（1）国会議員の特典

（ア）歳費受給権

両議院の議員は、法律の定めるところにより、国庫から相当額の歳費を受ける（憲法49条）。近代議会制の初期には、議員は名士が名誉職として担うものであり無報酬が原則であったが、普通選挙制の確立に伴い財産を持たない労働者も議員職に就けるよう報酬を支給すべきだという考え方が一般的となり、国によってはこれを憲法で保障するようになったのである。

この議員歳費は、一般職の国家公務員の最高の給与額より少なくない額とされる（国会法35条）。この他に、別に法律に基づいて、調査研究広報滞在費（旧「文書通信交通滞在費」）、立法事務費、3人分の公設秘書給与、鉄道・航空の無料券、等々が支給され、国会議員の活動を支えている。

（イ）不逮捕特権

両議院の議員は、法律の定める場合を除いては、国会の会期中逮捕されず、会期前に逮捕された議員は、その議院の要求があれば、会期中これを釈放しなければならない（憲法50条）。政府による反対派議員の不当逮捕を防ぐために、近代議会制諸国で認められてきた歴史的な特権である。

この不逮捕特権の例外として法律で定めているのは、院外における現行犯逮捕の場合および議院が所属議員の逮捕を許諾した場合である（国会法33条）。このうち後者の**議院による逮捕許諾**に関しては、逮捕の正当な理由があっても、議院は、国会の審議・運営の必要から逮捕許諾請求を拒めるかどうか、そして、議院が逮捕を許諾する場合に、それに期限

や条件をつけることは可能かどうかが、それぞれ問題となる。学界の多数説は、議院は逮捕許諾の請求を全面的に拒むことができる以上、許諾に際して期限や条件を付しても違法ではないと解しているが、逮捕許諾に際して期間の条件を付した議院の措置を違法と断じた下級審裁判例がある（東京地決昭和29・3・6）。

（ウ）免責特権

「両議院の議員は、議院で行つた演説、討論又は表決について、院外で責任を問はれない」（憲法51条）。国会議員が制約なく自らの職務を遂行できるようにする趣旨の規定であり、一般の人ならば民事ないし刑事責任を問われる行為であっても、国会議員であれば院外での責任追及を免れる。この特権の保障は、厳密な意味での「演説、討論又は表決」に限らず、議員の国会における意見の表明と見られる行為や、職務行為に付随する行為にも及ぶ。ある衆議院議員が、衆議院社会労働委員会（＝現・厚生労働委員会）における法律案の審議の中で特定の病院を厳しく批判し、それを苦にした院長が自殺したため、遺族が国を相手に損害賠償を求めた訴訟で、最高裁判所は「国会議員が国会で行った質疑等において、個別の国民の名誉や信用を低下させる発言があったとしても、これによって当然に国家賠償法1条1項にいう違法な行為があったものとして国の賠償責任が生ずるものではな〔い〕」と判示し、国会議員の発言に関する免責を認めている（最判平成9・9・9）。

なお、この免責特権の保障は、党議拘束に反した行動を取った所属議員に対して、会派＝政党が除名等の処分を行うことを妨げるものではない。これと関連して問題となるのは、所属政党から除名され、あるいは自ら離党した国会議員が比例代表選出である場合に、当該議員が国会議員としての地位を維持し続けることの妥当性である。現行法上、所属政党を離れた比例代表選出議員が議席を喪失するのは、当該議員が当選した選挙において別の候補者名簿を提示していた政党に移籍した場合のみであり（国会法109条の2）、単に党籍を失った場合や新政党を結成した場合には、政治的・道義的にはともかく、法的には議員の地位を返上すべき義務は存しない。

（2）国会議員の権能

　国会法や各議院規則で定められている議員の主な権能として、①**議案発議権**、②**質問権**、③**質疑権**、および④**討論・表決権**がある。このうち、①議案発議権については、議員1人でこれを行うことはできず、衆議院では議員20人以上、参議院では議員10人以上の賛成により議案を発議できる（国会法56条1項本文）。予算を伴う法律案の場合は、衆議院では議員50人以上、参議院では20人以上の賛成が必要となる（同但し書）。議案・予算の増額を伴う法律案の修正の動議についても、これと同じ要件が課されている（同57条）。議員に予算提出権はないが（憲法86条・73条5号）、予算修正の動議は、予算を伴う法律案と同じ要件を満たせば、これを行うことが可能である（国会法57条の2）。

　こうした議案提出権の制限は、少数の見識の乏しい議員が、自選挙区の有権者や自らの支持者に迎合し、財源の裏付けや実現可能性を欠いた議案（「おみやげ法案」と蔑称される）を提出することを防ぐためやむを得ないものではあるが、小会派所属議員あるいは無所属議員による独自の議員活動を妨げる弊害を伴っているともいえる。

7　国会の活動

（1）会期制

（ア）会期制の意義と原則

　会期とは、議会その他の議事機関が活動できる一定の期間である。国会の会期は、召集の当日から閉会までである。このように議会の活動を一定期間に限定する「会期制」は、審議の効率化という点で意義を認められ、近代議会制において伝統的に行われてきたが、現代国家の機能・役割の増大を背景として、主要先進諸国ではこうした会期制は行われておらず（たとえばフランスでは、国民議会＝下院議員の任期が議会の会期＝「立法期（législature）」とされている）、わが国でも「**通年国会**」実施が主張されたことがある。

　会期制を採用していることによって、①**会期不継続の原則**と②**一事不再議の原則**の二つの原則が認められる。①会期不継続の原則は、国会は会期毎に活動し次の会期に継続しないという原則であり、会期中に審議

未了の案件は後会に継続せず、後の会期で審議するには改めて提出されなければならない（国会法68条本文）。ただし、各議院の議決で特に付託された案件については、後述するように、委員会で閉会中審査を行うことができる（国会法47条2項）（⇒本節（2）（イ）「委員会制度」）。

　②一事不再議の原則は、会議体の議事整理上の原則で、いったん議決された案件は同一会期中ふたたびそれを取り上げて議題としないということであり、明治憲法においては明文で規定されていた（39条）。現行憲法には明文規定はないが、会期の定めのある会議体の原則として当然に認められると解されている。

　（イ）会期の種類
　国会の会期には、①常会（一般的には「通常国会」といわれる。以下同じ）、②臨時会（「臨時国会」）および③特別会（「特別国会」）の3種がある。①常会は、毎年1月中に召集されるのが常例とされる（憲法52条、国会法2条）。②臨時会は、開催の必要に応じて内閣が召集を決定するが（同53条前段）、いずれかの議院の総議員の4分の1以上の要求があった場合には、内閣はその召集を決定しなければならない（同53条後段）。その他に、国会法は、衆議院議員の任期満了による総選挙が行われた場合および参議院議員の通常選挙が行われた場合に、臨時会の召集を義務付けている（国会法2条の3）。③特別会は、衆議院解散による総選挙の後、30日以内に召集される（憲法54条1項）。会期の長さは、常会は150日間（国会法10条本文）、臨時会および特別会は両議院一致の議決により定めることとなっており（国会法11条）、両議院の議決が不一致の場合には、衆議院の議決したところによる（同13条）。法律によって設けられた「衆議院の優越」である。

　（ウ）会期の開始と終了
　国会の会期は、召集によって始まる（国会法14条）。召集は天皇が内閣の助言と承認によって行う国事行為である（憲法7条2号）。国会召集の決定権に関しては、臨時会にのみ憲法上明文の規定が存在する（53条前段）が、このことから、常会・特別会も含めた国会召集の決定権は内閣にあると考えられている（通説）。すでに述べたように、いずれかの議院の総議員の4分の1以上の要求があれば、内閣はその召集を決定しなければ

ならないが、もし内閣が臨時会召集の要求に応じなければ、この（召集決定の）義務を強制的に履行させる法的手段は存在せず、内閣の政治的責任を問うより他ない。会期末の到来により会期は当然に終了し、会期を終了させるために別段の手続は必要とされない。

（エ）会期の延長

国会の会期は、両議院一致の議決により延長することができる（国会法12条1項）。会期の延長が可能なのは、常会では1回、臨時会・特別会では2回までである（同条2項）。両議院の議決が不一致の場合に衆議院の議決が優先されることは、臨時会・特別会の会期の決定と同じである（同13条）。

(2) 国会の議事

（ア）定足数と表決

両議院とも、その総議員の3分の1以上の出席がなければ、議事を開き議決することができない（憲法56条1項）。「総議員」の解釈について、欠員等を除いた現在議員数ではなく法定議員数とするのが国会の先例である。両議院の議事は、憲法に特別の規定がある場合を除いて、出席議員の過半数でこれを決し、可否同数のときは、議長が**決裁権**を行使する（同条2項）。単純過半数の例外として憲法が定めているのは、資格争訟の裁判で議員の資格を失わせる場合（同55条但し書）、両議院の**会議公開の原則**の例外として秘密会の開催を決定する場合（同57条1項）、懲罰として議員を除名する場合（同58条2項但し書）であり、議決に必要な特別多数は、いずれも出席議員の3分の2以上である。衆議院が法律案の再議決を行う場合にも、同じく出席議員の3分の2以上が必要とされ（同59条2項）、憲法改正の発議には、総議員の3分の2以上が必要とされる（同96条1項）。

（イ）委員会制度

衆議院・参議院の各議院には、その総議員で構成され最終的な意思決定を行う「**本会議**」の他に、本会議を能率的に運営するため、案件の予備的な審査機関を行う多くの「**委員会**」が置かれており、案件の取り扱

いに関する実質的な判断は本会議ではなく委員会段階で行われている（**委員会中心主義**：国会法56条3項本文参照）。明治憲法下の帝国議会においては、イギリスに倣った本会議中心の「**三読会制**」が採られていた（旧・議院法27条）が、戦後、アメリカ議会制度の影響の下で委員会制度が採用された。

委員会には、**常任委員会**と**特別委員会**の2種類がある（国会法40条）。常任委員会は、常設の委員会であり、現在は衆議院・参議院ともに17あり、それぞれの部門に属する議案などを審査する（同41条）。特別委員会は、常任委員会の所管に属しない特定の案件、または衆院ないし参院において特に必要があると認めた案件を審査するために設置されている委員会である（同45条）。これら委員会の他に、「日本国憲法及び日本国憲法に密接に関連する基本法制について広範かつ総合的に調査を行い、憲法改正原案、日本国憲法に係る改正の発議又は国民投票に関する法律案を審査するため」、衆参両院に設けられた**憲法審査会**（国会法第102条の6：平成19年5月18日法律第51号）、参院独自の存在意義を見出そうとする参議院改革（1986（昭和61）年国会法改正）の一環として参院独自の機関として設けられた「調査会」が置かれている（国会法54条の2）。

なお、「会期不継続の原則」（国会法68条本文）は委員会での審査にも該当するが（同47条1項参照）、各議院の議決で特に付託された案件については、国会閉会中も審査を行うことができる（前出「閉会中審査」：同47条2項・4項、68条但し書。「継続審査」ともいう）。

練習課題
- 憲法41条にいう「国の唯一の立法機関」の意味について説明せよ。
- 衆参両院の議決が必要とされている事項（憲法に規定のあるものは除く）のうち衆議院の優越が定められていないものを調べよ。
- 国会議員の地位に関する憲法上の原則が政党政治の現実の中でどのような変容を余儀なくされているか考察せよ。

第**12**章

内閣

1 行政権・総説

（1）行政権の定義

　日本国憲法は、「行政権は、内閣に属する」（65条）と定めている。この規定は、立法権を国会に（41条）、司法権を裁判所に（76条1項）、それぞれ権限として与えていることと相俟って、国家の統治権を立法・行政・司法の三つの作用に分けて、それぞれ別の国家機関に配分するという、**権力分立制**を徹底したものである。内閣の権限とされる「行政権」の具体的内容（**実質的意味の行政**）については、現代国家の行政活動が多岐にわたる多様なものであり、これを積極的に定義することは難しいため、国家作用から立法作用および司法作用を除いた残りのすべての作用が「行政」であると消極的に定義するのが通説である（**行政控除説**）。ただ、ここで言う国家作用は、あくまで国民に対する支配作用に限られ、内閣が天皇による衆議院の解散や国会の召集につき助言・承認を行うこと（憲法7条）等は、行政（権）には含まれない。

（2）内閣と行政各部

（ア）行政各部と民主的責任行政の原則

　上述した「実質的意味の行政」の事務を実際に担うのは、内閣の下に組織され、「内閣の統轄の下に」（内閣府設置法5条2項、国家行政組織法1条・2条）置かれている「行政各部」（行政組織）である。「行政権は、内閣に属

167

する」というのは、内閣が行政の最高機関として、行政権の中心となり、その全体を統轄すべきことを意味している。行政の一体性は、国務大臣が府省の長となり主任の大臣として行政事務を分担管理し（内閣府設置法6条・国家行政組織法5条1項）、内閣総理大臣が、閣議にかけて決定した方針に基づいて行政各部を指揮監督し（内閣法6条）、主任大臣の間における権限についての疑義を閣議にかけて裁定し（同7条）、行政各部の処分または命令を中止させて内閣の処置を待つことができる（同8条）ことによって、確保されている。このようにして内閣の下で行政の一体化が実現され、内閣が、国民代表機関である国会に対して責任を負い、後者の統制に服することを通して、民主的責任行政の原則が制度的に具体化されているのである。

（イ）独立行政委員会

行政各部が内閣による指揮監督の下で一体的に活動することは、民主的責任行政の原則からの要請だが、法律によって内閣からの権限行使の独立性を保障される行政機関が存在しており、その憲法適合性が問題となる。**人事院**や**公正取引委員会**などは、内閣または内閣総理大臣の「所轄」（国家公務員法3条1項、独占禁止法27条2項）の下に置かれた合議制の行政機関で、職権の独立が認められ（国公法3条3項、独禁法28条）、構成員に強い身分保障が与えられている（国公法8条、独禁法31条）。こうした「独立行政委員会」に関しては、その性質上とくに政治的中立性が求められる行政機関であれば、内閣からの独立性が保障されるべきであること、構成員の任命につき国会両議院の同意が必要とされていること（国公法5条1項、独禁法29条2項）を通して国会による統制が及んでいること、等を理由として合憲であるとする見解が一般的である。

2　議院内閣制

政治制度上、政府を議会とどのような関係に置いて構成するかという観点から、議院内閣制と大統領制という分類が行われる。

（1）議院内閣制

　議院内閣制とは、行政権の主体である内閣が、議会の信任に基づき成立・存続し、議会（両院制の下では主に下院）はいつでも不信任決議によって信任を撤回し内閣を倒すことができるが、これに対して内閣は議会（下院）を解散して国民の信を問うことができるという形で、民意を基礎として政府と議会とが相互抑制・均衡の関係にある制度である。**合議制**の機関である内閣を構成する内閣総理大臣およびその他の国務大臣は基本的に議員から選任され、内閣による法律案の提出が可能であるなど、議会と内閣との融合・相互浸透を特徴とし、それによる両者の連携・協働を期待できる反面で、議会による内閣の実効的な統制という点で難がある。イギリス、ドイツ、イタリアそして日本などが、議院内閣制を採っている国々である。

（2）大統領制

　大統領制は、国家元首である大統領が同時に**独任制**の行政府の長であり、この大統領が国民によって直接（あるいは間接に）選挙される制度である。議院内閣制と対照的に、大統領およびこれを補佐する各省長官と議員との兼職が禁止され、大統領が法案を提出することができないなど、政府と議会との厳格な分離を特徴とし、議会は大統領を不信任することができず、また大統領も議会を解散することができない。大統領・議会間の相互抑制・均衡という点で優れている反面、大統領を支持する勢力が議会で過半数を持たない場合に政策遂行が滞るという難点がある。アメリカや中南米諸国などで採用されている制度である。

（3）新旧憲法における内閣

　大日本帝国憲法においては、天皇が「統治権ヲ総攬」（明治憲法4条）するという原則の下、天皇の行政権行使につき、国務各大臣が「輔弼シ其ノ責ニ任」（同55条1項）ずるものとされていた。実際には、大臣の合議体である「内閣」がその役割を担っていたが、それはあくまで勅令（**内閣官制**）に基づく機関にすぎず、憲法上の根拠を欠いていた。内閣の対議会責任についても憲法に定めがなく、憲法制定以降、薩長藩閥勢力による「超然内閣」が続いた。大正デモクラシー、民本主義の思潮の下で、

第12章　内閣　　169

衆議院の多数党が内閣を組織する「**政党内閣**」が「**憲政の常道**」とされ
たが、そうした議院内閣制的運用は、枢密院、貴族院そして軍部といっ
た非民主的な諸制度を重要な構成要素とする明治憲法体制において定着
するには至らなかった。内閣総理大臣は「**各大臣ノ首班**」（内閣官制2条）
とされていたが、憲法上はその他の大臣と同格であり（いわゆる「**同輩中
の首席**（primus inter pares）」に過ぎなかった）、閣内不統一が生じた場合には、
内閣総辞職を余儀なくされた。

　これに対して日本国憲法は、内閣総理大臣を首長とし、その他の各国
務大臣からなる合議体の内閣を、行政権を担う機関とし、行政権の行使
につき国民代表機関たる国会に対して連帯責任を負うことを明記し、議
院内閣制を憲法上の制度として確立している。

3　内閣の組織

　内閣は、その首長たる内閣総理大臣及びその他の国務大臣から組織さ
れる（憲法66条1項。内閣法2条1項もほぼ同様の規定である）。内閣総理大臣お
よびその他の国務大臣の選任方法は、以下の通りである。

(1) 内閣総理大臣の指名

　内閣総理大臣は、国会議員の中から国会の議決で指名される（憲法67
条1項前段）。この指名に基づく任命は、天皇が国事行為として行う（同6
条1項）。「国会議員の中から」となっているが、実際の憲法運用におい
て、国会から指名を受け内閣総理大臣となっている者は、すべて衆議院
議員である。国会議員であることは、指名の際に必要（指名・任命要件）な
だけでなく、内閣総理大臣の地位にとどまる要件（在職要件）であるとも
考えられている（通説）。内閣総理大臣の指名は、衆議院・参議院それぞ
れで行われるが、両議院の議決が異なった場合、両院協議会を開いても
意見が一致しないときは、衆議院の議決が国会の議決となる。衆議院の
議決後10日以内に参議院が議決しない場合も同様である（同67条2項）。
このように内閣総理大臣の指名につき衆議院に強い優越を認めているこ
とは、後述する衆議院のみに内閣不信任決議権を与えていることと相俟
って、わが国の議院内閣制が、衆議院と内閣との相互依存あるいは緊張

関係を中心として構成されていることを示すものである。

（2）国務大臣の任免

（ア）国務大臣の任命

　内閣総理大臣以外の国務大臣は、内閣総理大臣によって任命される（憲法68条1項本文）。その過半数は国会議員でなければならない（同項但し書）。議員が閣僚を兼ねることは、行政府と立法府との協力・連携を人的な連続性ないし相互浸透性によって支える、議院内閣制の骨子ともいえる制度である。議院内閣制の母国イギリスでは、首相は下院議員、大臣は閣内相・閣外相ともにすべて国会議員でなければならないという憲法習律が存在する。イギリスと比べると、国務大臣の過半数が国会議員であればよいとするわが国の制度は、議院内閣制の論理という点で不徹底に見えるが、憲法運用の実際においては、非議員の国務大臣への登用は稀であり、ほとんどが国会議員（その大半は衆議院議員）から選任されている。

　国務大臣の数は、原則14人以内とされ、特別の必要がある場合には最大17人以内とすることが可能である（内閣法2条2項）。この定員は、特別の業務を担当する大臣を設けるために、内閣法の附則により増員されることがある。2024（令和6）年9月現在では、東日本大震災からの復興および国際博覧会（大阪万博）をそれぞれ担当する大臣が置かれており、内閣総理大臣を除く国務大臣の数の上限は、原則16人、最大19人となっている（内閣法附則参照）。

（イ）文民条項と文民統制

　「内閣総理大臣その他の国務大臣は、文民でなければならない」（憲法66条2項）。ここにいう「文民」は、英語で非軍人を意味する"civilian"を翻訳した造語であり、戦力不保持を定める憲法9条2項との関連において、その解釈が問題となってきたが、現在では、文民の指揮監督により軍事組織を民主的に統制するという「文民統制」（"civilian control"の訳語で、「文官統制」とも訳される）を自衛隊に及ぼすという見地から、「文民」＝「現役の自衛官でない者」と解するのが一般的である。

（ウ）国務大臣の行政各部における役割

　国務大臣は内閣の構成員であると同時に、各省の長となり、主任の大臣として行政事務を分担管理するが（内閣法3条1項、国家行政組織法5条1項）、こうした形で行政事務を分担しない国務大臣（＝無任所大臣）を置くこともできる（内閣法3条2項）。内閣総理大臣も、内閣府の長となり、主任の大臣として内閣府設置法4条3項に規定する事務を分担管理する（内閣府設置法6条）。また、内閣の重要政策に関して首相を助け、命を受ける**特命担当大臣**、内閣の補助機関で内閣の首長たる内閣総理大臣を直接に補佐・支援する機関として、内閣の庶務、内閣の重要政策の企画立案・総合調整、情報の収集調査などを担う「内閣官房」の事務を統轄する**内閣官房長官**にも、それぞれ国務大臣が充てられる（内閣府設置法9条、内閣法12条・13条）。

（エ）国務大臣の罷免

　内閣総理大臣は、国務大臣を任命するだけでなく任意に罷免することもできる（憲法68条2項）。内閣総理大臣が大臣罷免権を持たなかった明治憲法期には閣内不統一による倒閣が頻発したが、日本国憲法は、内閣の首長である内閣総理大臣に大臣罷免権を与えることによって、その優位の下で合議体としての内閣の一体性の確保を図っている。

(3) 内閣の連帯責任

　内閣は、内閣総理大臣とその他の国務大臣からなる合議体であり、その権限行使に関して、国会に対して連帯して責任を負う（憲法66条3項、内閣法1条2項）。内閣が国会に対して責任を負う具体的な制度については、第5節（内閣不信任決議と衆議院の解散）で詳述する。

（ア）意思決定の方法＝閣議

　「内閣がその職権を行うのは、閣議によるものとする」（内閣法4条1項）とされ、閣議は内閣総理大臣が主宰する（同条2項前段）。内閣が合議体であり国会に対して連帯責任を負うことから、その意思決定（**閣議決定**）は多数決ではなく全員一致を要すると考えられている（「**閣議全員一致の原則**」）。すでにみたように、現行憲法下では内閣総理大臣が他の国務大臣の罷免権

を有していることから、内閣の方針に従えない国務大臣は辞職するより他なく、内閣総理大臣のリーダーシップによる閣内統一が確保されているといえる。内閣総理大臣は、閣議に「内閣の重要政策に関する基本的な方針その他の案件を発議することができる」（同条2項後段）。

（イ）内閣総辞職

　内閣総理大臣が欠けたとき、または衆議院議員総選挙の後に初めて国会の召集があったときは、内閣は総辞職をしなければならない（憲法70条）。内閣が内閣総理大臣を中心とする合議体であることから、総理大臣が辞職ないし死亡した場合には、その他の国務大臣も全員辞職しなければならず、衆議院の改選は、それまでの内閣の存立の基礎が失われたことを意味するため、内閣は選挙の結果如何にかかわらず総辞職しなければならないのである。ただいずれの場合も、新たに内閣総理大臣が任命されるまでは、総辞職した内閣が引き続き職務を行うことになっている（同71条）。

4　内閣・内閣総理大臣および国務大臣の職権

（1）内閣の職権

　内閣の職権として憲法が定めているのは、天皇の国事行為に対する助言と承認（3条、7条）、憲法73条に列挙する諸事務、およびそれ以外の権能である。天皇の国事行為に対する助言と承認については、すでに第2章で見ているので、ここでは後二者について概観する。

（ア）憲法73条列挙の諸事務

　憲法73条は、内閣が他の一般行政事務以外に以下の事務を行うと定めている（同条1〜7号）。

①法律の誠実な執行と国務の総理（1号）

　内閣そしてその下にあるすべての行政機関が法律を忠実に実行すべきことは、「法治行政の原理」の当然の帰結である。ただ、最高裁判所がある法律の規定を最終的に違憲と判断した場合には、国会による当該規定

第12章　内閣　　173

の改廃を待ちつつ、その執行を差し控えるべきである（⇒第13章第4節「違憲審査制度」）。「国務を総理すること」という文言の解釈については、立法・司法も含む国政全般に配慮すべきことを定めているようにも読めるが、多数説は、内閣が行政事務を統括し行政各部を指揮監督すべきという趣旨（＝憲法65条と同義）の規定と解している。

②外交関係の処理（2号）
外交事務も行政の一種であり、日常の外交事務の処理は外務省・外務大臣が行っているが、外交上の重要問題を処理することは内閣の権能である。

③条約の締結（3号）
条約の締結が内閣の権能であること、条約締結には事前または事後の国会承認が必要であることについては、前章ですでに触れた（⇒第11章国会）。

④官吏に関する事務の掌理（4号）
この規定に言う「官吏」については、地方公務員（憲法93条2項は、広義の地方公務員を「吏員」という語で示している）や国会や裁判所の職員は含まれず、もっぱら国の行政権に関する仕事を担う公務員を意味すると解されている。国家公務員法は「官吏に関する事務を掌理する基準を定め」（1条2項）ており、国家公務員の任免、試験、給与、懲戒等の人事行政については、内閣の所轄の下に独立行政委員会として設けられた人事院が、これを行っている（3条）（⇒本章第1節（2）（イ））。

⑤予算の作成と国会への提出（5号、憲法86条）
これについては、前章（第11章第3節（3））ですでに触れた。

⑥政令の制定（6号）
これについても、前章（第11章第1節（3））ですでに見た。

⑦恩赦の決定（7号）

「恩赦」は「大赦、特赦、減刑、刑の執行の免除及び復権」の総称であり、行政権によって、国家刑罰権を消滅させ、裁判の内容を変更させ、または裁判の効力を変更もしくは消滅させる行為である。恩赦法の定めに基づいて行われている。

（イ）その他の権能

以上の他に、憲法は、最高裁判所の長たる裁判官の指名（6条2項）、国会の臨時会召集の決定（53条前段）、参議院緊急集会の請求（54条2項但し書）、最高裁判所のその他の裁判官および下級裁判所裁判官の任命（79条1項、80条1項前段）、予備費の支出と事後承認の請求（87条）、国会への決算の提出（90条）、そして国会と国民に対する国の財政状況の報告（91条）を、内閣の権能として定めている。

(2) 内閣総理大臣の職権

憲法は内閣総理大臣に、内閣の首長として、国務大臣の任免（68条）および国務大臣の訴追に対する同意（75条前段）の権限を与えている。前者についてはすでに見た（本章第3節（2）（ア））。後者に関しては、国務大臣の特典であると同時に、内閣総理大臣が検察による不当な圧迫から自身の内閣を守るための手段と解されており、その趣旨から、訴追（＝検察官による公訴の提起）だけでなくその前段階としての身柄の拘束（逮捕・勾留）についても、内閣総理大臣の同意が必要であると解されている。また憲法は内閣総理大臣に、内閣を代表する者として、議案の国会への提出、一般国務及び外交関係に関する国会への報告、そして行政各部の指揮監督の権限を与えている（72条、内閣法5〜6条）。

(3) 国務大臣の職権

国務大臣の権限について、憲法が、主任の大臣として法律および政令に署名することを定めている（74条）他、法律によって、案件を内閣総理大臣に提出して閣議を求めること（内閣法4条3項）、各省大臣であれば主任の行政事務について「省令」を発すること（国家行政組織法12条1項）等の権限を与えられている。国務大臣が主任の大臣として法律・政令に

署名するに際しては、内閣総理大臣の連署が必要である（憲法74条）。

(4) 国務大臣の議院出席

「内閣総理大臣その他の国務大臣は、両議院の一に議席を有すると有しないとにかかはらず、何時でも議案について発言するため議院に出席することができる。又、答弁又は説明のため出席を求められたときは、出席しなければならない」（憲法63条）。これは、議院への出席を国務大臣の権利と義務の両面から規定したものであり、大統領（および各省長官）が原則として連邦議会に出席しない（アメリカの）大統領制とは対照的な、議院内閣制的な規定である。

5 内閣不信任決議と衆議院の解散

(1) 内閣と衆議院との相互抑制・均衡

衆議院が内閣不信任の決議案を可決し、または信任の決議案を否決したときは、10日以内に衆議院が解散されない限り、内閣は総辞職しなければならない（憲法69条）。この内閣不信任決議は、衆議院の強い優越が認められる内閣総理大臣の指名と相俟って、内閣の存立を国会とりわけ衆議院の信任に基づかせるための制度であり、これに対して内閣は、天皇への助言と承認により衆議院を解散することができるのである（同7条3号）。衆議院が解散され、引き続いて行われる総選挙において、内閣を不信任した衆議院と不信任された内閣のいずれが民意の支持を得られるかが問われることになる。こうした仕組みは、主権者国民の意思を基礎に置き、政府と議会との協働および相互抑制・均衡を図ることを本質とする議院内閣制を機能させる核心的制度である。

(2) 解散決定権の所在

憲法69条には「内閣は、（…）十日以内に衆議院が解散されない限り、総辞職をしなければならない」と書かれてあるのみで、「誰が」衆議院解散を決定できるのかを明記していないが、衆議院解散が天皇の国事行為とされており、それに対する助言と承認を行う内閣が実質的な決定権を有するのだという説明がなされている（憲法3条、4条1項、7条3号）。憲法

に列挙されているほとんどの国事行為は、その決定権の所在が明らかだが（たとえば、7条6号につき73条7号、同条5号につき68条）、衆議院の解散だけでなく、国会（常会・特別会）の召集（7条2号）、国政選挙の施行を公示すること（同4号）など、国政上かなり重要な行為でありながら決定権者が明記されていないものもある。そうした行為に関しては、上述したように「助言と承認」を行う内閣が実質的決定権を持つとする解釈が通説である。

　なお、政治ジャーナリズムの世界で、衆議院の解散を「首相（＝内閣総理大臣）の専権事項」として論じることが少なくないが、政治の実態としてはともかく、法的には正確ではない。

(3) いわゆる「7条解散」の可否

　衆議院が内閣を不信任した場合以外に衆議院の解散が可能かどうかについては、憲法に明文の規定がない。かつては、衆議院解散は内閣不信任の場合に限られるという学説（「**69条限定説**」といわれる）が有力に主張され、連合国軍の占領下で行われた戦後初の衆議院解散（1948年12月）は、この説を支持する**GHQ**（**連合国総司令部**）の意向に従い、当時の与野党間の申し合わせにより内閣不信任案を可決させることで行われた（「八百長解散」）が、独立回復後こんにちに至るまで、憲法7条のみを根拠として、内閣不信任の有無を問わず衆議院解散が行われるのが憲法上の習律となっており、通説もこれを認めている（「**7条説**」）。

　近年の学説では、衆議院による内閣不信任決議をうけて行われる解散を「**対抗的解散**」、それ以外の場合に行われる解散を「**裁量的解散**」と呼んでいる。現行憲法下で行われた衆議院解散（2024（令和6）年8月末現在までに計24回）のほとんどが裁量的解散であり、対抗的解散が行われたのは、上述の「八百長解散」も含めてわずか4回（1948（昭和23）年、1953（昭和28）年、1980（昭和55）年、1993（平成5）年）にすぎない。衆議院による内閣不信任案の可決は、政権与党の分裂や内部からの造反、連立与党間の合意解消などといった特異な状況においてのみ生じ得る、例外的事象なのである。

第12章　内閣　　177

（4）裁量的解散の要件

　裁量的解散をどのような場合に行うことができるのか、あるいは行うべきなのかについて憲法上明文の規定は存在しないが、恣意的な解散権行使ないし解散権の濫用への懸念、そして、実際の憲法運用において自民党一党優位の「55年体制」（後述）の下で政府・与党が自らに都合のよい時期に衆議院解散を行ってきたという批判から、裁量的解散には不文の要件があるとする見解が学説上有力である。代表的な学説は、そうした不文の要件として①衆議院で内閣の重要案件が否決され、あるいは審議未了になった場合、②衆議院の任期満了が近づいてきたとき、③与党党首の交代により新内閣が発足したとき、④与党の分裂や政党連立の解消により与党が衆議院で過半数を失ったとき、⑤直近の総選挙の際には存在しなかった重要な政治的争点が新たに生じたとき、等を挙げている。こうした見解は学説上広く支持されているが、こうした要件を満たさない裁量的解散が実際に行われてしまった場合に、当該解散の効力を争う法的手段は存在しない（衆議院解散を「**統治行為**」であるとした「苫米地事件判決」（最大判昭和35・6・8））。

（5）参議院による「内閣総理大臣問責決議」

　以上みてきたように、日本国憲法が制度化している内閣の答責は衆議院に対するものだが、「国会に対し（…）責任を負ふ」と憲法66条3項で明記していることから、具体的な責任追及の手段が憲法上制度化されていなくても、内閣は参議院に対しても責任を負うべきものと解される。実際に、参議院が内閣総理大臣に対してその政治責任を問う決議を行うことがあり、この決議を「内閣総理大臣問責決議」と呼んでいる。衆議院の内閣不信任決議とは異なり、問責決議には、内閣総辞職等を義務付けるような法的効果は伴わず、政治的効果しかないが、事実上の影響力は少なくない。内閣総理大臣問責決議は、いわゆる「**ねじれ国会**」状況（＝衆議院で過半数の議席を有する政権与党が参議院では少数派となっている状況）において行われ、2008（平成20）年（福田内閣総理大臣）にはじめて可決され、その後は2009（平成21）年（麻生内閣総理大臣）、2012（平成24）年（野田内閣総理大臣）および2013（平成25）年（安倍内閣総理大臣）に可決されている。

（6）国務大臣の個別責任

　内閣の連帯責任の原則は、国務大臣個人が個別責任を負うことを妨げるものではない。衆議院あるいは参議院が個別の国務大臣に対して不信任決議ないし問責決議を可決した場合、内閣不信任決議と異なり当該国務大臣の辞職を法的に義務付けるわけではないが、その政治的効果は小さくなく、防衛庁（現・防衛省）の不祥事をうけて、当時の防衛庁長官（額賀福志郎大臣）が参議院で問責決議案を可決され辞任した例がある（1998（平成10）年）。

6　議院内閣制の運用の実際

（1）戦後日本の「55年体制」とその崩壊

　「55年体制」とは、1955（昭和30）年にそれまで左派・右派に分裂していた社会党が再統一し、それをうけた保守合同により自由民主党が発足して以降の政党システム＝自由民主党の**一党優位体制**のことである。例外的な一時期を除いて、唯一の保守政党である自民党が衆参両院で過半数を維持して政権を独占し続け、社会党をはじめとする野党（社会党・共産党の革新勢力、公明党および民社党の中道勢力）が万年野党と化していた。選挙による与野党間の政権交代が起きないことで派閥政治の横行や金権腐敗などの弊害が見られた。1980年代末から1990年代初めにかけて自民党内から政治改革の動きが現れ、具体的には選挙制度改革（弊害の多い中選挙区制を廃止し小選挙区中心の新たな選挙区制を導入する）の要求がなされた。こうした状態は、1993（平成5）年の自民党分裂、衆院解散・総選挙後の非自民（・非共産）政権成立まで約38年間存続した。

（ア）中選挙区制＝かつての衆議院議員選挙

　中選挙区制は、日本で1925（大正14）年に衆議院議員選挙のために導入された、1選挙区の定数を3 〜 5名とする選挙区制（学術的には「**大選挙区単記投票制**」である。1928（昭和3）年の第1回普通選挙以降は、1946（昭和21）年の総選挙（「大選挙区制限連記制」で実施）を除き、1993（平成5）年まで総選挙はこの方式で行われてきたが、1994（平成6）年に廃止され、現行の小選挙区比例代表並立制となった。この中選挙区制の下で、過半

第12章　内閣　　179

数の議席（を得て政権）を獲得・維持するには1選挙区に複数の候補を立てる必要があるため**同士討ち**が避けられず、したがって各候補者は政党よりも自身が所属する**派閥**（＝政党内部のインフォーマルな集団）を頼って選挙を戦うこととなり、政党は派閥の連合体としての様相を呈していた。そして、こうしたあり方は、党執行部による所属議員に対する統制力を弱める要因であった。すなわち、国会における党議拘束など党の方針に従わなかった議員に対して選挙での公認を出さないという制裁を科したとしても、中選挙区制の下では保守系無所属候補として立候補すれば、所属派閥の支援や個人後援会の力によって再選が可能であったのである（しかも当選後に「追加公認」が行われるのが常だった）。

（イ）55年体制の崩壊と政治改革

　1989（平成元）年に明るみに出たリクルート事件をきっかけとして政治改革の動きが起こり、1993（平成5）年6月にはこの動きをめぐって自民党が分裂、衆議院で当時の宮澤喜一内閣に対する不信任決議可決をうけて行われた衆院解散・総選挙の後、非自民・非共産の7党1会派（社会党・新生党・公明党・日本新党・新党さきがけ・民社党・社民連・民主改革連合）による連立政権（日本新党代表の細川護熙が首班）が発足し、約38年間に及ぶ自民党一党支配は終焉を迎えた。同内閣の下で、衆議院議員選挙制度の中選挙区制から小選挙区比例代表並立制への変更を内容とする公職選挙法改正案、および政党への公費助成を制度化する政党助成法案を含む「**政治改革関連四法案**」が成立した。

（2）選挙制度改革による政党および政党システムの変容

　衆議院議員選挙に小選挙区比例代表並立制が導入され、新制度の下で総選挙が重ねられたことで、政党および政党システムは、従来の中選挙区制の下でとは異なる様相を呈するに至った。

（ア）党執行部への権力集中

　現行の衆議院議員選挙制度は、小選挙区制・比例代表制いずれにおいても、選挙区での公認候補および比例代表名簿への登載者を決定する権限を持つ政党の執行部が絶大な影響力を（選挙終了後の当選者＝議員に対し

ても）発揮することになる。2005（平成17）年のいわゆる小泉**郵政解散・総選挙**において、内閣提出による郵政民営化関連六法案の採決で党議拘束に従わず造反した前職の衆議院議員＝候補者に党の公認を出さず、別の公認候補（当時「**刺客**」といわれた）を立てた小泉純一郎首相＝総裁・武部勤幹事長の自民党執行部がその典型である。この総選挙（9月11日執行）の結果、自民党・公明党の連立与党は衆議院で3分の2以上の議席を獲得し、法律案の議決について参議院の反対があっても再可決（憲法59条2項）によって成立させられる勢力を確保した。同年11月に郵政民営化法案は可決成立した。

（イ）衆院総選挙による政権交代の実現

二大勢力による過半数獲得を目指す争いを促し、**二党制**（**二大政党制**）をもたらすとされる小選挙区制を中心とする選挙制度の下で、旧中選挙区制下での自民党一党優位体制に代わって、衆院選の結果により政権交代が行われるようになった。2009（平成21）年8月の総選挙での大敗をうけて、自民党・公明党連立の麻生太郎内閣は総辞職し、民主党・社民党・国民新党の連立による鳩山由紀夫内閣が成立した。その後、2012（平成24）年末に野田佳彦内閣の下で行われた衆院解散・総選挙の結果、与党民主党は大敗し、自民党総裁・安倍晋三を首班とする自・公連立の第2次安倍政権が成立したが、それ以降行われた3回の衆院総選挙（2014（平成26）年、2017（平成29）年、2021（令和3）年）では連立与党がいずれも勝利し、政権交代は起こっていない（なお、2012（平成24）年衆院選以降に行われた計4回の参議院議員通常選挙（2013（平成25）年、2016（平成28）年、2019（令和元）年、2022（令和4）年）においても、連立与党はすべて勝利を収めている）。

（3）現状分析と今後の展望

小選挙区比例代表並立制で行われている衆議院議員総選挙は、与野党間の政権交代の可能性をもたらし、実際に2度の政権交代が実現した。衆議院総選挙は、有権者が政党または政党が公認する候補者に投票することを通して、「**政権選択**」の機会となり、間接的にではあるが内閣総理大臣を選ぶ機会ともなっている。ただ、2012（平成24）年末の総選挙以降は、自由民主党と公明党の連立政権が長期にわたって存続し、55年体

制とは別の形で与野党関係が固定化している。与野党関係の固定化は、政権与党における派閥の弊害と金権腐敗（いわゆる**「政治とカネ」の問題**）を招く大きな要因であり、わが国の議会民主政治が腐敗を免れ活性化するためには、現在の野党勢力が政権を担当できる力を付け、現在の政権与党に取って代われるようになることが不可欠である。2024（令和6）年、石破茂内閣発足直後に行われた衆議院解散・総選挙（10月9日解散・同27日執行）において、自民・公明の連立与党は獲得議席が過半数を下回る大敗を喫し、第二次石破内閣は「少数（与党）内閣」として発足した（11月11日）。それまで長期にわたって続いた「自民一強」状態が解消され、以後、与野党関係は従来とは異なる様相を呈している。

練習課題

- 議院内閣制と大統領制のそれぞれの特徴を整理して比較対照せよ。
- 大日本帝国憲法の下での内閣と日本国憲法の下での内閣の違いを整理せよ。
- 現行憲法の下で行われた衆議院の解散について、これまでに行われた回数、裁量的解散か対抗的解散かの違い、解散・総選挙により実現した政権交代、等に着目して整理せよ。

第**13**章

司法

1 裁判所の組織と権限

　憲法76条1項は、「すべて司法権は、最高裁判所及び法律の定めるところにより設置する下級裁判所に属する」と定めている。すなわち、憲法は、終審・最上級の裁判所として最高裁判所を設けるとともに、どのような下級裁判所を設けるかについては法律に委ねている。本条の規定を受けて、裁判所法2条1項は、下級裁判所として高等裁判所、地方裁判所、家庭裁判所、簡易裁判所の4種類の裁判所を設けている。そして、具体的な裁判所の設立および管轄区域は、「下級裁判所の設立及び管轄区域に関する法律」で定められている。

(1) 最高裁判所の組織と権限
（ア）最高裁判所の人的構成
　最高裁判所は、長たる裁判官（最高裁判所長官）と法律（裁所法5条1項・3項）が定める14名の裁判官（最高裁判所裁判官）から構成される（憲法79条1項）。長官は、内閣の指名に基づいて天皇が任命する（同6条2項）。その他の裁判官は、内閣が任命し（同79条1項）、天皇が認証する（同7条5号）。定年は70歳で任期はない（同79条5項、裁所法50条）。

（イ）最高裁判所の権限
　最高裁判所は、憲法上の機関として設けられ（憲法76条1項）、民事・刑

183

事・行政事件の訴訟についての終審裁判所である（同81条）。したがって、一切の法律上の争訟についての上告審は最高裁判所によって行われる（裁所法7条1号）。

　また、最高裁判所には、数多くの権限が与えられている。具体的には、①規則制定権（憲法77条）、②下級裁判所裁判官の名簿作成権（同80条1項）、③司法権の組織・運営に関する統制的権限（司法行政権）（裁所法12条）、④下級裁判所裁判官の「補職」（同47条）、⑤裁判官以外の裁判所職員の任免（同64条）、⑥裁判所の経費の予算作成権（同83条、財政法18条2項・19条・20条2項）などがある。

　（ウ）最高裁判所規則

　最高裁判所は、①訴訟に関する手続、②弁護士に関する事項、③裁判所の内部規律に関する事項、③司法事務処理に関する事項について、規則を定める権限をもつ（憲法77条1項）。最高裁判所に規則制定権を与えた趣旨は、①権力分立に従い、裁判所の自律性・独立性を確保すること、②技術的合目的的見地から、裁判所の手続的・技術的・細目的な事項については裁判所自身の実際的知識と経験を尊重することにあるとされる。

　（エ）最高裁判所の組織構成

　最高裁判所には、裁判官全員（15名）で構成される大法廷（定足数9名）と5名ずつで構成される三つの小法廷（定足数3名）がある。事件を大法廷または小法廷のいずれで取り扱うかについては、最高裁判所の定めるところによるが、小法廷で意見が同数で対立したとき、小法廷が大法廷で裁判することを相当と認めるときには大法廷で審理される（最高裁事規則9条）。ただし、①当事者の主張に基づいて、法律、命令、規則または処分が憲法に適合するかしないかを判断するとき（意見が前に大法廷でした、その法律、命令、規則または処分が憲法に適合するとの裁判と同じであるときを除く）、②前述の場合を除いて、法律、命令、規則または処分が憲法に適合しないと認めるとき、③憲法その他の法令の解釈適用について、意見が前に最高裁判所のした裁判に反するときは大法廷でのみ審理される（裁所法10条）。裁判所における合議は過半数であるが、違憲判断を下す

場合には、8名以上の裁判官の意見が一致しなければならない（最高裁事規則12条）。

（2）下級裁判所の組織と権限

　下級裁判所の裁判官（高等裁判所長官、判事、判事補、簡易裁判所裁判官）は、最高裁判所の指名した名簿によって、内閣が任命する（憲法80条1項）。任期は10年であるが、再任されることができる（同条）。定年は、簡易裁判所裁判官は70歳であり、その他の裁判官は65歳である（同80条1項但し書、裁所法50条）。

（ア）高等裁判所
　高等裁判所は、8都市（東京、大阪、名古屋、広島、福岡、仙台、札幌、高松）に置かれているほか、6都市に支部が設けられている。また、特別の支部として、東京高等裁判所に知的財産高等裁判所が設けられている。
　高等裁判所は、高等裁判所長官および判事で構成される（裁所法15条）。高等裁判所長官は、内閣が任命し（同40条1項）、天皇が認証する（同条2項）。
　高等裁判所は、①地方裁判所の第一審判決、家庭裁判所の判決および簡易裁判所の刑事に関する判決に対する控訴、②訴訟法において特に定める抗告を除いて、地方裁判所および家庭裁判所の決定および命令ならびに簡易裁判所の刑事に関する決定および命令に対する抗告、③刑事に関するものを除いて、地方裁判所の第二審判決および簡易裁判所の判決に対する上告（飛躍上告）、④刑法77条から79条の罪（内乱罪）に関する訴訟の裁判権をもつ（裁所法16条）ほか、選挙に関する行政訴訟ついても第一審の裁判権をもつ（公選法203条1項・204条・207条1項・208条・210条・211条・217条）。また、知的財産高等裁判所は、東京高等裁判所の管轄に属する事件のうち、特許権に関する地方裁判所の判決に対する控訴、特許庁が行った審決に対する取消訴訟等、一定の知的財産に関する事件を取り扱う（知的財産高等裁判所設置法2条）。
　高等裁判所における裁判は、原則として3名の裁判官から構成される合議体によって審理されるが（裁所法18条2項）、内乱罪の訴訟は、5名の裁判官から構成される合議体によって審理される（同条但し書）。

（イ）地方裁判所

　地方裁判所は、各都府県に1カ所、北海道は管轄区域が四つに分かれており4カ所の、計50カ所に置かれている。また、地方裁判所支部が203カ所設けられている。

　地方裁判所は、原則的な第一審の裁判所である。他の裁判所が第一審専属管轄権をもつ特別なものを除いて、第一審事件のすべてを裁判することができ、簡易裁判所の民事の判決に対する控訴事件についても裁判権をもつ（裁所法24条・25条）。

　地方裁判所の事件は、単独裁判官または原則として3名の裁判官から構成される合議体のいずれかで取り扱われる。多くの事件は、単独裁判官によって処理されるが、①合議体で審理および裁判をすることを合議体で決定した事件、②死刑または無期もしくは短期1年以上の懲役もしくは禁錮に当たる罪の事件（強盗罪、準強盗罪、これらの未遂罪、盗犯防止法に規定される常習強窃盗罪の事件等は例外とされる）、③控訴事件、④その他法律によって合議事件と定められたものは、合議体による裁判が必要とされる（裁所法26条）。

（ウ）家庭裁判所

　家庭裁判所は地方裁判所と同様に置かれているほか、家庭裁判所出張所が77カ所設けられている。

　家庭裁判所は、①家事事件手続法が定める家庭に関する事件の審判および調停（失踪宣告の取り消しの審判、相続に関する審判等）、②人事訴訟法が定める人事訴訟の第一審の裁判（婚姻の無効および取り消しの訴え、嫡出否認の訴え、認知の訴え等）、③少年法が定める少年の保護事件の審判（少年事件）について裁判権をもつ（裁所法31条の3）。

　また、家庭裁判所には、家庭裁判所調査官が置かれ（裁所法61条の2）、心理学・社会学・社会福祉学・教育学などの専門的な知識や技法を活用した事実の調査や調整を行う。

　家庭裁判所の事件は、①合議体で審判または審理および裁判をする決定を合議体でした事件、②他の法律において合議体で審判または審理および裁判をすべきものと定められた事件を除いて、1名の裁判官でその事件を取り扱う（裁所法31条の4第1項・2項）。

（エ）簡易裁判所

簡易裁判所は、全国438カ所に置かれている。

簡易裁判所は、民事事件については、訴訟の目的となる物の価額が140万円を超えない請求事件について（裁所法33条1項1号）、また刑事事件については、罰金以下の刑に当たる罪および窃盗、横領などの比較的軽い罪の訴訟事件などについて（同2号）、第一審の裁判権をもつ。

簡易裁判所は、その管轄に属する事件について、罰金以下の刑または3年以下の懲役刑のみを科すことができる（裁所法33条2項）。この制限を超える刑を科すことを相当と認めるときは、事件を地方裁判所に移送しなければならない（同条3項）。

簡易裁判所におけるすべての事件は、1名の簡易裁判所判事によって審理し、裁判される（裁所法35条）。

（3）審級制

審級制とは、裁判所に上下の階級を設け、下級審の判決に不服のある訴訟当事者が上級審に不服申し立てをした場合に、上級審はその申し立てに理由があると認めるとき、下級審の判断の取り消しまたは変更をする裁判ができるという制度である。第一審の判決に不服のある訴訟当事者は、第二審に不服申し立て（**控訴**）をすることができ、第二審判決にも不服のある訴訟当事者は、さらに第三審の裁判所に不服申し立て（**上告**）をすることができる。この審級関係において上位にある裁判所を上級裁判所、下位にある裁判所を下級裁判所といい、不服申し立ての控訴と上告をあわせて**上訴**という。日本では、第一審、第二審、第三審の三つの審級の裁判所を設置して、訴訟当事者が希望すれば、原則として3回までの反復審理を受けることができるという**三審制**を採用している。

2　司法権の独立

（1）司法権の独立の意義

裁判は、国民の権利義務に重大な関係をもつことから、法に従って公正に行わなければならない。したがって、裁判の公正を確保し、裁判に対する国民の信頼を維持するためには、裁判官の独立は必要不可欠であ

る。日本国憲法は、裁判官の職権の独立（憲法73条3項）、裁判官の身分保障（同78条）、裁判所の人事・予算・その他の運営に関する司法部の自律権（同77条・78条・80条1項）を定めている。

司法権の独立が必要とされる理由は、①司法権は非政治権力であって、政治性の強い立法権・行政権から侵害される危険性が高いこと、②司法権は裁判を通して国民の権利を保護することを職責とし、政治的な干渉・介入を排除して、特に少数者の保護を図ることが必要であることにある。

(2) 裁判官の職権の独立

（ア）76条3項の趣旨

憲法76条3項は、「すべて裁判官は、その良心に従ひ独立してその職権を行ひ、この憲法及び法律にのみ拘束される」と定めている。この規定は、裁判官の職権の独立を保障するものであり、裁判官の独立の中核である。

「裁判官は、その良心に従ひ独立してその職権を行」うとは、「裁判官が有形無形の外部の圧力乃至誘惑に屈しないで自己内心の良識と道徳観に従う」（最大判昭和23・11・17）という意味であり、ここでいう良心とは、裁判官個人の主観的良心（主観的な価値観・人生観・世界観）ではなく、客観的良心（裁判官の職業倫理）を意味するとされる。

また、「法律」とは、形式的意味の法律に加えて、「裁判所規則、政令、地方公共団体の条例その他適法に存在する一切の法を含」み（東京高判昭和27・1・14）、さらに不文法である慣習法や条理も含まれる。

（イ）職権の独立

内閣は、最高裁判所裁判官の指名権、下級裁判所裁判官の任命権によって、司法部に対して強い影響力を行使することができるため、裁判官の職権の独立について特に配慮しなければならない。例えば、裁判官の個人的な思想や団体加入を理由とする忌避申し立て（裁判官が不公正な裁判をするおそれがある場合に当事者の申し立てによって、当該裁判官を職務執行から排除すること）は問題があるだろう。

国会との関係では、**国政調査権**の範囲と限界の点で問題となる。国政

調査権の範囲は国政全般にわたるため、司法権の行使もその対象となるが、司法権の独立との関係で限界がある。裁判官がその良心に従って独立して裁判を行うことに対して、重大な影響を与える可能性がある調査は認められない。例えば、現に裁判所に係属中の事件について調査すること（並行調査）は、国政調査権の行使が、裁判官の心証の形成に影響を与える可能性があるため、司法権の独立を犯すと考えられる。一方で、行政監督または立法調査という裁判所とは別の目的で行われる調査については許容される場合もある。

裁判所内部においては、上級裁判所は下級裁判所に対して司法行政上の監督権をもつ。しかし、その監督権によって個々の裁判官の裁判に直接または間接に影響を与えたり、これを制限したりすることは許されない。また、同一裁判所内では、上司から部下への具体的指示は、たとえ私信であったとしても、裁判に影響を与えることになるため、裁判官の職権行使の独立という観点から許されない。

（3）裁判官の身分保障

（ア）罷免

憲法78条は、「裁判官は、裁判により、心身の故障のために職務を執ることができないと決定された場合を除いては、公の弾劾によらなければ罷免されない」と定めており、裁判官の罷免は以下の三つの場合に限られる。

裁判官が、精神的能力の喪失、身体の障害、失踪、行方不明など、心身の故障によって裁判官としての職務を行うことができない場合でかつ回復の見込みがない場合には、当該裁判官の監督権を行使する裁判所の申し立てに基づいて、高等裁判所または最高裁判所大法廷が裁判を行い、この裁判が確定すれば、最高裁判所が内閣にその旨を通知し、内閣が免官を決定する（憲法78条、裁所法48条、裁判官分限法1条）。

裁判官は、両議院の議員で構成され、国会に設置された**弾劾裁判所**の裁判によって罷免される（憲法64条、裁判官弾劾法2条・5条・19条・26条）。

最高裁判所裁判官は、任命後最初に行われる衆議院議員総選挙の際に**国民審査**に付され、その後10年を経過した後の最初の総選挙の際に再度審査に付され、その後も同様である（憲法79条2項）。最高裁判所が憲法

上の機関であり、裁判所の頂点に位置するという重要な地位から、また憲法の最終的な解釈権をもつことから、最高裁判所裁判官を国民審査に付し、最高裁判所に対する民主的統制を認めたものである（宮澤 1978: 642）。

（イ）懲戒

懲戒とは、罷免にまでは至らないような職務上の非行があった時の制裁措置である。懲戒は司法部の自律に委ねられており、立法機関や行政機関が裁判官に対する懲戒処分を行うことはできない。憲法78条は、「裁判官の懲戒処分は、行政機関がこれを行ふことはできない」と定めているが、これは行政機関による任命権に懲戒権が付随しないことを明確にしたものである。

裁判官は、「職務上の義務に違反し、若しくは職務を怠り、又は品位を辱める行状があつたときは……裁判によつて懲戒される」（裁所法49条）。裁判手続は職務執行不能の裁判と同様である（裁判官分限法3条）。懲戒処分は、戒告または1万円以下の科料であり（同法2条）、その意に反する転官・転所・停職・減俸は認められない。

（ウ）報酬の保障

裁判官は経済生活上の保障、つまり報酬の保障も受ける。最高裁判所裁判官および下級裁判所裁判官は、定期に相当額の報酬を受け、在任中は減額されることはない（憲法79条6項・80条2項）。国会議員が歳費特権をもちつつも（同49条）、減額されない権利まで保障しているわけではないこととは対照的である。

（エ）下級裁判所裁判官の再任

下級裁判所裁判官の任期は10年であり、「再任されることができる」（憲法80条1項）。下級裁判所裁判官の再任制度は、下級裁判所裁判官の地位を安定させて身分保障を図るとともに、独善化を未然に防止しようとするものである。裁判官は任命の日から10年経過するとその身分を失う。しかし、任期制は、特段の事由がある不適合者を排除する目的で採用されたものであり、再任を希望する限り、原則として再任される。す

なわち、最高裁判所は、原則的に再任を希望する裁判官を再任名簿に記載し、内閣はこれを任命しなければならない。例外的に再任されない場合、憲法78条に準じる理由がある場合に限られ、再任を拒否する場合には、拒否理由が開示されなければならないと解される（宮澤 1978: 664）。

3　司法権の範囲と限界

（1）司法権とその帰属

（ア）裁判権と司法権

　裁判とは、当事者間に生じた紛争について第三者（裁判官）が双方の主張を検討していずれの主張が正当であるかを判断し、その紛争を解決する作用である。この意味での裁判は歴史的・地域的に普遍的な概念である。しかし、裁判（権）と司法（権）の関係は各国で異なる。フランスやドイツでは、裁判は一般に司法の上位概念として用いられるのに対して、アメリカや日本では裁判と司法は同一のものと考えられている。

　憲法76条1項は、「すべて司法権は、最高裁判所及び法律の定めるところにより設置する下級裁判所に属する」と定め、最高裁判所を頂点とする裁判所が司法権を行使する主体であること、つまり、司法権は最高裁判所をはじめとした裁判所に帰属することを明らかにしている。

（イ）司法権の一元化

　英米法系では行政事件の裁判が司法権に含まれるのに対して、フランスやドイツをはじめとする大陸法系では行政事件は伝統的に司法裁判所とは別系列の行政裁判所に属するとされている。大日本帝国憲法における司法権は、ドイツ法の影響を強く受けていたため、司法権は民事・刑事事件の裁判権に限られ、行政事件の裁判は司法権に属さない行政裁判所の管轄とされてきた。しかし、日本国憲法はアメリカ法の影響を受けており、司法権は民事・刑事・行政事件の裁判権をもっている（東京高判昭和24・12・5）。

（ウ）特別裁判所の禁止

　特別裁判所とは、特定の人または事件について裁判するために、通常

の裁判所の系列から独立して、かつ終審として設置される裁判所をいう。例えば、大日本帝国憲法下で設置されていた行政裁判所、皇室裁判所、軍法会議がこれにあたる。司法権は司法裁判所に統一的に帰属するという原則を徹底し、すべての国民に裁判の平等を保障するために、憲法76条2項は特別裁判所を禁止している。したがって、家庭裁判所は、特定の人または事件について裁判するものの特別裁判所にあたらず（最大判昭和31・5・30）、また、労働裁判や行政裁判を専門的に扱う裁判所を設置することも、それが通常の裁判所の系列内にあるかぎり、違憲ではない。

（エ）行政機関による終審裁判の禁止

憲法76条2項後段は、行政機関が終審として裁判を行うことを禁止している。逆に言うと、前審としてであれば、行政機関による裁判も可能である。現代国家は、特殊な事項に関する専門的・技術的な性質や事件を迅速に裁定する必要性から、行政機関による審判を行うことも許容される。例えば、行政不服審査法に基づく異議申し立てなどの「裁決」、公正取引委員会の「審決」、特許審判・海難審判などの「審判」がある。これらの行政機関が前審として行った審判の結果に、裁判所が拘束されることはない。

(2) 司法権の範囲

（ア）司法権と法律上の争訟

司法権が裁判所に帰属することは憲法76条1項の規定から明らかであるが、この規定だけでは司法権の意味は明らかにならないため、その解釈が必要となる。学説では、司法権とは「具体的な争訟について、法を適用し、宣言することによって、これを裁定する国家の作用」であると説明される（清宮 1979: 335）。

裁判所法3条1項は、「裁判所は、日本国憲法に特別の定のある場合を除いて一切の法律上の争訟を裁判し、その他法律において特に定める権限を有する」と定めており、司法権の意味を確認した規定であるとされる。これを受けて、学説は、「具体的な争訟」について憲法上の考察をするのではなく、それを裁判所法3条1項の「**法律上の争訟**」と同義と解

して、つまり、この規定を憲法上の司法権概念の具体化と解して、「法律上の争訟」の意味に関する説明を行ってきた。判例は、「法律上の争訟」を「当事者間の具体的な権利義務ないし法律関係の存否に関する紛争であって、且つそれが法律の適用により終局的に解決し得べきものであることを要する」として、法律上の争訟を満たす要件を示した（最判昭和28・11・17）。

したがって、「法律上の争訟」にあたるためには、①当事者間の具体的な権利義務ないし法律関係の存否に関係する紛争であること（具体的事件性）、②法律を適用することによって終局的に解決することができる紛争であること（終局的解決可能性）の二つの要件を満たさなければならない。例えば、具体的な事件になっていない抽象的な法律の解釈、国家試験の不合格の判定、宗教上の教義に関する争い、個人の意見の当否などは、これらの要件を満たさないため、司法審査の対象にならない。

（イ）その他法律において特に定める権限

当事者の個人的な権利利益の侵害に対する保護を目的とする訴訟を**主観訴訟**といい、これは法律上の争訟にあたる。その他、当事者の具体的な権利利益とは直接関係なく、客観的に行政法規の正しい適用を確保することを目的とする訴訟を**客観訴訟**という。例えば、行政の民主的統制のため、法律違反の行為を是正するための民衆訴訟（行訴法5条）として、住民訴訟（地自法242条の2）、選挙訴訟（公選法203条以下）がある。また、機関相互間の権限の存否やその行使についての争いを解決するための機関訴訟（行訴法6条）として、地方議会の議決または選挙に関する訴訟（地自法176条）がある。

(3) 司法権の限界

司法権は「一切の法律上の争訟」に及ぶが、「法律上の争訟」の二つの要件を満たす場合でも、つまり、司法権の範囲とされるものであっても、事柄の性質上、司法権が及ばないものがある。これを**司法権の限界**といい、三つの類型に大別される。第一に、憲法明文上の限界として、国会議員の資格争訟の裁判（憲法55条）、裁判官の弾劾裁判（同64条）がある。第二に、国際法上の限界として、外国の元首や外交使節がもつ治外法権、

条約による裁判権の制限がある。第三に、憲法や法律に規定はないが、解釈上司法権が及ばないとされるものがある。すなわち、裁量行為、国会・内閣の自律権、統治行為、団体の内部事項は、審査対象から除外される。

（ア）裁量行為
　政治部門である立法機関や行政機関は、法が定める範囲内でいかなる行為をなすかについて最終的な決定権をもつので、その範囲内の行為（**裁量行為**）に対しては、その裁量を著しく逸脱したり濫用したりした場合でない限り、審査権は及ばない。この裁量は、①専門技術的な判断が求められるという観点（専門技術的裁量）、②総合政治的な判断が求められるという観点（政治裁量）から、立法機関には立法裁量が、行政機関には行政裁量が認められる。内閣総理大臣による国務大臣の任免行為は行政裁量の例である。また、近年では、社会権、とりわけ福祉の問題（年金、福祉手当ての支給範囲や支給額）、選挙に関する立法（選挙区割と定数）などで立法裁量と行政裁量が問題となる。

（イ）国会・内閣の自律権
　国会や内閣の行為には、自律的判断（**自律権**）によって決定したものが最終決定となり、審査権は及ばないとみるべきものがある。例えば、各議院がもつ所属議員の懲罰権（憲58条2項）や資格争訟の裁判権（憲55条）、国会・内閣の意思決定の手続に関する事項がある。したがって、懲罰を受けた議員が裁判所に訴えて、その取り消しを求めることはできない。

（ウ）統治行為
　統治行為とは、高度に政治的な国家行為ないし国家的利害に直接関係する事項を対象とする国家行為をいい、理論上は、具体的な争訟として裁判所による法律判断が可能であっても、司法審査の対象から除外されるという考え方である（**統治行為**または政治問題の法理）。
　判例では、衆議院議員である苫米地義三が、第三次吉田内閣によって行われた「抜き打ち解散」は、憲法69条に基づかない解散であり、違憲無効であるとして訴えた苫米地事件（最大判昭和35・6・8）で争われた。最

高裁判所は「直接国家統治の基本に関する高度に政治性のある国家行為のごときはたとえそれが法律上の争訟となり、これに対する有効無効の判断が法律上可能である場合であっても、かかる国家行為は裁判所の審査権の外にあり、その判断は主権者たる国民に対して政治的責任を負うところの政府、国会等の政治部門の判断に委され、最終的には国民の政治判断に委ねられている」として、憲法判断を回避した。

　統治行為を認める学説は、その論拠から二つに分けられる。

　自制説は、原理的には統治行為についても審査は及ぶが、実際の困難のために裁判所は審査を自制すべきであると考える。その論拠として、①違憲・違法判決によって政治的・社会的に混乱が生じること、②裁判所が政争に巻き込まれ、司法の政治的中立性が脅かされること、③裁判官には高度な政治的問題を判断する能力・資質に乏しく、適切な判断のための十分な資料を収集できる立場にないことを挙げる。

　内在的制約説は、統治行為を司法権の本質に内在する原理的な制約であると考える。その論拠として権力分立と民主政の原理が挙げられ、政治的に重要な意味をもつ国家行為の当否は、憲法の民主政の原理を考慮すると、政治的に責任を負わない裁判所ではなく、主権者である国民に対して政治的責任を負う国会・内閣などの政治部門の判断に委ねられ、最終的には国民の政治的判断に委ねられるべきであるとする。

　また、両説に対する批判として、統治行為は個別的で実質的な論拠を十分に示すことができる場合にのみ具体的かつ個別的に認めるべきであるとする機能説がある。すなわち、権利救済の必要性とこの種の行為に対する裁判制度・手続から導かれる判断の限界を具体的に検討した上で、情報収集能力や判断基準からみて裁判所の判断能力に限界があり、また、さまざまな判断形式によっても事後的な混乱を回避できず、さらに法的判断を下すことなく問題の解決を国民に委ねることが適切である事項に統治行為は限定されるべきである。

（エ）団体の内部事項

　団体の内部事項について、審査権が及ばない場合がある。一般の市民社会の中にあって、それとは別個な自律的ルールをもつ部分社会があり、これらの部分社会における内部紛争は、一般の市民法秩序と直接関

係しない限り、裁判所の司法審査が及ばないという考え方を**部分社会論**（または部分社会の法理）という。

最高裁判所は、地方議会の議員の懲罰（村議会議員の出席停止処分）について「自律的な法規範をもつ社会ないしは団体に在つては、当該規範の実現を内部規律の問題として自治的措置に任せ、必ずしも、裁判にまつを適当としないものがある」として、地方議会の懲罰を出席停止と除名に分けて、前者については審査権が及ばないが、後者については議員の身分の喪失に関わるので審査の対象となると判断した（**地方議会事件**：最大判昭和35・10・19）。また、大学の単位認定行為が争われた**富山大学事件**においても、「一般市民社会の中にあつてこれとは別個に自律的な法規範を有する特殊な部分社会における法律上の係争のごときは、それが一般市民法秩序と直接の関係を有しない内部的な問題にとどまる限り、その自主的、自律的な解決に委ねるのを適当とし、裁判所の司法審査の対象にはならないものと解するのが、相当である」と判断した（最判昭和52・3・15）。さらに、政党による除名処分が問題となった**共産党袴田事件**では、政党の自律性を尊重し、その内部規定が「公序良俗」に反するなどの特別の事情がない限り、審査権が及ばないと判断した（最判昭和63・12・20）。

最高裁判所は、これらの判例において、すべて部分社会論として扱っているわけではなく、各団体の目的・性格・機能の面から個別具体的に審査権の範囲と限界を検討している。部分社会論がもつ意義は、裁判所の審査権が及ばないという消極的なものではなく、多元主義に基づいて、自律的な法規範をもつ団体の意思を尊重するという積極的なものにある。

4 違憲審査制度

（1）違憲審査制

違憲審査制とは、裁判的機関が、憲法保障と人権保障のために、憲法の解釈に関する争いや法令などの国家行為の憲法適合性の問題を申し立てに基づき、裁判手続において事後的に決定する制度である。

日本国憲法は、国の**最高法規**としてこれに反する一切の法律・命令・

規則などは効力を有しないとしている（98条1項）。憲法の最高法規性を保障するためには、国家行為が憲法に適合しているかどうかを判断する「憲法の番人」としての機関が必要である。憲法81条によれば、裁判所は「一切の法律、命令、規則又は処分が憲法に適合するかしないかを決定する権限」、つまり違憲立法審査権をもつ。

（2）違憲審査制の歴史

アメリカは、近代において裁判所が違憲審査権を行使していた例外的な国である。アメリカ合衆国憲法には違憲審査制を定めた規定は存在しないが、合衆国最高裁判所は、1803年のマーベリー対マディソン事件以来、判例の積み重ねによって違憲審査権を確立してきた。

また、オーストリアは、第一次世界大戦後の1920年に制定された憲法で、同国出身の法学者ケルゼン（H. Kelsen）の構想に基づいて、憲法訴訟の裁判権を独占する**憲法裁判所**を創設した。第二次世界大戦後は、（西）ドイツ、イタリアなど西ヨーロッパの多くの憲法で、違憲審査権をもつ憲法裁判所の制度が導入された。とりわけ、ドイツ連邦憲法裁判所は成功例であり、この影響を受けて、1989年の東西冷戦終結以降に制定された憲法の多くは、憲法裁判所を設けるようになっている。

近代立憲主義の確立期には、民主的正統性をもつ立法機関が法律の憲法適合性に関する最高の解釈権限をもつと考えられていた。しかし、ファシズム・ナチズムの時代を経験して、法律によって憲法上保障された基本的人権が侵害されることが認識されるようになると、立法機関以外の裁判的機関に、憲法の保障権限、つまり最終的な有権的解釈権限を与える例が増加した。現在では、立憲主義憲法をもつほとんどの国が、違憲審査制を採用している。

（3）付随的違憲審査制と抽象的違憲審査制

違憲審査制は、国の政治・社会的背景、機能、具体的な手続などによって相違があるが、違憲審査制の主体によって分類するのが一般的である。すなわち、①通常の裁判所が通常の訴訟手続において法律を適用して具体的な事件を解決する前提として、その法律の憲法適合性を付随的に審査する司法裁判所型違憲審査制（付随的違憲審査制──アメリカ型）と、

第13章　司法　　197

②憲法訴訟のために特別に設けられた裁判所が具体的事件の解決の前提としてではなく、主たる問題として法律の憲法適合性を一般的・抽象的に判断する憲法裁判所型違憲審査制（憲法裁判型——ドイツ・オーストリア型）である。

（ア）司法裁判所型違憲審査制（付随的違憲審査制）
　司法裁判所型違憲審査制の代表国がアメリカである。アメリカでは、通常裁判所が、具体的な訴訟事件を審査するのに付随して、その事件に適用すべき法令の合憲性を審査する。そのため、**付随的違憲審査制**とよばれる。合衆国最高裁判所だけではなく、すべての裁判所がこの権限をもつのが特徴であり、違憲とされた法令は当該事件において適用されないだけで、法令が廃止される効果はない（**個別的効力**）。司法裁判所型違憲審査制の目的は、主に憲法上保障された個人の権利の救済にある。

（イ）憲法裁判所型違憲審査制（憲法裁判型）
　ドイツでは、ワイマール憲法時代、連邦と州（ラント）、州相互の争議などを判断する権限をもつ国事裁判所の伝統があった。この時代には、一般の裁判所が連邦法律の合憲性審査権をもつかについては、学説などで議論がされていた。このような議論の蓄積を踏まえて、ドイツ基本法において、違憲審査権を独占的にもつ**連邦憲法裁判所**が設置された。連邦憲法裁判所は、連邦国家的争訟に関する裁判権だけではなく、法令の憲法適合性や州法の連邦法適合性審査を行う規範統制（具体的規範統制・抽象的違憲審査制）などの権限をもっている。**具体的規範統制**とは、連邦憲法裁判所以外の裁判所は、法律が違憲であると確信し、そのことが判決の結果に影響を及ぼす場合には、手続を中止して、連邦憲法裁判所に移送しなければならない。**抽象的規範統制**とは具体的な事件を前提とせず、連邦政府、州政府、連邦議会議員の4分の1などの申し立てに基づいて、法令の憲法適合性を審査する。この手続は、申立権者の権利・利益や権限と関係なく法律の憲法適合性を審査するという特徴をもつという意味で「抽象的」と称される。そのため、ドイツ型の違憲審査制は**抽象的違憲審査制**であるといわれる。違憲判決はすべての国家機関を拘束するため、立法機関は当該規定を削除することが義務づけられる（**一般的**

効力）。また、憲法裁判型違憲審査制の目的は、客観的な憲法秩序の保障
にある

（4）日本の違憲審査制

　日本国憲法の違憲審査制の性格については、学説上、司法裁判所説と
憲法裁判所併存説が対立してきた。通説である司法裁判所説によれば、
憲法81条は最高裁判所をはじめとする裁判所に、具体的な訴訟事件の
裁判に際してその前提としてそれに必要な範囲において当該法令の憲法
適合性を審査する権限を与えたものであるとされる（清宮 1979: 371）。他
方、憲法裁判所併存説によれば、81条は、最高裁判所に司法裁判所とし
ての性格のほかに、憲法裁判所としての性格を認め、具体的争訟事件と
は関係なく、一般的・抽象的に当該法令の憲法適合性を審査し、決定す
る権限が与えられているとする（佐々木 1952: 358）。このような学説の対
立は、司法裁判所型か憲法裁判所型かという二者択一の議論が前提とな
っているが、司法裁判所説を前提とした上で、一定の範囲で抽象的な審
査権を認めようとする見解もある（畑尻 1999: 224以下）。
　判例では、日本国憲法は司法裁判所型を採用していると一貫して判断
されてきた。その先例が警察予備隊違憲訴訟（最大判昭和27・10・8）であ
る（なお最大判昭和23・7・7、最大判昭和25・2・1参照）。
　1950（昭和25）年、警察予備隊は、朝鮮戦争勃発を契機として、GHQ
の指示を受けた日本政府によって創設された。日本社会党委員長であっ
た鈴木茂三郎は、警察予備隊は組織、編成および訓練などの点で軍の形
を備えており、憲法9条が保持を禁止する戦力に該当するという実体論
とともに、憲法81条は最高裁判所に一般の司法裁判所としての性格に
加えて、憲法裁判所としての性格を付与しているとする手続論を主張
し、最高裁判所に直接訴えを提起した。最高裁判所は、「わが裁判所が現
行の制度上与えられているのは司法権を行う権限であり、そして司法権
が発動するためには具体的な争訟事件が提起されることを必要とする。
我が裁判所は具体的な争訟事件が提起されないのに将来を予想して憲法
及びその他法律命令等の解釈に対し存在する疑義論争に関し抽象的な判
断を下すごとき権限を行い得るものではない」と述べた。そして、「現行
の制度の下においては、特定の者の具体的な法律関係につき紛争の存す

第13章　司法　　199

る場合においてのみ裁判所にその判断を求めることができるのであり、裁判所がかような具体的事件を離れて抽象的に法律命令等の合憲性を判断する権限を有するとの見解には、憲法上及び法律上何等の根拠も存しない」と結論づけて、訴えを却下した。

(5) 合一化傾向

　従来、アメリカ型とドイツ型は対置されてきたが、機能的には接近する傾向（合一化傾向）にあり、相互補完的な機能を有している。アメリカでは、事件・争訟性の要件や違憲性を争う適格が緩和されており、また合衆国最高裁判所は事件を受理することについて裁量権をもつため、扱う事件の多くは憲法に関わるものとなり、合衆国最高裁判所は憲法裁判所的に機能している。さらに、違憲判決は先例拘束性により、実質的に一般的効力と類似する効果をもっており、個別的な権利救済を超えて客観的な憲法秩序の保障の役割をも果たしている。他方、ドイツにおける抽象的規範統制は、反対党が政治的闘争を裁判所で継続するために濫用されるという批判があることなどから、実際にはほとんど利用されていない。連邦憲法裁判所が扱う事件の圧倒的多数を占めるのは、公権力によって基本権が侵害された場合に、各人が申し立てる**憲法異議**という権利保障型の手続である。

(6) 違憲審査制の対象・効力

（ア）違憲審査の対象

　憲法81条によれば、違憲審査の対象は、「一切の法律、命令、規則又は処分」である。これには、地方議会が制定する条例や省令、政令などの命令、人事院規則、地方公共団体の長や委員会などが定める規則なども含まれる。また、処分とは、行政庁が行う許可・不許可の処分などの意味であるが、裁判所の判決もこれに含まれると解される。

　本条に挙げられていない条約が違憲審査の対象となるかについて争いがある。**条約優位説**の場合には違憲審査の問題は生じない。また、**憲法優位説**の場合でも、①憲法98条2項が国際協調主義を宣言していること、②国家間の合意という性質をもち、さらに政治的な内容を含む条約の特殊性、③憲法81条に明示されていないことを根拠として、条約は違

憲審査の対象とならないと考える説もある。しかし、違憲審査制が憲法の最高法規性と人権を保障する機能をもつことを重視すれば、条約が審査の対象から当然に除外されると考えるべきではない。

（イ）違憲判決の効力

　最高裁判所によって違憲であると判断された法律の効力については争いがあり、従来から個別的効力説と一般的効力説が対立してきた。

　個別的効力説によれば、違憲であると判断された法律は当然に効力を失うのではなく、当該事件に限り違憲とされた法律が適用されないだけであって、国会には法律の改廃を、内閣には法律の不適用を期待し、あるいは政治道徳的に義務づけるとしても、一般には依然として効力をもつ。

　一般的効力説によれば、違憲であると判断された法律は当該事件についてだけ無効となるのではなく、国会での改廃手続を待たずに一般的・客観的に無効となる。

　また、最高裁判所が法律を違憲と判断した場合、国会はその法律の違憲性を取り除くための措置を合理的な期間内にとることを法的に義務づけられ、内閣は当該措置がとられるまで、原則としてその法律を執行する義務を免除されるという学説もある（野中 1987: 122）。

練習課題
- 司法権の範囲と限界についてまとめてみよう。
- 二つの違憲審査制を比較し、そのメリット・デメリットについて具体例を挙げて考えてみよう。

第**14**章

財政・地方自治

1 財政

　財政とは、「伝統的に、国家がその任務を達成するために必要な財力を調達し、管理し、使用する作用と定義されてきた」ところである（金子1984: 1）。一般に、組織の維持運営には、ヒト・モノ・カネが必要であるとされてきた。国家でいえば、「ヒト」、すなわち人的資源は公務員を、「モノ」、すなわち物的資源は公物（国や地方公共団体といった「行政主体が直接に公の用に供する有体物」をいう（宇賀2024: 591））を、「カネ」、すなわち財務的資源は財力ないしその源である財源を、それぞれ指すものといえる。いずれも欠くことのできない点は自明であろうが、とりわけ、財源がなければ、国家は、俸給や歳費を対価として公務員を任用し、国民全体の奉仕者として公務に従事させることも、公物としての国立公園を設置し、国民に憩いの場を提供することもできない。こうした財力のもつ重要性に鑑み、日本国憲法は、他の章から独立して、第7章に財政規定を置いている。

　本節では、財政に関する基本原則を取り上げつつ、財政のなかでもとくに重要なものとして、財源の「調達」としての財政収入と、財源の「使用」としての財政支出に言及する。

（1）財政民主主義

　国民主権の原理から、財政は国民の意思に基づいて行われなければな

らない。しかし、個々別々の国民の意思を隈なく反映させることは、おそらく不可能であろう。そこで、憲法83条は、「国の財政を処理する権限は、国会の議決に基いて、これを行使しなければならない」と規定し、民主主義過程を通じて間接的に表明された国民の意思を、財政作用の基礎ないし基盤として求めることとした。このような憲法原則を**財政民主主義**といい、同条は、84条以下の各条項を包括する総則的規定であると位置づけられる。

憲法83条は、「必ずしも国の財政作用に属するすべての行為について個別的に国会の議決が必要であるとする趣旨ではな」く（浦部 1988: 1308）、財政作用を国民の意思のもとにおく趣旨であると解するべきである。実際、財政収入について、租税の賦課徴収は「法律」に基づいて行われなければならない（同84条）一方、財政支出について、国庫債務負担行為（複数年度にわたって金銭給付義務を負う契約の締結等）には「国会の議決」が必要であると規定されている（同85条）。租税の賦課徴収は、広く納税者全般に対する財政作用であるから、一般的な国会の意志の具現としての法律に基づくことが求められる。対照的に、国庫債務負担行為は、個別具体的な財政作用であるから、一般的な国会の意志（法律）では足りず、個別具体的な国会の意志の具現としての議決が必要となる。

以下、財政民主主義に関連して、3点補足しておこう。

（ア）予算の法的性質

財政に関して、憲法の規定する手続を概観すると、次のようになる。まず、毎年度の歳入歳出に関する計画である**予算**を、内閣が作成し、国会に提出する（憲法73条5号）。国会の審議を経て議決がなされると、予算は成立し、これをもって国は財政作用を実施することができる。

予算は、独自の法形式であると解されている。これを、**予算法形式説**（または、予算法規範説）という。その論拠として、①予算は、国民に対する直接の法的拘束力をもたないこと、②法律と同様に、予算にも衆議院の先議権が認められる（憲法60条1項）ものの、再議決の制度は採用されていない（同条2項）こと、等が挙げられる（なお、予算をめぐる衆議院の優越について、第11章参照）。このような見解ないし制度の帰結として、予算と法律の不一致という問題が生ずる。たとえば、法律が成立したにもかか

わらず、その法律を執行するために必要な予算が確保されなかった場合が挙げられる。内閣は、憲法73条1号により、「法律を誠実に執行」する義務を負っていることから、補正予算を作成して国会に提出しその議決を経る、といった対応を迫られることとなる。

（イ）一般会計と特別会計
　予算は、会計別に、一般会計予算と特別会計予算に分類される（財政法13条1項）。**特別会計**とは、「国の会計のうちある特定の行政目的を達成するために特定の歳入を以て特定の歳出に充て一般の歳入歳出と区分して経理される部分」を指し（杉村 1982: 37）、ここにいう「一般の歳入歳出」、つまり、特別会計を除いた部分を、**一般会計**という。
　特別会計は、法律（現行法下では、「特別会計に関する法律」がこれに当たる）に基づいて、①国が特定の事業を行う場合、②特定の資金を保有してその運用を行う場合、③特定の歳入を以て特定の歳出に充て一般の歳入歳出と区分して経理する必要がある場合に限り、設置が許容される（財政法13条2項）。一連の改革によって、2007（平成19）年度には31あった特別会計は、2017（平成29）年度以降13まで減少した。特別会計に関する法律が2024（令和6）年6月に改正され、2025（令和7）年4月、「子ども・子育て支援特別会計」が新設されている。特別会計には、効率的な財政運営が可能となるとして積極的に評価される側面があるものの、その濫立によって財政の通覧性が阻害され、また、財政が硬直的に運用されるおそれも否定できない。したがって、新たな特別会計を"あえて"創設することの意義やその必要性が、国民に対して十分に説明されなければならない。

（ウ）会計検査院
　財政の適正化を図るための手法として、公正かつ中立的な第三者による確認が考えられる。憲法上、毎年度の予算に対する実績である決算を検査する機関として、**会計検査院**が存在する。内閣は、決算について、会計検査院の行う検査を受け、その検査報告とあわせて国会に提出する（憲法90条）とともに、国会および国民に対して、財政状況を報告しなければならない（同91条）。会計検査院法20条によれば、会計検査院は、

「常時会計検査を行い、会計経理を監督し、その適正を期し、且つ、是正を図る」必要があり（2項）、「正確性、合規性、経済性、効率性及び有効性の観点その他会計検査上必要な観点から検査を行う」こととされている（3項）。

　会計検査院による検査は、財政の適正性を担保する制度であるものの、憲法90条1項は、国会への提出義務を内閣に課すにとどまっていることから、実務上、国会の議決は不要であるとして運用されている。しかし、財政民主主義を貫徹するならば、国会による統制を強化し、予算の執行をめぐる内閣の法的ないし政治的責任を問う制度に改めるべきであろう。

(2) 租税法律主義

（ア）沿革

　国家の財政収入は、基本的に、国民から徴収された租税によって賄われている。歴史を振り返ると、たとえば、イギリスでは、国王により、戦費調達等を理由として、領民等に対する恣意的な課税がたびたび行われてきた。これに反発した貴族などが、（身分制ではあるものの）議会の承認がない限り、国王は課税を行うことはできないとする原則を認めさせるに至った（マグナ・カルタ（1215年）、権利の請願（1628年）、権利の章典（1689年）参照）。ここに、課税を受ける側がその代表者を通じて同意する、というしくみが生まれた。また、植民地であったアメリカでは、本国イギリスにおける選挙権を与えられず、自分たちの代表を議会に送ることができないまま、一方的な課税を強いられてきた。そこで、「代表なくして課税なし（No Taxation Without Representation）」をスローガンに、イギリスからの独立を果たすこととなる（アメリカ独立革命（1775–83年））。このように、議会は、国家の財政という側面からみれば、「もともと国民が不当な負担を蒙ることをさけるために国の財政作用に適切なコントロールをおよぼす目的のために生まれたもの」（宮澤 1978: 707）であるといえるであろう。

（イ）意義

　わが国を含む多くの国々では、各会計年度における課税の承認として個別に議決をするのではなく、いったん法律を制定した後はこれが改廃

されない限り、租税の賦課徴収が継続されるという形態をとっている（**永久税主義**）。わが国において、国会議員は、国政選挙を通じて選出された「全国民を代表する」（憲法43条1項）存在であるから、国会において成立した法律には、間接的にではあるものの、全国民の意思が反映されている（という建前が成り立つ）。したがって、租税の賦課徴収が法律に基づいて行われるならば、それは、全国民の意思に基づくものであると考えられる。そこで、憲法84条は、「あらたに租税を課し、又は現行の租税を変更するには、法律又は法律の定める条件によることを必要とする」と規定し、国民の同意としての法律がない限り、国家（国および地方公共団体）は租税を賦課徴収することができない旨を明定している。このように、国家の課税権に対する民主主義的統制の確保を要請するとともに、法律に基づかない限り国民は課税を受けることはないという自由主義的権利保障を宣明する憲法原則を、**租税法律主義**という。

　わが国においては、課税処分が、法律ではなく、国税庁長官等が発遣した通達に従って行われている（通達課税）、といった主張がなされることがある。仮に、課税処分が、租税行政組織における内部規範にすぎない通達のみに基づいて行われているのだとすれば、租税法律主義に違反することはいうまでもない。法律と通達に関する事例として、パチンコ球遊器物品税課税事件（最判昭和33・3・28）がある。本件は次のような事案である。従前、パチンコ球遊器には旧物品税（消費税の導入とともに廃止された、特定の財を対象として課される個別消費税である）が課されていなかったところ、特段の立法措置は講じられていないにもかかわらず、東京国税局長による通牒を契機に、突如として課税がなされるようになった。このような旧物品税の課税処分（以下「本件課税処分」という）は租税法律主義に違反するかが争点となった。本件において最高裁判所は、「パチンコ球遊器が物品税法上の「遊戯具」のうちに含まれないと解することは困難であ」るとしたうえで、「本件の課税がたまたま所論通達を機縁として行われたものであつても、通達の内容が法の正しい解釈に合致するものである以上、本件課税処分は法の根拠に基く処分と解するに妨げがな」いと判示している。

（ウ）租税の意義

「租税」とは、「国家が、その課税権に基づき、特別の給付に対する反対給付としてでなく、その経費に充てるための資金を調達する目的をもつて、一定の要件に該当するすべての者に課する金銭給付である」と解されている（大嶋訴訟：最大判昭和60・3・27）。ここから、租税の特質として、次の5点が挙げられる。

第一に、租税は、公共サービスを提供するための資金を調達する目的をもって課されるものである（**公益性**）。したがって、たとえば、行政上の義務違反等に対する制裁として科される罰金や科料は、資金調達とは別個の目的をもつため、租税とは区別される。

第二に、租税は、国民（納税者）の意思にかかわらず、強制的に課されるものである（**権力性**。そうであるからこそ、租税は、法律に基づいて賦課徴収されなければならないとされている）。したがって、自らの意思により行われる地方団体に対する寄附（いわゆるふるさと納税）は、租税とは区別される。

第三に、租税は、特別の給付に対する反対給付としての性質をもたないものである（**非対価性**）。きわめて一般的・抽象的なレベルにおいて、国民は、租税を財源とした公共サービスの受益者であるから、租税の納付を公共サービスの対価と観念することも、まったく不可能というわけではないであろう。しかし、ここに、個別的・具体的な対価関係は存在しないのであるから、たとえば、市営バスや市営地下鉄といった地方公共団体の運行する交通機関に係る運賃などは、目的地まで運送することの対価として支払われる金員であるため、租税とは区別される。

第四に、租税は、国民の税負担能力（担税力）に応じて課されるものである（**応能負担性**）。たとえば、道路を損傷した者の負担する「道路に関する工事又は道路の維持の費用」（道路法58条）は、その者の税負担能力とは無関係に求められることから、租税とは区別される。

第五に、租税は、以上のような性質をもつ金銭給付である（**金銭給付性**）。金銭給付に係る例外として、相続財産によって相続税を納付する物納制度が存在する（相続税法41条以下参照）。物納は、相続財産の金銭的価値を前提とする制度であることに注意を要する。この点において、市街地再開発事業に必要な土地を取得する際などに行われる土地収用のように、その対象となる財産の使用価値に基づく制度とは区別される。

このような租税は、さまざまな観点から分類することができる。たとえば、課税主体による分類として、国が賦課徴収する租税を国税といい、地方公共団体が賦課徴収する租税を地方税という。また、あらかじめ使途が特定されている租税を**目的税**といい、使途の特定されていない租税を**普通税**という。目的税は、特別会計と同様に、財政の硬直化につながるおそれがあることから、普通税が原則であるとされている。

（エ）租税以外の公課と租税法律主義
　前述のとおり、租税の賦課徴収は、法律に基づいて行われなければならない。他方、社会保険料のような租税以外の公課については、法律に基づくことなく、国民に納付を強制してよいのであろうか。他の権力的な金銭給付にも、租税法律主義は適用があるのか、検討する必要がある。
　この点に関するリーディングケースとして、旭川市国民健康保険条例事件（最大判平成18・3・1）がある。本件では、旭川市国民健康保険条例は、保険料率を定率・定額で定めるなど、何ら具体的に規定するところがないことから、租税法律主義を規定する憲法84条に違反するかどうかが争われた。本件において最高裁判所は、「国、地方公共団体等が賦課徴収する租税以外の公課であっても、その性質に応じて、法律又は法律の範囲内で制定された条例によって適正な規律がされるべきものと解すべきであり、憲法84条に規定する租税ではないという理由だけから、そのすべてが当然に同条に現れた上記のような法原則のらち外にあると判断することは相当ではない」のであって、「租税以外の公課であっても、賦課徴収の強制の度合い等の点において租税に類似する性質を有するものについては、憲法84条の趣旨が及ぶと解すべきである」としたうえで、本件において問題とされた「市町村が行う国民健康保険は、保険料を徴収する方式のものであっても、強制加入とされ、保険料が強制徴収され、賦課徴収の強制の度合いにおいては租税に類似する性質を有するものであるから、これについても憲法84条の趣旨が及ぶと解すべきである」判示している。

（オ）課税要件法定主義
　伝統的に、租税法律主義の内容として、課税要件法定主義、課税要件明確主義、合法性原則、手続的保障原則の四つが挙げられる（金子 2021:

80参照）。ここでは、前述のような歴史的経緯を踏まえて、租税法律主義の中核に位置づけられるべき課税要件法定主義を取り上げよう。

　課税要件（納税義務の成立要件を意味し、納税義務者、課税物件（課税客体）、課税物件の帰属、課税標準、税率の五つをいう）のすべてと、租税の賦課徴収に係る手続は、法律によって定められていなければならない。このような原則を、**課税要件法定主義**という。国家がその課税権を発動するにあたって必要とされる課税要件が、国民の意思を反映した法律ではなく、行政機関の制定した規範によって設定されてしまっては、租税行政権力に対して、民主主義過程を通じた統制が確保できなくなってしまう。のみならず、国民は、法律の規定がない限り課税を受けることはないという、いわば「納税からの自由」が侵害されることとなる。このような意味から、課税要件法定主義は、租税法律主義の中核に位置づけられると解されている。

　他方、経済社会情勢をめぐる変化の激しい現代にあっては、あらゆる事象を予見して法律を制定しておくことは不可能である。法律が規定を置いていない場合であっても、租税行政庁が何らかの対応を求められる例も、決して少なくはない（たとえば、一般的租税回避否認規定をめぐる議論を参照のこと）。そこで、法律に基づく課税という憲法原則と、租税行政庁による臨機応変な対応という現実の要請とを両立させるために、**委任命令**が採用されている。これは、法律が、内閣の制定する**政令**（憲法73条6号）や、各省大臣の制定する**省令**（国家行政組織法12条）などを通じて、詳細に規律するよう委任する形式をいい、多くの行政分野において広く実施されている。無論、行政による立法を事実上可能としてしまうことから、委任の範囲が限定されていない包括的委任規定や、委任の趣旨が明確でない白紙的委任規定は、憲法41条に違反して許されない（委任立法の合憲性につき第11章参照）。課税要件法定主義との関係では、法律が課税要件の定めを委任していないにもかかわらず、委任命令がこれを規定していないか、といった点が問題となる。

　委任命令による課税要件の創設に関する裁判例として、木更津木材事件（東京高判平成7・11・28）がある。本件に係る事案の概要は、次のとおりである。租税特別措置法78条の3第1項は、登録免許税について、一定の要件に該当する場合には、「政令で定めるところにより」軽減税率の適用がある旨を規定していた。当該政令である租税特別措置法施行令

42条の9第3項は、「大蔵省令〔当時〕で定めるところにより」登記を受ける場合に限り、適用されると規定していた。さらに、当該大蔵省令である租税特別措置法施行規則29条1項は、「その登記の申請書に……都道府県知事の証明書を添付しなければならない」と規定していた。このような規定を前提として、納税者が、登記を申請する際に当該証明書を提出していない場合において、事後にこれを提出したとき、軽減税率の適用があるかどうかが問題となった。本件において東京高等裁判所は、「ある事項を課税要件として追加するのかどうかについて法律に明文の規定がない場合、通常はその事項は課税要件ではないと解釈すべきものである。それにもかかわらず、「政令の定めるところによる」との抽象的な委任文言があることを根拠として、解釈によりある事項を課税要件として追加し、政令以下の法令においてその細目を規定することは、租税関係法規の解釈としては、許されるべきものではない」と判示している。下級審判決ではあるものの、課税要件法定主義（委任命令の限界）に関する重要な先例であると位置づけられている。

2　地方自治

　住民にとって最も身近である地方行政は、住民自身の手によって担われなければならない。また、地方行政への参画を通じてこそ、住民は、民主主義制度を実際に経験し、その実情を理解することとなる。このような意味において、「地方自治の実践こそ、民主主義のための最良の学校であり、その成功に係る最良の保証人である」（BRYCE 1921: 133）といわれることがある。

　明治憲法下におけるわが国では、いわゆる三新法（郡区町村編制法、府県会規則、地方税規則）や、市制町村制、府県制、郡制といった法律によって、地方自治制度が実施されていた。明治憲法は、当然の前提であるとして、あえて地方自治に関する規定を置かなかったところ、現実には、地方公共団体は、国の地方官庁としての役割を担う主体にすぎなかった。

　対照的に、日本国憲法は、地方自治に関する章（第8章）を設け、以下に概観するとおり、地方自治を憲法によって規律すべき事項としている。これにより、「地方自治に関して憲法で定められる諸原則は、憲法上

の原則となり、法律で改正することができなくなった」(宮澤 1978: 757–758) 点が、明治憲法と比較した際の特徴として指摘されている。

(1) 地方自治の本旨

憲法92条は、「地方公共団体の組織及び運営に関する事項は、地方自治の本旨に基いて、法律でこれを定める」と規定している。同条にいう **「地方自治の本旨」** とは、住民自治と団体自治を意味する。「住民自治とは、地方自治が住民の意思に基づいて行われるという民主主義的要素であり、団体自治とは、地方自治が国から独立した団体に委ねられ、団体自らの意思と責任の下でなされるという自由主義的・地方分権的要素である」(芦部 2023: 393) と解されている(なお、渋谷(2017: 736–737)は、団体自治を「地方統治権」に、住民自治を「地方参政権」に、それぞれ呼び換えるべきであるとしている)。

住民自治を実現するために、地方自治法は、住民の選挙権(11条)のほか、**条例の制定改廃請求**(12条1項、74条以下)、**事務監査請求**(同条2項、75条)、**議会の解散請求**(13条1項、76条以下)、**議員および長の解職請求**(80条以下)といった制度を規定している。同様に、地方公共団体の長等による財務会計上の行為に関する適正を確保するために、**住民監査請求**(242条)および**住民訴訟**(242条の2以下)の制度が設けられている。

団体自治の根拠に係る通説的見解である**制度的保障説**によれば、「憲法が地方自治という制度を保障している」(宇賀 2023: 7)のであると解される(このほか、地方公共団体の自治権を前国家的な権利であると位置づける固有権説や、地方公共団体の自治権は近代国家の統治権から伝来したものであるとする伝来説といった見解なども唱えられている)。団体自治を確保するため、地方公共団体は、以下に掲げる権能を有している。

(2) 地方公共団体の権能

地方公共団体は、大別すれば、憲法92条および93条に基づく自主組織権、94条に基づく自主財政権、自主行政権、自主立法権という、四つの権能を有する。ここでは、とくに重要なものとして、自主財政権および自主立法権を取り上げよう。

（ア）自主立法権

　憲法94条は、「地方公共団体は、その財産を管理し、事務を処理し、及び行政を執行する権能を有し、法律の範囲内で条例を制定することができる」と規定している。地方公共団体の有する条例を制定する権能を、**自主立法権**という。同条の規定する「法律の範囲内で」という文言の意義について、かつては、法律が対象として規定する事項については、条例を制定することができないと解されていた（いわゆる法律先占論）。しかし、国の制定する法律（国法）による対応に先駆けて、各地方公共団体が条例を制定することにより、公害対策や情報公開といった問題に臨んできた例からも明らかであるとおり、現在は、このような考え方はほとんど支持されていない。

　法律と条例の関係をめぐる重要な判例として、徳島市公安条例事件（最大判昭和50・9・10）がある。本件では、徳島市の制定する「集団行進及び集団示威運動に関する条例」による規制が、道路交通法による規制と競合している点が、憲法94条に違反するかが問題となった。最高裁判所は、「条例が国の法令に違反するかどうかは、両者の対象事項と規定文言を対比するのみでなく、それぞれの趣旨、目的、内容及び効果を比較し、両者の間に矛盾抵触があるかどうかによつてこれを決しなければならない」という判断枠組みを示した。そのうえで、「ある事項について国の法令中にこれを規律する明文の規定がない場合でも、当該法令全体からみて、右規定の欠如が特に当該事項についていかなる規制をも施すことなく放置すべきものとする趣旨であると解されるときは、これについて規律を設ける条例の規定は国の法令に違反することとなりうる」としつつ、「特定事項についてこれを規律する国の法令と条例とが併存する場合でも、後者が前者とは別の目的に基づく規律を意図するものであり、その適用によつて前者の規定の意図する目的と効果をなんら阻害することがないときや、両者が同一の目的に出たものであつても、国の法令が必ずしもその規定によつて全国的に一律に同一内容の規制を施す趣旨ではなく、それぞれの普通地方公共団体において、その地方の実情に応じて、別段の規制を施すことを容認する趣旨であると解されるときは、国の法令と条例との間にはなんらの矛盾抵触はなく、条例が国の法令に違反する問題は生じえない」と判示している。一般に、法令による

第**14**章　財政・地方自治　　213

規制と同一の目的によるものであっても、法令よりも厳格な規制を設ける**上乗せ条例**や、法令が規制していない事項を規制の対象とする**横出し条例**などは、適法であると解されている。

　このほか、財産権（憲法29条）に対する条例による規制が問題とされた事例として、奈良県ため池条例事件（最大判昭和38・6・26）がある。本件において最高裁判所は、「ため池の堤とうを使用する財産上の権利を有する者は、本条例1条の示す目的（ため池の破損、決かい等に因る災害の未然防止）のため、その財産権の行使を殆んど全面的に禁止されることになるが、それは災害を未然に防止するという社会生活上の己むを得ない必要から来ることであつて、ため池の堤とうを使用する財産上の権利を有する者は何人も、公共の福祉のため、当然これを受忍しなければならない責務を負うというべきである」と判示し、条例による財産権規制を肯定している。

　また、条例による罰則規定の合憲性が争われた事例として、大阪市売春取締条例事件（最大判昭和37・5・30）がある。本件において最高裁判所は、「憲法31条はかならずしも刑罰がすべて法律そのもので定められなければならないとするものでなく、法律の授権によってそれ以下の法令によって定めることもできると解すべきで、このことは憲法73条6号但書によっても明らかである」としたうえで、条例は、「公選の議員をもって組織する地方公共団体の議会の議決を経て制定される自治立法であって、行政府の制定する命令等とは性質を異にし、むしろ国民の公選した議員をもって組織する国会の議決を経て制定される法律に類するものであるから、条例によって刑罰を定める場合には、法律の授権が相当な程度に具体的であり、限定されておればたりると解するのが正当である」と判示している。

（イ）自主財政権
　前述のとおり、組織の維持運営には、ヒト・モノ・カネが必要であるところ、ヒト・モノを取得するためのカネ、すなわち財源の確保が肝要である。これは、国であっても、地方公共団体であっても、異なるところはない。憲法94条の規定するとおり、地方公共団体には、「その財産を管理」する権能、換言すれば、団体自治の見地から、国や他の地方公

共団体から独立して、その財源を自主的に調達する権能が与えられていると解される。これを**自主財政権**という。

（a）自主財源と依存財源

　地方公共団体の財源のうち、地方公共団体が独自に調達することのできる財源を**自主財源**といい、地方公共団体が国や他の地方公共団体に依存するかたちで調達されるものを**依存財源**という。自主財源として、地方税法の範囲内において、地方公共団体が条例を制定することにより賦課徴収することのできる**地方税**がある（詳細は後述する）。また、依存財源としては、地方交付税法に基づいて、地方公共団体の財源の均衡化を図り、その独立性を強化することを目的として国から交付される**地方交付税**や、地方財政法に基づいて、国が地方公共団体に対して支出する**国庫補助負担金**がある。

　団体自治を貫徹するならば、自主財源を主軸としつつ、依存財源は可能な限り少なくするべきである。ところが、総務省編「地方財政白書令和6年版」12頁（令和6年3月）によれば、地方税による歳入の構成比は、全体の36.1%にとどまっている一方、地方交付税および国庫補助負担金（地方財政白書では「国庫支出金」と表記されている）の構成比は、それぞれ15.3%および21.9%であった。使途が特定されない**一般財源**であるとはいえ、地方交付税は依存財源にすぎないうえ、国庫補助負担金は、地方公共団体が使途を決定することすらできない**特定財源**である。こうした現状にあっては、自主財政権が十分に保障されているとはいえず、従前より「三割自治」とよばれてきた現象から脱却できずにいると評価せざるをえないであろう。

（b）地方税

　自主財政権の発現としての地方税について概観しておこう。

　地方公共団体は、地方税法の規定に従い、条例を制定することより、地方税を賦課徴収することができる（地方自治法223条および地方税法2条、3条）。前述のとおり、国家の課税権に対する民主主義的統制の確保を要請する租税法律主義に鑑みれば、（とりわけ住民に対して）地方公共団体の行使する課税権は、国民の意思に基づく地方税法による準則に従いつつ

も、地方公共団体の条例に反映された住民の意思に基づいて行使されなければならない。このような原則を、**租税条例主義**（あるいは**地方税条例主義**）という。

　地方税法に規定される税目（法定税）に関しては、地方公共団体が条例によって自主的に規律することのできる部分は、きわめて限定的である（たとえば、地方税法によって一律に設定される一定税率がある。このほか、「通常よるべき税率」である標準税率（地方税法1条1項5号）については、地方公共団体によって設定できる上限（制限税率）が、同法によって規定されている）。他方、地方公共団体が独自に課税を行う権能（**自主課税権**）を拡充するため、地方税法は、法定税とは別に税目を起こすことができる、**法定外税**の制度を用意している（道府県法定外普通税につき259条以下を、市町村法定外普通税につき669条以下を、法定外目的税につき731条以下を、それぞれ参照のこと）。法定外税は、①地方公共団体において条例を制定し、②総務大臣との事前協議を経て、その同意を得ることにより創設される。2024（令和6）年4月1日現在において、条例が未施行であるものを除けば、67件の法定外税が実施されている（たとえば、道府県法定外目的税である東京都宿泊税は2002（平成14）年10月1日から、市町村法定外普通税である静岡県熱海市別荘等所有税は1976（昭和51）年4月1日から、それぞれ実施されている）。

　法定外税を創設するための条例も、「法律の範囲内で」制定されなければならない（憲法94条）。地方税法と地方税条例が矛盾抵触しているかが争われた事例として、神奈川県臨時特例企業税条例事件（最判平成25・3・21）がある。本件において最高裁判所は、前述した徳島市公安条例事件（最大判昭和50・9・10）を引用しつつ、「普通地方公共団体が課することができる租税の税目、課税客体、課税標準、税率その他の事項については、憲法上、租税法律主義（84条）の原則の下で、法律において地方自治の本旨を踏まえてその準則を定めることが予定されており、これらの事項について法律において準則が定められた場合には、普通地方公共団体の課税権は、これに従ってその範囲内で行使されなければならない」としたうえで、「法定普通税に関する条例において、地方税法の定める法定普通税についての強行規定の内容を変更することが同法に違反して許されないことはもとより、法定外普通税に関する条例において、同法の定める法定普通税についての強行規定に反する内容の定めを設けることによ

って当該規定の内容を実質的に変更することも、これと同様に、同法の規定の趣旨、目的に反し、その効果を阻害する内容のものとして許されないと解される」と判示している。

　このほか、いわゆる**ふるさと納税**制度に言及しておかなければならない。ふるさと納税は、個人である納税者が、地方公共団体に対して寄附を行った場合において、寄附した金額のうち一定の部分が、国税については所得税から、地方税については個人住民税から、それぞれ控除されるという制度であり（道府県民税につき地方税法37条の2を、市町村民税につき314条の7を、所得税につき所得税法78条を、それぞれ参照のこと）、実際に「納税」しているわけではない。ふるさとへの恩返しや地域への貢献を、寄附金控除のしくみを用いて促進することが、同制度の趣旨である。寄附者に対しては、地方公共団体から「返礼品」が交付されることが通例となっており、当該地域を訪問することなく、その魅力の一端に触れることのできる手段の一つとして、広く活用されている。ところが、現実には、通販サイトと見紛うようなプラットフォームを通じて、（中高所得者層を中心として）返礼品を目当てに寄附をする者が後を絶たず、ネットショッピング節税と揶揄されるような状況にある（行き過ぎた寄附金の募集が発端となり、総務大臣と泉佐野市長との間の法的紛争に発展した事例として、泉佐野市ふるさと納税事件（最判令和2・6・30）参照）。また、ふるさと納税制度を利用した納税者の居住する地方公共団体では、個人住民税による税収が減少することから、地方税法により、地方公共団体の自主財政権（ないし自主課税権）が大きな制約を受けていると解する余地も否定できない。前述した同制度本来の趣旨は実現できているのか、大いに疑問がある。

練習課題

- 財政民主主義の意義について、説明せよ。
- 委任命令に基づく課税の是非について、論ぜよ。
- 地方自治の本旨について、説明せよ。
- 青少年健全育成条例は、児童福祉法と抵触することとなるか、検討せよ。
- 地方公共団体の自主財政権（ないし自主課税権）に関連付けながら、ふるさと納税制度の是非を論ぜよ。

第**15**章

憲法改正、最高法規

1 憲法改正の手続

（1）憲法改正

憲法改正とは、憲法が定める手続に従い、憲法典に変更を加えることである。憲法典の条項に修正・削除・追加を行うこと（一部改正）や全面的に書き換えること（全部改正）、新しい条項を設けて既存の憲法典に追加すること（増補）がある。

憲法改正に法律の制定改廃よりも厳重な手続を要求する憲法を硬性憲法という。日本国憲法96条が定める憲法改正手続は、国会の発議に「総議員の3分の2」という特別多数決の要件を課し、さらに国民投票による承認が必要とされている点で、比較法的にみると硬度が高い。憲法改正手続の硬度が憲法の安定性を保障するわけではないが、日本国憲法は制定以来一度も改正されていないため、安定性が高い憲法であるといえる。ただし、憲法典が変更されなくても、その意味が政府の憲法解釈・運用によって、改正されたのと同程度に変化する場合もある。政府の解釈が憲法解釈の限界を超えた際には、明文改憲に対して解釈改憲と呼ばれる。

憲法96条は憲法改正の手続を定めているが、日本国憲法の改正に必要な憲法改正の発議および国民投票の手続を定める法律は、日本国憲法の施行以来、長い間存在しなかった。2007（平成19）年に「日本国憲法の改正手続に関する法律」（憲法改正国民投票法）が制定され、2010（平成

22）年に施行された。

(2) 国会の発議

（ア）発議

　憲法96条1項にいう「**発議**」とは、国会が国民に提案する憲法改正案を議決することをいう。憲法改正を発議する国会の構成員である国会議員が憲法改正原案を国会に提出する権利をもつのは当然のことである。国会法68条の2は、議員が憲法改正原案を発議するには、「衆議院においては議員100人以上、参議院においては議員50人以上の賛成を要する」と定め、法律案を発議する場合（国会法56条1項：衆議院は議員20人以上、参議院は議員10人以上）よりも賛成議員数を増加させている。

　内閣が憲法改正原案の提出権をもっているかについて争いがある。現在、内閣に憲法改正原案の提出権を認める法律の規定は存在しないため、学説は肯定説と否定説に分かれる。同様の対立は法律案の提出権についても存在するが、法律案の提出権については肯定説をとりつつ（通説）、憲法改正原案の提出権については否定する学説もある。法律案は技術的な要素を多く含んでいるのに対して、憲法改正原案は「この国のかたち」に関わることであるから、両者を同一視することはできないというのである。

　学説の対立は、禁止説と許容説の二つに分けられる。禁止説は、法改正によって憲法改正原案提出権を内閣に提出権を認める場合、その規定は違憲無効であると主張する。許容説は、内閣の提出権を認めるか否かは立法政策の問題であるとする。同説によれば、法律の根拠が存在しない現状においては、内閣に提出権はない。

（イ）審議

　憲法改正原案は、各議院に設けられた憲法審査会で審査される（国会法102条の6）。また、各議院の憲法審査会は、他の議院の憲法審査会と協議して合同審査会を開くことができる（同102条の8）。

　憲法審査会の審議後、憲法改正原案は本会議で審議される。定足数とは、合議体の議事・議決の能力を生じさせる出席者の数をいう。法律の制定については、議事・議決とも「総議員の3分の1」が定足数である

（憲法56条1項）。憲法改正の場合、発議（議決）の定足数が「総議員の3分の2」であることは明らかであるが、議事についての規定は存在しないため、「総議員の3分の1」で足りると解される。法律で加重要件を定めることは可能であるが、法律に特段の規定は存在しない。

（ウ）議決

両議院が「総議員の3分の2以上の賛成」で憲法改正原案を議決した場合には、それが国会の発議であり、国民への提案であると見なされる（国会法68条の5第1項）。ここで、「総議員」の意味について、憲法56条1項の「総議員」の場合と同様に、法定議員数（公選法4条）か、現在議員数（法定議員数から欠員を差し引いた、現に在職する議員数）かをめぐる対立がある。現在議員数説は、現実には存在しない欠員を反対の意思表示をしたものと見なすのは不合理であることを理由とするが、憲法96条の場合には、数が一定しており、紛争を未然に防止できるため、法定議員数が妥当であると考えられる。

（3）国民の承認（国民投票）

（ア）国民投票

国会が発議した憲法改正案を国民投票によって国民が承認することで、憲法改正が成立する。国会の発議は憲法改正案の確定であって、憲法改正に効力を与えるのは国民の承認であると解する学説がある。他方、憲法改正に効力を与えるのは国会の発議であって、国民投票は単なる拒否権の行使であるという学説もある。

国民の承認は、**国民投票**で行われる。国民投票は、国会における憲法改正の発議から60日以後180日以内において、国会の議決した期日に行う（憲改法2条1項）。憲法上は、「特別の国民投票」または「国会の定める選挙の際行はれる投票」のどちらの場合でもよい。

満18歳以上の日本国民は国民投票の投票権をもつ（憲改法3条）。憲法改正国民投票法には、選挙権の場合と異なり、公選法11条1項に掲げられているような資格制限の規定は存在しない。制定時の憲法改正国民投票法4条は、成年被後見人は投票権をもたないものとしていたが、現在は（公選法11条1項1号と同様に）当該規定は削除された。また、選挙権年

齢が18歳に引き下げられ（公選法9条：2015（平成27）年公布・2016（平成28）年施行）、民法の成年年齢も18歳に引き下げられた（民法4条：2018（平成30）年公布・2022（令和4）年施行）。

　投票は、投票用紙に記載された「賛成」または「反対」の文字を○の記号で囲んで自書することによって行う（憲改法56条・57条1項・別記様式）。憲法改正案が複数の事項について存在する場合は、国民投票も改正案ごとに行われるため、投票用紙にはどの改正案に関するものであるかを表示しなければならない（同法別記様式備考二）。

　憲法改正国民投票法は、「憲法改正案に対し賛成又は反対の投票をし又はしないよう勧誘する行為」を国民投票運動と呼び、公務員は国民投票運動および憲法改正に関する意見の表明をすることができるとして、公務員の政治的行為の制限に関する特例を設けると同時に（同100条の2）、一定の規制を定めている。例えば、投票事務関係者（同101条）および特定公務員（裁判官、検察官、警察官など）（同102条）の国民投票運動の禁止、公務員など、および教育者の地位を利用した国民投票運動の禁止（同法103条）、国民投票に関する放送は放送法4条1項の規定の趣旨（いわゆる「番組編集準則」）に留意すること（同104条）、投票期日前14日間の広告放送の禁止（同105条）などが挙げられる。

　中央選挙管理委員会は、国民投票の結果を官報で告示するとともに、総務大臣を通して内閣総理大臣に通知しなければならない（憲改法98条2項）。その後、内閣総理大臣は、その内容を直ちに衆議院議長および参議院議長に通知しなければならない（同条3項）。

（イ）「過半数」の意味

　国民の承認は、国民「投票において、その過半数の賛成」を得ることである（憲法96条1項）。ここでいう「過半数」の意味について、学説は、①有権者の過半数、②総投票の過半数、③有効投票の過半数の3説に分かれる。

　①説は「その」過半数を「国民（有権者）」の過半数ととらえるが、文言上無理があるため（「その」過半数とは、「投票」の過半数であると解される）あまり支持されていない。②説は、棄権票や無効票を含めた投票全体の過半数を必要とする。この説は、国民への提案の方法によっては棄権票

や無効票が多数発生する結果となるため、少数の賛成で憲法改正が成立することを批判する。これに対して③説は、賛成か反対か不明の票をすべて反対票と同じに扱うのは不合理であるとする。学説では③説が多数説である。憲法改正国民投票法は、「投票総数」を「憲法改正案に対する賛成の投票の数及び反対の投票の数を合計した数」と定め（憲改98条2項）、③説を採用した。

（ウ）最低投票率制度

最低投票率制度とは、国民投票の結果、あらかじめ定めておいた投票率に達しなかった場合に、国民投票を不成立とする制度である。したがって、一定の投票率に達しない場合には、たとえその投票の過半数の賛成を得た憲法改正案であっても、国民の承認を得られなかったものと見なされる。憲法改正国民投票法は、この制度を採用していない。この制度を導入した場合、投票ボイコット運動を誘発するおそれがあると考えられたからであるが、特に前述の③説を採用する場合には、立法政策としては十分に検討の余地がある。

（エ）国民投票無効の訴訟

投票人は、中央選挙管理委員会を被告として、国民投票の結果の告示の日から30日以内に、東京高等裁判所に国民投票無効の訴訟を提起することができる（憲改法127条）。同法128条に掲げられた事由（例えば、「国民投票の管理執行に当たる機関が国民投票の管理執行につき遵守すべき手続に関する規定に違反したこと」が掲げられている）に該当し、憲法改正案に係る国民投票の結果に異動を及ぼすおそれがあるときは、裁判所は、その国民投票の全部または一部を無効と判決しなければならない（同128条）。国民投票無効の訴訟の処理について、裁判所は、他の訴訟の順序にかかわらず速やかに裁判を行わなければならず、当事者、代理人その他訴訟に関与する者は、充実した審理を迅速に行うことができるよう、裁判所に協力しなければならない（同129条）。訴訟の提起があっても、憲法改正案に係る国民投票の効力は停止しないが（同130条）、憲法改正が無効とされることにより生じる重大な支障を避けるために緊急の必要があるときは、裁判所は、申し立てによって、憲法改正の効果の発生の全部または

一部の停止をすることができる（同133条1項）。憲法改正の効果の発生を停止する決定が確定した場合は、憲法改正の効果の発生は、判決が確定するまでの間停止される（同133条2項）。

(4) 天皇の公布

　憲法改正案に対する国民の承認がなされた場合、内閣総理大臣は、直ちに憲法改正公布のための手続をとらなければならない（憲改法127条）。憲法改正は天皇が公布する（憲法96条2項・7条1号）。公布とは、成立した国法を国民に広く知らせる行為であって、国法の成立要件ではない。「国民の名で」とは、憲法改正権が国民に存在することを意味する。「この憲法と一体を成すものとして」とは、アメリカ合衆国憲法のような修正増補形式を義務づけるものではなく、改正条項も他の条項と同様に最高法規としての性格をもつことを示していると解される。「直ちに」とは、可能な限り早くという意味であるから、法律の公布（国会法66条：30日以内）よりも早いことが要求される。

2　憲法改正の限界

(1) 学説──無限界説と限界説

　憲法が定める改正手続に従いさえすれば、その憲法にいかなる内容の変更を加えることも許容されるだろうか。これを認めるのが無限界説、認めないのが限界説である。

　無限界説は、①憲法規範の内部に質的な差異を認めず、改正不可能な上位規範（憲法改正限界条項・憲法改正手続条項）と改正可能な下位規範の区別はないこと、あるいは、②憲法を制定した国民は憲法の上に立ち、憲法を自由に変更できることを論拠とする。これに対して、**限界説**は、①の区別を否定して、憲法規範の質的差異を認めるか、②を否定して、憲法を制定する国民（憲法制定権力）と憲法を改正する国民（憲法改正権）を区別する。さらに、限界説は上述の①・②の論拠に対応して、二つの考え方に分かれる。

　①では、近代社会において基本的人権の尊重や国民主権などの普遍的原理が存在し、これが実定法に優位する効力をもつことを認めると同時

に、この原理を採用した憲法規定は、実定法化された自然法として他の憲法規定に優位する効力をもつと考える。この説によれば、実定法化された自然法は憲法改正権だけでなく、憲法制定権力をも拘束することになるため、憲法改正の限界は、憲法制定の限界にもなる。

②では、憲法を作る権力である憲法制定権力と憲法によって作られた権力である憲法改正権を区別し、前者は憲法に拘束されないが、後者は憲法に拘束されると考える。日本国憲法では、憲法制定権力および憲法改正権の主体はいずれも国民であるが、前者をもつのは全国民であり、後者をもつのは有権者（の総体）である。したがって、憲法改正権によって憲法制定権力の所在を変更することはできないということになる。

学説では無限界説と限界説の対立はあるものの、限界説が圧倒的多数を占める多数説であるため、以下では憲法改正に限界があるという条件の下で生じる論点について検討する。

（2）憲法改正の限界
（ア）全面改正と一部改正

憲法を全面的に改正することが許容されるだろうか。憲法96条2項でいう「この憲法と一体を成すものとして」とは、一部改正のみを認める趣旨であるから、これは許されないという学説がある。しかし、全面改正を禁止していると解しても、2回以上に分けて改正を行えば全面改正も可能になる場合、または部分的な改正を繰り返せば結果的に全部改正になる場合もあるため、両者の区別は相対的である。

（イ）憲法改正禁止規定

憲法改正禁止規定とは、一定の事項の改正を憲法上明文で禁止する規定である。比較法的に見ると、ドイツ連邦共和国基本法79条3項は、国民主権や人権の基本原則などを変更する改正が許されないと定めており、また、フランス第五共和制憲法89条5項は、共和政体は憲法改正の対象とすることができないと定めている。このような憲法改正禁止規定がもつ効力について、学説として考えられるのは以下の3説である。①改正禁止規定は何の効力ももたないため、そこで改正を禁止された事項も改正可能である、②法的効力をもつが、改正禁止規定自体を先行して

第15章　憲法改正、最高法規　225

改正（削除）し、その後に改正が禁止されていた事項を改正することは可能である、③改正禁止規定は法的拘束力をもち、そこで改正を禁止された事項に加えて改正禁止規定自体を改正することも許されない。

日本国憲法には憲法改正禁止規定が明文上存在しない。ただし、前文の「一切の憲法、法令及び詔勅を排除する」や憲法9条1項の「永久にこれを放棄する」を文言上の改正禁止規定ととらえる学説もあるが、少数説である。有力説は憲法改正禁止規定の意義を認めることに消極的である。改正禁止規定の内容と理論的限界が一致する場合には、その規定は確認的な意味をもつが、一致しないのであれば、①または②の方法で改正することが可能であるという。

（ウ）憲法改正手続の改正

憲法手続を定める憲法96条を同条の手続に従って改正することが許容されるだろうか。憲法改正権が憲法96条で与えられた権限であると解するならば、それを改正することは権限の根拠を否定することになるため、自己矛盾であると考えられる。有力説は、96条の改正は法理論的に不可能であるが、絶対に不可能とするのが憲法制定者の意志とは考えられないため、改正権の根本に触れない範囲の改正は許されるとする。したがって、改正権の根本である憲法改正国民投票を廃止することは許されないと解される（芦部 2023: 424, 佐藤 2020: 40）。国民投票の廃止が許されない理由は、国民投票が国民主権と密接不可分な関係にあり、その廃止は改正の限界を超えるからである。

（エ）憲法の基本原理

限界説の多くは、憲法の基本原理を改正することは許されないとする。日本国憲法では、国民主権、基本的人権の尊重、平和主義が三大原則として挙げられるが、いくつか問題がある。

第一に、なぜ三大原則が基本原理であるといえるのだろうか。これらの原則は日本国憲法の特徴であるが、なぜ改正の限界にあたる基本原則であるのか、また基本原理はこの三つのみに限定されるのか（立憲主義、権力分立、法の支配などは基本原則ではないのか）が明らかではない。

第二に、これらの原理は抽象的な原理であるから、もし改正されたと

226

すると、許される改正と許されない改正の境界線が明確ではない。例えば、平和主義については、憲法9条全体が憲法改正の限界にあたるとする学説と、憲法9条1項は改正不可能だが、2項は改正可能であるとする学説がある。後者の説を採用すると、憲法9条に3項を付加して自衛隊の存在を明記することは、憲法改正の限界を超えることにはならないと考えられる。

(3) 改正の限界を超えて改正された憲法の効力

改正に限界があると考えた場合、改正の限界を超えて改正された憲法の効力は認められるだろうか。二つの憲法の法的な連続性は切断されているため、改正前の憲法によって改正後の憲法の効力を基礎づけることができないという意味で無効である。しかし、改正後の憲法が国民から広く支持され、安定した秩序を形成することができていれば、この憲法の効力は事実上承認されているといえる。理論的に見ると、改正後の憲法は憲法制定権力を新しく決定することになり、事実上は新憲法の制定であるから有効だということになる。この考え方は、日本国憲法が大日本帝国憲法の改正手続を用いて制定されたという事実を、憲法制定の法理として論じる際に重要である。いわゆる「八月革命説」に基づくと、日本国憲法は大日本帝国憲法の改正ではなく、新憲法として有効である。

(4) 憲法改正と違憲審査

投票した国民の過半数が合憲であると認めた、つまり民主的な正統性をもつ憲法改正を、民主的正統性が弱く非政治部門である裁判所が違憲であると判断することができるのだろうか。裁判所による憲法改正の違憲審査権を認めるかについて、肯定説と否定説がある。

まず、肯定説は、国民投票を行う国民は（憲法制定権力の主体である国民とは異なり）憲法上の機関であり、行使することができる憲法改正権も憲法によって与えられた権限であるから、裁判所による違憲審査も可能であるとする。

それに対して、否定説は、憲法制定権力の主体である国民と憲法改正権者である国民は同一の国民であり、国民投票において憲法制定権力を

行使すると考えると、憲法上の機関である裁判所が憲法よりも上位の権力（憲法制定権力）の行為を審査することはできないから、裁判所による違憲審査は否定されるとする。

3　憲法変遷

憲法典を憲法改正手続に従って明文上変更することが憲法改正であるのに対して、**憲法変遷**とは、憲法典が改正されていないにもかかわらず、憲法典の意味が改正されたのと同程度に実質的に変化することをいう。

憲法変遷の性格は、「社会学的意味の憲法変遷」と「法学的意味の憲法変遷」の二つに分けられ、これらが厳しく対立している（川添 1986: 82, 88）。

「社会学的意味の憲法変遷」は、憲法の規範内容と現実の憲法運用との間に「ずれ」が生じていることを客観的事実として指摘するにとどまる。したがって、違憲の法的現実は、あくまでも事実にしかすぎず、法的性格を持ちえない。規範と事実の間に「ずれ」が生じることは、あらゆる規範に起こりうることであり、憲法も例外ではない。この意味での憲法変遷は、ほとんどの学説が肯定している。

「法学的意味の憲法変遷」は、憲法規範に矛盾する事態が生じているだけでなく、一定の要件が（継続・反復および国民の同意など）が充たされた場合には、その違憲の事態が法的な有効性を承認され、矛盾する憲法規範が効力を失うか、大きく意味変化することを意味する。

憲法変遷をめぐり問題となるのは、後者の性格の憲法変遷を肯定する場合、実効性が失われた憲法規範はもはや法とはいえないとする点にある。しかし、どの時点で実効性が失われたと解することができるのか、その時点を適切にとらえることは容易ではない。また、実効性が大きく傷つけられ、現実に遵守されていなくても、法としての拘束性の要素は失われないと解することは可能であり、将来、国民の意識の変化によって、仮死の状態にあった憲法規定が息を吹き返すことはあり得るため、この性格の憲法変遷は認められないと解される（芦部 2023: 426）。

具体的には、自衛隊を憲法上どのように位置づけるか問題となる。すなわち、自衛隊は発足当初、憲法9条に違反する存在であったが、憲法

変遷によって合憲となったといえるか議論されてきた。憲法の規範性を重視する立場から、これを否定する見解が多数を占める。

4 最高法規

（1）最高法規性の根拠

憲法98条1項は、「この憲法は、国の最高法規であつて、その条規に反する法律、命令、詔勅及び国務に関するその他の行為の全部又は一部は、その効力を有しない」と定めている。**最高法規**とは、その国の国法秩序において最も強い形式的効力をもつ規範を意味するため、憲法の条規と矛盾する一切の国家行為は無効となる。

憲法が最高法規である根拠は、形式的最高法規性と実質的最高法規性の側面から説明される。

まず、形式的最高法規性の根拠として、憲法96条が挙げられる。日本国憲法は、憲法改正に法律の制定改廃（同56条）よりも厳格な手続が要求される硬性憲法である。したがって、憲法は形式的効力の点で国法秩序における最上位の規範であるから、国内における最高法規であるとされる。

つぎに、実質的最高法規性の根拠として、憲法97条が挙げられる。最高法規としての憲法の本質は、憲法が実質的に法律と異なるという点に求められなければならない。同条が日本国民に保障された基本的人権は「侵すことのできない永久の権利」であると定めるように、憲法改正に厳格な手続が要求される理由は、憲法の内容が国民の自由や平等をあらゆる国家権力から保障する規範を中心として構成されているということにある。すなわち、憲法が永久不可侵の権利を保障しているために、憲法改正には厳重な手続が要求されるのである。

（2）憲法と条約

（ア）条約の意味

憲法98条2項は、「日本国が締結した条約及び確立された国際法規は、これを誠実に遵守することを必要とする」と定めている。ここでいう条約とは、国会の承認を必要とする憲法73条3号の「条約」よりも広く、国

家間の文書による契約を意味する。したがって、条約（treaty）と呼ばれるものだけでなく、協約（convention）、協定（agreement）、議定書（protocol）、憲章（charter）、宣言（declarations）などを広く含むものである。

（イ）条約の国内法的効力

条約と憲法の内容が矛盾する場合、どちらが優先されるのか、つまり条約と憲法のどちらの効力が優位であるかについて、学説は条約優位説と憲法優位説に分けられる。

条約優位説は、①憲法が国際協調主義の立場を採用していること、②98条1項や81条に「条約」という文言は用いられていないこと、③98条2項で条約の誠実遵守を宣言していること、④条約締結権は憲法によって与えられたものではなく、国家固有の権限であることなどを根拠とする。

一方、**憲法優位説**は、①国民主権など他の憲法上の原理もあわせて考察すべきこと、②98条2項や81条の文言は網羅的なものではないこと、③98条2項は合憲の条約を前提としていること、④条約締結権は憲法によって与えられた権限であるから、それによって締結された条約が憲法に優位し、憲法を変更できるとするのは法理論的に矛盾することなどを根拠とする。

日本国憲法制定当初は、条約優位説が支持された。日本は戦前戦中の過ちを反省し、国際法規を遵守することを誓うことで、国際社会の一員となることができると考えたからである。しかし、国際社会の現実は厳しく、日本国憲法の下で国民が獲得した憲法価値を守るためには、条約優位説よりも憲法優位説の方が優れていると考えられるようになり、学説は条約優位説から憲法優位説へ転換していった。現在では憲法優位説が通説的立場を占めている。

（ウ）確立された国際法規

憲法98条2項は「確立された国際法規」を誠実に遵守することを定めている。確立された国際法規とは、国際社会で広く承認された国際慣習法を指すため、条約とは異なり、日本が締結したかどうかは問題にならない。

国際法上は、条約と国際慣習法の間に効力の優劣はない。したがって、条約優位説を採用する場合は、確立された国際法規も憲法に優位することになり、他方で、憲法優位説を採用する場合は、確立された国際法規も条約と同様に憲法より劣位することになる。

5 憲法尊重擁護義務

憲法の最高法規性を確保する憲法保障の仕組みとして、違憲審査制（憲法81条）のほかに、公務員の**憲法尊重擁護義務**（同99条）がある。

憲法99条は、「天皇又は摂政」および「国務大臣、国会議員、裁判官その他の公務員」に「憲法を尊重し擁護する義務」を課している。国政を担当する立場にある者（広義の公務員）に対して、あらかじめ憲法尊重擁護義務を課すことによって、違憲の国家行為が行われることを事前に防止しようとする趣旨である。例えば、国公法38条は、「日本国憲法施行の日以後において、日本国憲法又はその下に成立した政府を暴力で破壊することを主張する政党その他の団体を結成し、又はこれに加入した者」は「官職に就く能力を有しない」として本条の義務を具体化する欠格条項を定めている。

また、本条に明文で列挙されている義務の主体に、国民が挙げられていない理由については争いがある。日本国憲法施行後初期の学説では、憲法制定者である国民が憲法を尊重し、擁護することはあまりにも当然であるため、明文では規定されなかったと説明された。これに対して最近の学説では、国民が憲法尊重擁護義務を負わないのは近代立憲主義の帰結であると説明される。すなわち、国民の自由や平等を保障するために国家権力を制限するという近代立憲主義の目的に照らせば、憲法尊重擁護義務を負うのは国政担当者の側に限られるため、国民は本条の義務を負わないと解される。

第15章　憲法改正、最高法規　　231

練習課題

- 憲法改正無限界説・限界説についてまとめてみよう。また、どのような場合に憲法改正の限界が問題となるのか考えてみよう。
- 憲法の最高法規性の根拠、憲法と条約の関係についてまとめてみよう。

資料

日本国憲法

日本国憲法交付記念式典の勅語

本日、日本国憲法を公布せしめた。

この憲法は、帝国憲法を全面的に改正したものであつて、国家再建の基礎を人類普遍の原理に求め、自由に表明された国民の総意によつて確定されたものである。即ち、日本国民は、みづから進んで戦争を放棄し、全世界に、正義と秩序とを基調とする永遠の平和が実現することを念願し、常に基本的人権を尊重し、民主主義に基いて国政を運営することを、ここに、明らかに定めたものである。

朕は、国民と共に、全力をあげ、相携へて、この憲法を正しく運用し、節度と責任とを重んじ、自由と平和とを愛する文化国家を建設するやうに努めたいと思ふ。

___

朕は、日本国民の総意に基いて、新日本建設の礎が、定まるに至つたことを、深くよろこび、枢密顧問の諮詢及び帝国憲法第73条による帝国議会の議決を経た帝国憲法の改正を裁可し、ここにこれを公布せしめる。

御 名 御 璽

昭和21年11月3日

内閣総理大臣兼

外 務 大 臣		吉田	茂
国 務 大 臣	男爵	幣原喜重郎	
司 法 大 臣		木村篤太郎	
内 務 大 臣		大村 清一	
文 部 大 臣		田中耕太郎	
農 林 大 臣		和田 博雄	

国 務 大 臣	斎藤 隆夫
逓 信 大 臣	一松 定吉
商 工 大 臣	星島 二郎
厚 生 大 臣	河合 良成
国 務 大 臣	植原悦二郎
運 輸 大 臣	平塚常次郎
大 蔵 大 臣	石橋 湛山
国 務 大 臣	金森徳次郎
国 務 大 臣	膳 桂之助

日本国憲法

日本国民は、正当に選挙された国会における代表者を通じて行動し、われらとわれらの子孫のために、諸国民との協和による成果と、わが国全土にわたつて自由のもたらす恵沢を確保し、政府の行為によつて再び戦争の惨禍が起ることのないやうにすることを決意し、ここに主権が国民に存することを宣言し、この憲法を確定する。そもそも国政は、国民の厳粛な信託によるものであつて、その権威は国民に由来し、その権力は国民の代表者がこれを行使し、その福利は国民がこれを享受する。これは人類普遍の原理であり、この憲法は、かかる原理に基くものである。われらは、これに反する一切の憲法、法令及び詔勅を排除する。

日本国民は、恒久の平和を念願し、人間相互の関係を支配する崇高な理想を深く自覚するのであつて、平和を愛する諸国民の公正と信義に信頼して、われらの安全と生存を保持しようと決意した。われらは、平和を維持し、専制と隷従、圧

迫と偏狭を地上から永遠に除去しようと努めてゐる国際社会において、名誉ある地位を占めたいと思ふ。われらは、全世界の国民が、ひとしく恐怖と欠乏から免かれ、平和のうちに生存する権利を有することを確認する。

われらは、いづれの国家も、自国のことのみに専念して他国を無視してはならないのであつて、政治道徳の法則は、普遍的なものであり、この法則に従ふことは、自国の主権を維持し、他国と対等関係に立たうとする各国の責務であると信ずる。

日本国民は、国家の名誉にかけ、全力をあげてこの崇高な理想と目的を達成することを誓ふ。

第1章　天皇

第1条　天皇は、日本国の象徴であり日本国民統合の象徴であつて、この地位は、主権の存する日本国民の総意に基く。

第2条　皇位は、世襲のものであつて、国会の議決した皇室典範の定めるところにより、これを継承する。

第3条　天皇の国事に関するすべての行為には、内閣の助言と承認を必要とし、内閣が、その責任を負ふ。

第4条　天皇は、この憲法の定める国事に関する行為のみを行ひ、国政に関する権能を有しない。

（2）天皇は、法律の定めるところにより、その国事に関する行為を委任することができる。

第5条　皇室典範の定めるところにより摂政を置くときは、摂政は、天皇の名でその国事に関する行為を行ふ。この場合には、前条第1項の規定を準用する。

第6条　天皇は、国会の指名に基いて、内閣総理大臣を任命する。

（2）天皇は、内閣の指名に基いて、最高裁判所の長たる裁判官を任命する。

第7条　天皇は、内閣の助言と承認により、国民のために、左の国事に関する行為を行ふ。

1　憲法改正、法律、政令及び条約を公布すること。

2　国会を召集すること。

3　衆議院を解散すること。

4　国会議員の総選挙の施行を公示すること。

5　国務大臣及び法律の定めるその他の官吏の任免並びに全権委任状及び大使及び公使の信任状を認証すること。

6　大赦、特赦、減刑、刑の執行の免除及び復権を認証すること。

7　栄典を授与すること。

8　批准書及び法律の定めるその他の外交文書を認証すること。

9　外国の大使及び公使を接受すること。

10　儀式を行ふこと。

第8条　皇室に財産を譲り渡し、又は皇室が、財産を譲り受け、若しくは賜与することは、国会の議決に基かなければならない。

第2章　戦争の放棄

第9条　日本国民は、正義と秩序を基調とする国際平和を誠実に希求し、国権の発動たる戦争と、武力による威嚇又は武力の行使は、国際紛争を解決する手段としては、永久にこれを放棄する。

（2）前項の目的を達するため、陸海空軍その他の戦力は、これを保持しな

い。国の交戦権は、これを認めない。

第3章　国民の権利及び義務

第10条　日本国民たる要件は、法律でこれを定める。

第11条　国民は、すべての基本的人権の享有を妨げられない。この憲法が国民に保障する基本的人権は、侵すことのできない永久の権利として、現在及び将来の国民に与へられる。

第12条　この憲法が国民に保障する自由及び権利は、国民の不断の努力によつて、これを保持しなければならない。又、国民は、これを濫用してはならないのであつて、常に公共の福祉のためにこれを利用する責任を負ふ。

第13条　すべて国民は、個人として尊重される。生命、自由及び幸福追求に対する国民の権利については、公共の福祉に反しない限り、立法その他の国政の上で、最大の尊重を必要とする。

第14条　すべて国民は、法の下に平等であつて、人種、信条、性別、社会的身分又は門地により、政治的、経済的又は社会的関係において、差別されない。

（2）華族その他の貴族の制度は、これを認めない。

（3）栄誉、勲章その他の栄典の授与は、いかなる特権も伴はない。栄典の授与は、現にこれを有し、又は将来これを受ける者の一代に限り、その効力を有する。

第15条　公務員を選定し、及びこれを罷免することは、国民固有の権利である。

（2）すべて公務員は、全体の奉仕者であつて、一部の奉仕者ではない。

（3）公務員の選挙については、成年者による普通選挙を保障する。

（4）すべて選挙における投票の秘密は、これを侵してはならない。選挙人は、その選択に関し公的にも私的にも責任を問はれない。

第16条　何人も、損害の救済、公務員の罷免、法律、命令又は規則の制定、廃止又は改正その他の事項に関し、平穏に請願する権利を有し、何人も、かかる請願をしたためにいかなる差別待遇も受けない。

第17条　何人も、公務員の不法行為により、損害を受けたときは、法律の定めるところにより、国又は公共団体に、その賠償を求めることができる。

第18条　何人も、いかなる奴隷的拘束も受けない。又、犯罪に因る処罰の場合を除いては、その意に反する苦役に服させられない。

第19条　思想及び良心の自由は、これを侵してはならない。

第20条　信教の自由は、何人に対してもこれを保障する。いかなる宗教団体も、国から特権を受け、又は政治上の権力を行使してはならない。

（2）何人も、宗教上の行為、祝典、儀式又は行事に参加することを強制されない。

（3）国及びその機関は、宗教教育その他いかなる宗教的活動もしてはならない。

第21条　集会、結社及び言論、出版その他一切の表現の自由は、これを保障する。

（2）検閲は、これをしてはならない。通信の秘密は、これを侵してはならない。

第22条　何人も、公共の福祉に反しない限り、居住、移転及び職業選択の自

由を有する。

（2）何人も、外国に移住し、又は国籍を離脱する自由を侵されない。

第23条　学問の自由は、これを保障する。

第24条　婚姻は、両性の合意のみに基いて成立し、夫婦が同等の権利を有することを基本として、相互の協力により、維持されなければならない。

（2）配偶者の選択、財産権、相続、住居の選定、離婚並びに婚姻及び家族に関するその他の事項に関しては、法律は、個人の尊厳と両性の本質的平等に立脚して、制定されなければならない。

第25条　すべて国民は、健康で文化的な最低限度の生活を営む権利を有する。

（2）国は、すべての生活部面について、社会福祉、社会保障及び公衆衛生の向上及び増進に努めなければならない。

第26条　すべて国民は、法律の定めるところにより、その能力に応じて、ひとしく教育を受ける権利を有する。

（2）すべて国民は、法律の定めるところにより、その保護する子女に普通教育を受けさせる義務を負ふ。義務教育は、これを無償とする。

第27条　すべて国民は、勤労の権利を有し、義務を負ふ。

（2）賃金、就業時間、休息その他の勤労条件に関する基準は、法律でこれを定める。

（3）児童は、これを酷使してはならない。

第28条　勤労者の団結する権利及び団体交渉その他の団体行動をする権利は、これを保障する。

第29条　財産権は、これを侵してはならない。

（2）財産権の内容は、公共の福祉に適合するやうに、法律でこれを定める。

（3）私有財産は、正当な補償の下に、これを公共のために用ひることができる。

第30条　国民は、法律の定めるところにより、納税の義務を負ふ。

第31条　何人も、法律の定める手続によらなければ、その生命若しくは自由を奪はれ、又はその他の刑罰を科せられない。

第32条　何人も、裁判所において裁判を受ける権利を奪はれない。

第33条　何人も、現行犯として逮捕される場合を除いては、権限を有する司法官憲が発し、且つ理由となつてゐる犯罪を明示する令状によらなければ、逮捕されない。

第34条　何人も、理由を直ちに告げられ、且つ、直ちに弁護人に依頼する権利を与へられなければ、抑留又は拘禁されない。又、何人も、正当な理由がなければ、拘禁されず、要求があれば、その理由は、直ちに本人及びその弁護人の出席する公開の法廷で示されなければならない。

第35条　何人も、その住居、書類及び所持品について、侵入、捜索及び押収を受けることのない権利は、第33条の場合を除いては、正当な理由に基いて発せられ、且つ捜索する場所及び押収する物を明示する令状がなければ、侵されない。

（2）捜索又は押収は、権限を有する司法官憲が発する各別の令状により、これを行ふ。

第36条　公務員による拷問及び残虐な刑罰は、絶対にこれを禁ずる。

第37条　すべて刑事事件においては、被告人は、公平な裁判所の迅速な公開裁判を受ける権利を有する。

（2）刑事被告人は、すべての証人に対して審問する機会を充分に与へられ、又、公費で自己のために強制的手続により証人を求める権利を有する。

（3）刑事被告人は、いかなる場合にも、資格を有する弁護人を依頼することができる。被告人が自らこれを依頼することができないときは、国でこれを附する。

第38条　何人も、自己に不利益な供述を強要されない。

（2）強制、拷問若しくは脅迫による自白又は不当に長く抑留若しくは拘禁された後の自白は、これを証拠とすることができない。

（3）何人も、自己に不利益な唯一の証拠が本人の自白である場合には、有罪とされ、又は刑罰を科せられない。

第39条　何人も、実行の時に適法であつた行為又は既に無罪とされた行為については、刑事上の責任を問はれない。又、同一の犯罪について、重ねて刑事上の責任を問はれない。

第40条　何人も、抑留又は拘禁された後、無罪の裁判を受けたときは、法律の定めるところにより、国にその補償を求めることができる。

第4章　国会

第41条　国会は、国権の最高機関であつて、国の唯一の立法機関である。

第42条　国会は、衆議院及び参議院の両議院でこれを構成する。

第43条　両議院は、全国民を代表する選挙された議員でこれを組織する。

（2）両議院の議員の定数は、法律でこれを定める。

第44条　両議院の議員及びその選挙人の資格は、法律でこれを定める。但し、人種、信条、性別、社会的身分、門地、教育、財産又は収入によつて差別してはならない。

第45条　衆議院議員の任期は、4年とする。但し、衆議院解散の場合には、その期間満了前に終了する。

第46条　参議院議員の任期は、6年とし、3年ごとに議員の半数を改選する。

第47条　選挙区、投票の方法その他両議院の議員の選挙に関する事項は、法律でこれを定める。

第48条　何人も、同時に両議院の議員たることはできない。

第49条　両議院の議員は、法律の定めるところにより、国庫から相当額の歳費を受ける。

第50条　両議院の議員は、法律の定める場合を除いては、国会の会期中逮捕されず、会期前に逮捕された議員は、その議院の要求があれば、会期中これを釈放しなければならない。

第51条　両議院の議員は、議院で行つた演説、討論又は表決について、院外で責任を問はれない。

第52条　国会の常会は、毎年1回これを召集する。

第53条　内閣は、国会の臨時会の召集を決定することができる。いづれかの議院の総議員の4分の1以上の要求があれば、内閣は、その召集を決定しなければならない。

第54条　衆議院が解散されたときは、解散の日から40日以内に、衆議院議員の総選挙を行ひ、その選挙の日から30日以内に、国会を召集しなければならない。

（2）衆議院が解散されたときは、参議院は、同時に閉会となる。但し、内閣は、国に緊急の必要があるときは、参議院の緊急集会を求めることができる。

（3）前項但書の緊急集会において採られた措置は、臨時のものであつて、次の国会開会の後10日以内に、衆議院の同意がない場合には、その効力を失ふ。

第55条　両議院は、各々その議員の資格に関する争訟を裁判する。但し、議員の議席を失はせるには、出席議員の3分の2以上の多数による議決を必要とする。

第56条　両議院は、各々その総議員の3分の1以上の出席がなければ、議事を開き議決することができない。

（2）両議院の議事は、この憲法に特別の定のある場合を除いては、出席議員の過半数でこれを決し、可否同数のときは、議長の決するところによる。

第57条　両議院の会議は、公開とする。但し、出席議員の3分の2以上の多数で議決したときは、秘密会を開くことができる。

（2）両議院は、各々その会議の記録を保存し、秘密会の記録の中で特に秘密を要すると認められるもの以外は、これを公表し、且つ一般に頒布しなければならない。

（3）出席議員の5分の1以上の要求があれば、各議員の表決は、これを会議録に記載しなければならない。

第58条　両議院は、各々その議長その他の役員を選任する。

（2）両議院は、各々その会議その他の手続及び内部の規律に関する規則を定め、又、院内の秩序をみだした議員を懲罰することができる。但し、議員を除名するには、出席議員の3分の2以上の多数による議決を必要とする。

第59条　法律案は、この憲法に特別の定のある場合を除いては、両議院で可決したとき法律となる。

（2）衆議院で可決し、参議院でこれと異なつた議決をした法律案は、衆議院で出席議員の3分の2以上の多数で再び可決したときは、法律となる。

（3）前項の規定は、法律の定めるところにより、衆議院が、両議院の協議会を開くことを求めることを妨げない。

（4）参議院が、衆議院の可決した法律案を受け取つた後、国会休会中の期間を除いて60日以内に、議決しないときは、衆議院は、参議院がその法律案を否決したものとみなすことができる。

第60条　予算は、さきに衆議院に提出しなければならない。

（2）予算について、参議院で衆議院と異なつた議決をした場合に、法律の定めるところにより、両議院の協議会を開いても意見が一致しないとき、又は参議院が、衆議院の可決した予算を受け取つた後、国会休会中の期間を除いて30日以内に、議決しないときは、衆議院の議決を国会の議決とする。

第61条　条約の締結に必要な国会の承認については、前条第2項の規定を準用する。

第62条　両議院は、各々国政に関する調査を行ひ、これに関して、証人の出頭及び証言並びに記録の提出を要求することができる。

第63条　内閣総理大臣その他の国務大臣は、両議院の一に議席を有すると有しないとにかかはらず、何時でも議案

について発言するため議院に出席することができる。又、答弁又は説明のため出席を求められたときは、出席しなければならない。

第64条　国会は、罷免の訴追を受けた裁判官を裁判するため、両議院の議員で組織する弾劾裁判所を設ける。

（2）弾劾に関する事項は、法律でこれを定める。

第5章　内閣

第65条　行政権は、内閣に属する。

第66条　内閣は、法律の定めるところにより、その首長たる内閣総理大臣及びその他の国務大臣でこれを組織する。

（2）内閣総理大臣その他の国務大臣は、文民でなければならない。

（3）内閣は、行政権の行使について、国会に対し連帯して責任を負ふ。

第67条　内閣総理大臣は、国会議員の中から国会の議決で、これを指名する。この指名は、他のすべての案件に先だつて、これを行ふ。

（2）衆議院と参議院とが異なつた指名の議決をした場合に、法律の定めるところにより、両議院の協議会を開いても意見が一致しないとき、又は衆議院が指名の議決をした後、国会休会中の期間を除いて10日以内に、参議院が、指名の議決をしないときは、衆議院の議決を国会の議決とする。

第68条　内閣総理大臣は、国務大臣を任命する。但し、その過半数は、国会議員の中から選ばれなければならない。

（2）内閣総理大臣は、任意に国務大臣を罷免することができる。

第69条　内閣は、衆議院で不信任の決議案を可決し、又は信任の決議案を否決したときは、10日以内に衆議院が解散されない限り、総辞職をしなければならない。

第70条　内閣総理大臣が欠けたとき、又は衆議院議員総選挙の後に初めて国会の召集があつたときは、内閣は、総辞職をしなければならない。

第71条　前2条の場合には、内閣は、あらたに内閣総理大臣が任命されるまで引き続きその職務を行ふ。

第72条　内閣総理大臣は、内閣を代表して議案を国会に提出し、一般国務及び外交関係について国会に報告し、並びに行政各部を指揮監督する。

第73条　内閣は、他の一般行政事務の外、左の事務を行ふ。

1　法律を誠実に執行し、国務を総理すること。

2　外交関係を処理すること。

3　条約を締結すること。但し、事前に、時宜によつては事後に、国会の承認を経ることを必要とする。

4　法律の定める基準に従ひ、官吏に関する事務を掌理すること。

5　予算を作成して国会に提出すること。

6　この憲法及び法律の規定を実施するために、政令を制定すること。但し、政令には、特にその法律の委任がある場合を除いては、罰則を設けることができない。

7　大赦、特赦、減刑、刑の執行の免除及び復権を決定すること。

第74条　法律及び政令には、すべて主任の国務大臣が署名し、内閣総理大臣が連署することを必要とする。

第75条　国務大臣は、その在任中、内閣総理大臣の同意がなければ、訴追され

ない。但し、これがため、訴追の権利
は、害されない。

第6章　司法

第76条　すべて司法権は、最高裁判所
及び法律の定めるところにより設置す
る下級裁判所に属する。
（2）特別裁判所は、これを設置するこ
とができない。行政機関は、終審とし
て裁判を行ふことができない。
（3）すべて裁判官は、その良心に従ひ
独立してその職権を行ひ、この憲法及
び法律にのみ拘束される。

第77条　最高裁判所は、訴訟に関する
手続、弁護士、裁判所の内部規律及び
司法事務処理に関する事項について、
規則を定める権限を有する。
（2）検察官は、最高裁判所の定める規
則に従はなければならない。
（3）最高裁判所は、下級裁判所に関す
る規則を定める権限を、下級裁判所に
委任することができる。

第78条　裁判官は、裁判により、心身の
故障のために職務を執ることができな
いと決定された場合を除いては、公の
弾劾によらなければ罷免されない。裁
判官の懲戒処分は、行政機関がこれを
行ふことはできない。

第79条　最高裁判所は、その長たる裁
判官及び法律の定める員数のその他の
裁判官でこれを構成し、その長たる裁
判官以外の裁判官は、内閣でこれを任
命する。
（2）最高裁判所の裁判官の任命は、そ
の任命後初めて行はれる衆議院議員総
選挙の際国民の審査に付し、その後10
年を経過した後初めて行はれる衆議院
議員総選挙の際更に審査に付し、その
後も同様とする。

（3）前項の場合において、投票者の多
数が裁判官の罷免を可とするときは、
その裁判官は、罷免される。
（4）審査に関する事項は、法律でこれ
を定める。
（5）最高裁判所の裁判官は、法律の定
める年齢に達した時に退官する。
（6）最高裁判所の裁判官は、すべて定
期に相当額の報酬を受ける。この報酬
は、在任中、これを減額することがで
きない。

第80条　下級裁判所の裁判官は、最高
裁判所の指名した者の名簿によつて、
内閣でこれを任命する。その裁判官
は、任期を10年とし、再任されること
ができる。但し、法律の定める年齢に
達した時には退官する。
（2）下級裁判所の裁判官は、すべて定
期に相当額の報酬を受ける。この報酬
は、在任中、これを減額することがで
きない。

第81条　最高裁判所は、一切の法律、命
令、規則又は処分が憲法に適合するか
しないかを決定する権限を有する終審
裁判所である。

第82条　裁判の対審及び判決は、公開
法廷でこれを行ふ。
（2）裁判所が、裁判官の全員一致で、
公の秩序又は善良の風俗を害する虞が
あると決した場合には、対審は、公開
しないでこれを行ふことができる。但
し、政治犯罪、出版に関する犯罪又は
この憲法第3章で保障する国民の権利
が問題となつてゐる事件の対審は、常
にこれを公開しなければならない。

第7章　財政

第83条　国の財政を処理する権限は、
国会の議決に基いて、これを行使しな

ければならない。

第84条　あらたに租税を課し、又は現行の租税を変更するには、法律又は法律の定める条件によることを必要とする。

第85条　国費を支出し、又は国が債務を負担するには、国会の議決に基くことを必要とする。

第86条　内閣は、毎会計年度の予算を作成し、国会に提出して、その審議を受け議決を経なければならない。

第87条　予見し難い予算の不足に充てるため、国会の議決に基いて予備費を設け、内閣の責任でこれを支出することができる。

（2）すべて予備費の支出については、内閣は、事後に国会の承諾を得なければならない。

第88条　すべて皇室財産は、国に属する。すべて皇室の費用は、予算に計上して国会の議決を経なければならない。

第89条　公金その他の公の財産は、宗教上の組織若しくは団体の使用、便益若しくは維持のため、又は公の支配に属しない慈善、教育若しくは博愛の事業に対し、これを支出し、又はその利用に供してはならない。

第90条　国の収入支出の決算は、すべて毎年会計検査院がこれを検査し、内閣は、次の年度に、その検査報告とともに、これを国会に提出しなければならない。

（2）会計検査院の組織及び権限は、法律でこれを定める。

第91条　内閣は、国会及び国民に対し、定期に、少くとも毎年1回、国の財政状況について報告しなければならない。

第8章　地方自治

第92条　地方公共団体の組織及び運営に関する事項は、地方自治の本旨に基いて、法律でこれを定める。

第93条　地方公共団体には、法律の定めるところにより、その議事機関として議会を設置する。

（2）地方公共団体の長、その議会の議員及び法律の定めるその他の吏員は、その地方公共団体の住民が、直接これを選挙する。

第94条　地方公共団体は、その財産を管理し、事務を処理し、及び行政を執行する権能を有し、法律の範囲内で条例を制定することができる。

第95条　一の地方公共団体のみに適用される特別法は、法律の定めるところにより、その地方公共団体の住民の投票においてその過半数の同意を得なければ、国会は、これを制定することができない。

第9章　改正

第96条　この憲法の改正は、各議院の総議員の3分の2以上の賛成で、国会が、これを発議し、国民に提案してその承認を経なければならない。この承認には、特別の国民投票又は国会の定める選挙の際行はれる投票において、その過半数の賛成を必要とする。

（2）憲法改正について前項の承認を経たときは、天皇は、国民の名で、この憲法と一体を成すものとして、直ちにこれを公布する。

第10章　最高法規

第97条　この憲法が日本国民に保障する基本的人権は、人類の多年にわたる自由獲得の努力の成果であつて、これ

らの権利は、過去幾多の試練に堪へ、現在及び将来の国民に対し、侵すことのできない永久の権利として信託されたものである。

第98条　この憲法は、国の最高法規であつて、その条規に反する法律、命令、詔勅及び国務に関するその他の行為の全部又は一部は、その効力を有しない。

（2）日本国が締結した条約及び確立された国際法規は、これを誠実に遵守することを必要とする。

第99条　天皇又は摂政及び国務大臣、国会議員、裁判官その他の公務員は、この憲法を尊重し擁護する義務を負ふ。

第11章　補則

第100条　この憲法は、公布の日から起算して6箇月を経過した日〔昭22・5・3〕から、これを施行する。

（2）この憲法を施行するために必要な法律の制定、参議院議員の選挙及び国会召集の手続並びにこの憲法を施行するために必要な準備手続は、前項の期日よりも前に、これを行ふことができる。

第101条　この憲法施行の際、参議院がまだ成立してゐないときは、その成立するまでの間、衆議院は、国会としての権限を行ふ。

第102条　この憲法による第1期の参議院議員のうち、その半数の者の任期は、これを3年とする。その議員は、法律の定めるところにより、これを定める。

第103条　この憲法施行の際現に在職する国務大臣、衆議院議員及び裁判官並びにその他の公務員で、その地位に相応する地位がこの憲法で認められてゐる者は、法律で特別の定をした場合を除いては、この憲法施行のため、当然にはその地位を失ふことはない。但し、この憲法によつて、後任者が選挙又は任命されたときは、当然その地位を失ふ。

参考文献

愛敬浩二「基本権の私人間効力論」愛敬浩二編『講座 立憲主義と憲法学 第2巻 人権 I』（信山社、2022年）

青井未帆・山本龍彦『憲法 I 人権（第2版）』（有斐閣、2024年）

青井未帆・山本龍彦『憲法 II 総論・統治』（有斐閣、2022年）

芦部信喜『講座憲法訴訟 I』（有斐閣、1987年）

芦部信喜『人権と憲法訴訟』（有斐閣、1994年）

芦部信喜『憲法学 I　憲法総論』（有斐閣、2002）

芦部信喜著・高橋和之補訂『憲法 第8版』（岩波書店、2023年）

新井誠・曽我部真裕・佐々木くみ・横大道聡『憲法1 総論・統治（第2版)』（有斐閣、2021年）

新井誠・曽我部真裕・佐々木くみ・横大道聡『憲法2 人権（第2版)』（有斐閣、2021年）

新井誠ほか編『世界の憲法・日本の憲法―比較憲法入門』（有斐閣、2022年）

安西文雄・巻美矢紀・宍戸常寿『憲法学読本（第4版）』（有斐閣、2024年）

石川健治『自由と特権の距離（増補版）』（日本評論社、2007年）

伊藤正己『憲法〔第3版〕』（弘文堂、1995）

上田健介・尾形健・片桐直人『憲法判例50 ！（第3版）』（有斐閣、2023年）

宇賀克也『行政法概説III 行政組織法／公務員法／公物法 第6版』（有斐閣、2024年）

宇賀克也『地方自治法概説 第10版』（有斐閣、2023年）

大石眞『憲法概論 I　総説・統治機構』（有斐閣、2021年）

雄川一郎ほか編『現代行政法大系第10巻』（有斐閣、1984年）

奥平康弘「人権体系及び内容の変容」ジュリスト638号（1977年）243頁

奥平康弘"ヒューマン・ライツ"考 和田英夫教授古稀記念論集刊行会編『戦後憲法学の展開』（日本評論社、1988年）117頁

音無知展『プライバシー権の再構成』（有斐閣、2021年）

金子宏『租税法 第24版』（弘文堂、2021年）

川添利幸『憲法保障の理論』（尚学社、1986年）

木下昌彦・片桐直人・村山健太郎・横大道聡編『精読憲法判例［統治編］』（弘文堂、2021年）

木下昌彦・片桐直人・村山健太郎・横大道聡・西貝小名都・御幸聖樹・山田哲史編『精読憲法判例［人権編］』（弘文堂、2018年）

木下昌彦「最高裁における憲法判断の現況」論究ジュリスト23号（2017年）165頁

清宮四郎『憲法Ⅰ（第3版）』（有斐閣、1979年）

工藤達朗・畑尻剛・橋本基弘『憲法（第5版）』（不磨書房、2014年）

駒村圭吾「性同一性障害特例法違憲決定―若干の憲法学的考察を付して」ジュリスト
　　1595号（2024年）

小山剛「人としての尊厳」判例時報2413・2414号（2019年）17頁

近藤敦『移民の人権』（明石書店、2021年）

佐々木惣一『改訂日本国憲法論』（有斐閣、1952年）

佐藤幸治『日本国憲法論〔第2版〕』（成文堂、2020）

宍戸常寿・曽我部真裕・淺野博宣・尾形健・小島慎司・中林暁生・山本龍彦著『判例
　　プラクティス憲法（第3版）』（信山社、2022年）

渋谷秀樹『憲法 第3版』（有斐閣、2017年）

初宿正則＝辻村みよ子編『新解説世界憲法集 第5版』（三省堂、2020年）

周司あきら・高井ゆと里『トランスジェンダー入門』（集英社新書、2023年）

杉村章三郎『財政法 新版』（有斐閣、1982年）

杉村章三郎『財政法（新版）』（有斐閣、1982年）

曽我部真裕・赤坂幸一・新井誠・尾形健編『憲法論点教室（第2版）』（有斐閣、2020
　　年）

高橋和之・大石眞『憲法の争点（第3版）』（有斐閣、1999年）

高橋和之『立憲主義と日本国憲法（第6版）』（有斐閣、2024年）

高橋和之ほか編集代表『法律学小辞典 第5版』（有斐閣、2016年）

高乗正臣＝奥村文男編著『プラクティス法学実践教室Ⅱ憲法編〔第5版〕』（成文堂、
　　2023年）

竹花光範『憲法学要論〔補訂版〕』（成文堂、1998）

辻村みよ子『人権の普遍性と歴史性』（創文社、1992年）

戸波江二「丸刈り校則と自己決定の自由（判例の動き）」法律時報58巻4号（1986年）
　　92頁

長尾一紘『日本国憲法〔全訂第4版〕』（世界思想社、2011年）

橋本基弘『近代憲法における団体と個人』（不磨書房、2004年）

橋本基弘『日本国憲法を学ぶ（第3版）』（中央経済社、2023年）

長谷部恭男『憲法 第8版』（新世社、2022年）

長谷部恭男『憲法講話（第2版）』（有斐閣、2022年）

長谷部恭男編『注釈日本国憲法（2）国民の権利及び義務（1）』（有斐閣、2017年）

長谷部恭男編『注釈日本国憲法（3）国民の権利及び義務（2）・国会』（有斐閣、2020
　　年）

東裕＝杉山幸一編著『日本国憲法』（弘文堂、2022年）

東裕編著『憲法入門講義』（一藝社、2021年）

樋口陽一ほか『注釈日本国憲法下巻』（青林書院、1988 年）

樋口陽一『国法学（補訂版）』（有斐閣、2007 年）

宮澤俊義著・芦部信喜補訂『全訂 日本国憲法』（日本評論社、1978 年）

百地章『憲法における天皇と国家』（成文堂、2024 年）

山本龍彦・横大道聡編著『憲法学の現在地 判例・学説から探究する現代的論点』（有
　　斐閣、2020 年）

横大道聡編著『憲法判例の射程〈第 2 版〉』（弘文堂、2020 年）

渡辺康行・宍戸常寿・松本和彦・工藤達朗『憲法 1 基本権（第 2 版)』（有斐閣、2023
　　年）

渡辺康行・宍戸常寿・松本和彦・工藤達朗『憲法 2 総論・統治』（有斐閣、2020 年）

ジョン・ロック『統治二論』加藤節訳（岩波書店、2010 年）

1 VISCOUNT JAMES BRYCE, MODERN DEMOCRACIES (1921)

衆議院事務局「衆議院の動き」31 号（令和 6 年 3 月）

総務省編「地方財政白書 令和 6 年版」（令和 6 年 3 月）

索引

数字

7条説……177
55年体制……178
69条限定説……177

アルファベット

GHQ（連合国軍総司令部）……177

あ

悪徳の栄え事件……100
旭川学力テスト事件……107, 128
旭川市国民健康保険条例事件……209
朝日訴訟……123
新しい人権……62
アファーマティブ・アクション……81
安楽死……75

い

委員会……165
委員会中心主義……166
違憲審査基準論……58
違憲審査権……197, 198, 227
違憲審査（制）……47, 196, 197, 198, 200,
　　227, 231
萎縮的効果……99
泉佐野市民会館事件……104
一院制……153
一元的外在制約説……56
一元的内在制約説……57
一事不再議の原則……163

一事不再理の原則……120
一党優位体制……179
一般会計……205
一般的行為自由権説……63
一般的効力（説）……198, 201
一般的法義務の免除……92
委任命令……152, 210
意味論的憲法……4

う

上乗せ条例……214

え

愛媛玉串料事件……95
エホバの証人輸血拒否事件……73

お

大阪黒染め強要訴訟……73
大阪市屋外広告物条例事件……102
大阪市売春取締条例事件……214
大嶋訴訟……148
おみやげ法案……163
恩赦……20, 175

か

会期……163
会期制……163
会期不継続の原則……163
会計検査院……205
外形標準説……137

外国移住・国籍離脱の自由……113

外国人……54

会派……151

外務省秘密電文漏洩事件……103

下院優越の原則……159

閣議決定……172

閣議全員一致の原則……172

学問の自由……106

加持祈禱事件……91

課税要件法定主義……209, 210

川崎協同病院事件……75

間接効力説……60

間接適用説……60

間接民主制……151

完全補償説……117

官吏……174

共産党袴田事件……196

教授の自由……106

強制委任の禁止……151

行政各部……167

強制加入団体……53

行政控除説……167

行政組織……167

京都府学連事件……65

協約憲法……3

居住移転の自由……112

拒否権……152

近代市民革命……46

近代立憲主義……231

欽定憲法……3

勤労権……122, 130, 131, 132

勤労の義務……148

き

議員歳費……161

議院自律権……160

議員定数不均衡……86

議院内閣制……152, 168

議院による逮捕許諾……161

規制目的二分論……110

貴族院……153, 170

機能説……195

規範的憲法……4

基本権……50, 51

基本的人権……45

基本的人権の尊重……9, 10

君が代伴奏拒否事件……88

客観訴訟……193

求償権……138

旧優生保護法……71

旧優生保護法強制不妊手術違憲訴訟……71

教育を受ける権利……121, 126, 130

教科書検定事件……128

く

具体的規範統制……198

具体的権利説……122, 123

熊本ハンセン病訴訟事件判決……112

熊本丸刈り訴訟……73

君主……14

け

警察予備隊違憲訴訟……199

形式的意味の憲法……1

形式的意味の戦争……32

形式的平等……80

刑事施設被収容者……58

刑事補償請求権……141

継続審査……166

結社の自由……156

検閲……99

限界説……224

厳格な合理性の審査……57

厳格な審査……57

憲政の常道……170
剣道受講拒否事件……92
憲法13条……61
憲法異議……200
憲法改正……219, 220, 221
憲法改正国民投票法……219, 221–223
憲法改正の限界……225, 227
憲法改正の発議……156
憲法裁判所……197
憲法上の権利……50, 51
憲法審査会……166
憲法制定権力……224, 225, 227
憲法尊重擁護義務……231
憲法変遷……228
憲法優位説……200, 230
権利章典……46
権利請願……45
権利性質説……52, 54
権力分立制……167

こ

合議制……169
公共の福祉……56
合区……155
皇室会議……26, 27
皇室典範……14, 21–26
孔子廟事件……96
硬性憲法……2, 219, 229
控訴……187
公的行為……21
公認……156
幸福追求権……61
公務員……58
小売市場距離制限判決……110
合理性の基準……57
合理的配慮……130
国際人権規約……47
国際連合……29, 30, 36, 47

国事行為……18, 19, 21, 22, 164
国政調査権……160, 188
国籍法違憲判決……83
国民教育権説……127
国民主権……9, 151
国民審査……189, 190
国民代表機関……151
国民投票……221–223, 226, 227
国務請求権……49, 135
個人情報保護法……69
個人に関する情報をみだりに第三者に開
　　示又は公表されない自由……68
国会単独立法の原則……152
国会中心立法の原則……152
国家からの自由……49
国家教育権説……127
国家による自由……49
国家の三要素……1
国家賠償請求権……136
国家賠償法……136
国家への権利……49
国旗国歌起立斉唱事件……88
国権の最高機関……151
個別的効力（説）……198, 201
固有性……48

さ

裁可……152
在外邦人国民審査訴訟……143
在外邦人選挙権訴訟……145
再可決……159
最高裁判所裁判官国民審査……143
最高法規……196, 229
最高法規性……201
再婚禁止期間違憲判決……84
財産権……113
財政……203
財政民主主義……158, 203, 204

財政立憲主義……158
在日外国人地方参政権訴訟……56
裁判を受ける権利……140
裁量行為……194
裁量的解散……177
参議院改革……166
参議院議員通常選挙……154
三審制……187
参政権……49, 55, 142
三読会制……166

し

自衛権……34-37, 39
塩見訴訟……55
自己決定権……69
自己実現の価値……97
自己情報コントロール権……69
自己統治の価値……97
自己の意に反して身体への侵襲を受けな
　い自由……70
自己負罪拒否特権……119
自主立法権……213
事情判決の法理……86
子女に教育を受けさせる義務……147
私人間効力……59
自制説……195
自然承認……159
自然成立……159
思想の自由市場論……98
思想・良心の自由……87
執行命令……152
実質的意味の行政……167
実質的意味の憲法……1, 2
実質的意味の戦争……32
実質的意味の法律……152
実質的平等……80
司法権の限界……193
社会契約論……46

社会権……3, 4, 47, 49, 55, 121
社会国家・福祉国家化……47
謝罪広告強制事件……88
自由委任の原則……151
集会の自由……104
衆議院解散……176
衆議院議員総選挙……154
衆議院先議……159
衆議院の解散……19
衆議院の優越……159
住基ネット……67
住基ネット訴訟……67
宗教上の信念に基づき輸血を拒否する権
　利……75
自由権……49
私有財産制……114
集団的自衛権……41-43
住民自治……212
受益権……49, 135
主観訴訟……193
授権規範……1
取材の自由……102
出入国・在留の自由……55
主任の大臣……172
常会……164
消極的権利……49
消極目的規制……111
上告……187
召集……164
小選挙区制……154
小選挙区比例代表並立制……155
上訴……187
象徴的言論……97
常任委員会……166
条約優位説……200, 230
省令……175, 210
職業遂行の自由……109
職業選択の自由……109
職務行為基準説……138

助言と承認……177
女性天皇……23, 24
ジョン・ロック……46
自律権……194
私立修徳高校パーマ退学事件……72
私立東京学館高校バイク事件……73
知る権利……97
人格的利益説……63
審級制……187
信教の自由……89
人権……45, 50
人権享有主体性……51
人権宣言……45
人権の国際化……47
人権の不可侵性……56
森林法判決……114

す

枢密院……170
ストライキ……133

せ

請願権……135
税関検査事件……99
政教分離原則……93
制限規範……1
政権選択……181
政治改革関連四法案……180
政治的中立性……58
政治的美称……152
「政治とカネ」の問題……182
生存権……121–125
政党……154
性同一性障害者……70
性同一性障害者特例法……70
性同一性障害特例法3条1項4号違憲訴
訟……70

政党交付金……156
政党条項……156
政党助成制度……156
政党内閣……170
政党要件……156
制度的保障……50, 94, 107
成文憲法……2
政令……210
世界人権宣言……47
惜敗率……155
積極的権利……49
積極的差別是正措置……81
積極目的規制……111
摂政……21, 22
絶対拘束名簿式……155
絶対的平等……80
前科……66
前科照会事件……66
選挙権……144
センシティブ情報……69
前年度予算施行制……158
全農林警職法事件……58
戦力……33

そ

早大江沢民講演会名簿提出事件……66
相対的平等……80
相当補償説……117
遡及処罰の禁止……119
租税……208
租税条例主義……216
租税法律主義……148, 206, 207
空知太事件……95
尊厳死……75
損失補償……115
尊属殺重罰規定判決……82

た

代位責任説……138
大学の自治……107
代議制……151
大権事項……157
対抗的解散……177
大選挙区制限連記制……179
大選挙区単記投票制……179
大統領制……168
第二次メープルソープ事件……101
大日本帝国憲法……4
代表民主制……151
多数代表法……155
弾劾裁判所……156, 189
団結権……133
単純情報……67, 69
団体交渉権……133
団体行動権……133
団体自治……212

ち

知的財産高等裁判所……185
地方議会事件……196
地方自治……211
地方自治の本旨……212
地方税……215
チャタレイ事件……100
中間段階の審査……57
抽象的違憲審査制……198
抽象的規範統制……198
抽象的権利説……122, 123
調査会……166
超然内閣……169
重複立候補……155
直接効力説……59
直接適用説……59

つ

追加公認……180
通常国会……164
通信の秘密……103
通達課税……207
通年国会……163
津地鎮祭事件……94

て

帝国議会……153
定足数……165
敵意ある聴衆の法理……105
適正手続の保障……117
適切な自己情報の取り扱いを受ける権利
　　　……69

と

統括機関説……152
党議拘束……151
同士討ち……180
同時活動の原則……161
東大ポポロ事件……108
統治権……5
統治権の総攬者……157
統治行為……178, 194, 195
同輩中の首席……170
徳島市公安条例事件……213
特定枠……155
独任制……169
特別委員会……166
特別意味説……78
特別永住権者……54
特別会……164
特別会計……205
特別犠牲説……116
特別国会……164

特別裁判所……191
特命担当大臣……172
独立行政委員会……168
独立権能説……160
土地収用制度……116
苫米地事件……194
富山大学事件……196

な

内外人平等の原則……55
内閣官制……169
内閣官房……172
内閣官房長官……172
内閣総理大臣問責決議……178
内在・外在二元的制約説……57
内在的制約説……195
内容規制……100
内容中立規制……102
ナチズム・ファシズム……47
奈良県ため池条例事件……214
奈良県ため池堤とう事件……116
軟性憲法……2
何人もみだりに指紋の押なつを強制され
　　ない自由……68
難民……54

に

新潟県公安条例事件……105
二院制……153
二重の危険の禁止……120
二重の基準論……57
二党制（二大政党制）……181

ね

ねじれ国会……178

の

納税の義務……148
農地改革事件……117
能動的権利……49

は

陪審制……141
博多駅テレビフィルム提出命令事件……
　　102
八月革命説……9
パチンコ球遊器物品税課税事件……207
発議……219, 220, 221
派閥……180
派閥政治……179

ひ

比較衡量……57
非拘束名簿式……155
被選挙権……143
秘密選挙……146
表現の自由……97
表現の自由の優越的地位……97
平等選挙……146
比例代表制……155
比例代表法……155
比例復活当選……155

ふ

夫婦同氏制……84
不可侵性……48
付随的違憲審査制……198
不逮捕特権……161
普通選挙……85, 145
不文憲法……2
部分社会論……196

普遍性……48
プライバシー外延情報……69
プライバシー固有情報……69
プライバシーの権利……64, 68
フランス人権宣言……46
武力なき自衛権論……34, 37
ふるさと納税……217
プログラム規定説……122
文民……171
文民統制……171

へ

閉会中審査……166
ヘイトスピーチ……101
平和主義……9, 10
平和的生存権……11
弁護人依頼権……119

ほ

包括的基本権……61
法治行政の原理……173
報道の自由……102
法の支配……140
法律上の争訟……184, 192, 195
補強証拠の原則……119
補助的権能説……160
牧会活動事件……91
ポツダム宣言……6
北方ジャーナル事件……99
堀木訴訟……124
堀越事件……58
本会議……165

ま

マイナンバー制度……68
マイナンバー制度訴訟……68

マグナカルタ……45
マクリーン事件……54, 55
マッカーサー三原則……7
マッカーサー草案……6
松本委員会……7

み

みだりにその容ぼう・姿態を撮影されな
　　い自由……68
三菱樹脂事件……60
南九州税理士会事件……53, 89
民主的責任行政……168
民定憲法……3, 9

む

無過失責任……139
無限界説……224
無任所大臣……172

め

明確性の理論……98
明白の原則……111
名目的憲法……4
名誉革命……45
免責特権……162

も

目的効果基準……94
黙秘権……119
森川キャサリーン事件……55
文言説……54

や

薬局距離制限判決……111

八幡製鉄事件……52, 53

ゆ

夕刊和歌山事件……100
郵政解散・総選挙……181
緩やかな審査……57

よ

横出し条例……214
予算……204
予算法形式説……204
四畳半襖の下張事件……100
よど号ハイジャック記事抹消事件……
　　58, 59

り

吏員……174
利益衡量論……58
リクルート事件……180
立法者拘束説……78
リプロダクティブライツ……72
両院協議会……158
両院制……153
良識の府……154
臨時会……164
臨時国会……164

れ

例示的列挙説……78
令状主義……118
連署……176
連邦憲法裁判所……198
連邦制……153

ろ

労働基本権……122, 132−134

わ

ワイマール憲法……3, 121

■執筆者 (掲載順)

小林幸夫（こばやし・ゆきお）　＊編著者
玉川大学名誉教授
はじめに

林紀行（はやし・のりゆき）
日本大学法学部教授
第1章　第9章

高乗智之（たかのり・ともゆき）
国士舘大学法学部教授
第2章　第3章

青木洋英（あおき・ひろよし）
沖縄国際大学法学部講師
第4章　第5章

関畑崇之（せきはた・たかゆき）　＊編著者
玉川大学教育学部講師
第6章　第7章　第8章

吉田貴明（よしだ・たかあき）
帝京大学法学部講師
第10章　第14章

樋口雄人（ひぐち・たけと）
都留文科大学教養学部教授
第11章　第12章

菅野仁紀（かんの・まさき）
神奈川大学法学部非常勤講師
第13章　第15章

イントロダクション
日本国憲法

2025年3月20日　　初版第1刷発行

編著者 ─────── 小林幸夫・関畑崇之
発行者 ─────── 小原芳明
発行所 ─────── 玉川大学出版部
　　　　　　　　〒194-8610　東京都町田市玉川学園6-1-1
　　　　　　　　TEL 042-739-8935　FAX 042-739-8940
　　　　　　　　www.tamagawa-up.jp
　　　　　　　　振替　00180-7-26665
装幀 ─────── 伊藤悠
印刷・製本 ─────── モリモト印刷株式会社

乱丁・落丁本はお取り替えいたします。
© Yukio Kobayashi, Takayuki Sekihata 2025　Printed in Japan
ISBN978-4-472-40642-3　C3032 / NDC323